高职高专酒店管理专业工学结合规划教材

U0738505

西餐服务与管理

主 编 党春艳 王仕魁

ZHEJIANG UNIVERSITY PRESS
浙江大学出版社

图书在版编目(CIP)数据

西餐服务与管理/党春艳,王仕魁主编.—杭州:
浙江大学出版社,2016.10(2025.2重印)
ISBN 978-7-308-16185-5

Ⅰ.①西… Ⅱ.①党…②王… Ⅲ.①西式菜肴—餐
馆—商业服务—职业教育—教材②西式菜肴—餐馆—商
业管理—职业教育—教材 Ⅳ.①F719.3

中国版本图书馆 CIP 数据核字 (2016) 第 211184 号

西餐服务与管理

主编　党春艳　王仕魁

责任编辑	吴昌雷
责任校对	杨利军　李增基
封面设计	续设计
出版发行	浙江大学出版社
	(杭州市天目山路 148 号　邮政编码 310007)
	(网址:http://www.zjupress.com)
排　版	杭州林智广告有限公司
印　刷	嘉兴华源印刷厂
开　本	787mm／1092mm　1/16
印　张	12
字　数	300 千
版 印 次	2016 年 10 月第 1 版　2023 年 2 月第 12 次印刷
书　号	ISBN 978-7-308-16185-5
定　价	36.00 元

INTRODUCTION 内容简介

　　《西餐服务与管理》是在作者多年的教学实践基础上编写而成的。主要讲授酒店西餐管理与服务的基础知识,向学生传递从事西餐服务与管理工作必备的理论知识与素养,训练学生掌握西餐服务的基本操作程序与技能,培养学生具备从事西餐服务与基层管理工作、适应行业发展与职业变化的基本能力。

　　本书分为八个项目:项目一西餐基础知识、项目二西餐服务方式、项目三西餐服务礼仪、项目四西餐服务基本技能、项目五西餐酒水服务、项目六西餐零餐服务与管理、项目七西餐宴会服务与管理和项目八西餐自助餐酒会服务与管理。

　　本书可作为高等职业学校酒店管理和旅游专业的教材,也可以作为酒店在岗人员培训教材和酒店管理人员的参考读物。

前　　言

　　随着旅游饭店业的发展,饭店从业人员的需求量日益增多,高职高专旅游类学生已成为从业大军中的主要力量。因此深化职业教育改革,突出以全面素质为基础、以能力为本位的职业教育新观念益发重要。根据高等职业教育要求和酒店行业特点,借助我系酒店管理专业中央财政支持项目建设的契机,在系主任谢彦波的精心统筹策划和总体协调下,我们组织有关老师编写了这本《西餐服务与管理》,该书是我系酒店管理专业中央财政支持"高等职业学校提升专业服务产业发展能力"项目建设的成果之一。

　　高等职业教育教学内容的确定应以职业岗位的专项性和操作性为依据,以培养学生具有扎实的职业技能、专深的岗位业务知识、较强的全面素质为目标,对理论的要求以"够用"和"实用"为度。

　　"西餐服务与管理"是一门涉及内容广泛、理论性与实践性都很强的旅游酒店类专业核心课程。本教材结合高职高专教育的特点,在强调学科理论性的基础上,突出其实用性,讲述了西餐服务与管理主要工作岗位的服务技能,以此来着力提高学生的实践技能和综合素质。

　　本教材根据职业岗位所需的智能结构来确定大纲,强调职业岗位的针对性;在把握理论科学性、现代性的同时,将理论进行变通,体现出理论的实用性和可操作性,引导学生不仅能够掌握知识,还学会如何去应用知识,做到学以致用。

　　本教材尽可能用关键词或短语、图表进行程序总结,帮助读者更好地理解各章内容;补充案例分析、情景模拟指导,使学生能够较直接地理解应掌握的内容,真正体现其实用性。

　　教材在编写过程中,得到了业内人士的帮助和指导,参考了大量相关资料;管理系谢彦波主任对本书的编写给予了大力支持,并对全部书稿进行了审核,提出了许多宝贵的建议,在此一并表示感谢。本书具体编写分工为:党春艳负责编写项目一、项目七;覃晓辉负责编写项目二;蔡风娃负责编写项目三;王仕魁负责编写项目四和项目五;李贺负责编写项目六和项目八。

　　由于编者水平所限,书中难免存在不足之处,欢迎广大读者指正。

目　　录

项目一 西餐基础知识

📖 学习目标

● 能力目标

　　(1) 明晰不同种类西餐的特点；

　　(2) 辨识不同种类的西餐。

● 知识要点

　　(1) 西餐的含义与特点；

　　(2) 西餐的起源、发展以及在中国的发展；

　　(3) 法式西餐、意式西餐、美式西餐、俄式西餐及德式西餐的特点和代表菜，西餐零点菜单、套餐菜单、节日与混合菜单、早餐菜单、午餐菜单、晚餐正餐菜单、夜餐菜单、自助菜单等菜单。

【案例导入】

　　李伟大学毕业后来到一家外资企业工作。这一天，一位英方总经理Johnson邀请公司里的同事去家里吃饭。吃饭时间到了，Johnson太太热情地邀请大家入座。表示感谢后，李伟礼貌地入座。让他不太适应的是刚吃完第一道菜，汤就上来了。李伟觉得很奇怪："这顿饭那么快就结束了吗？我还没吃饱呢就喝汤了！"虽然这样想着，但他仍端起碗来很优雅地喝起了汤。可把碗放下没一会儿，小羊排上来了。李伟有点儿摸不着头脑："外国人吃饭怎么这样？"看了一眼旁边的同事，李伟喝了一小口红葡萄酒，也拿起了手边的刀叉。小羊排块儿不是很大，为了不影响和同事们聊天，李伟刀叉并用把盘子里的肉全切成了小块儿，然后用叉子缓缓地一块一块地送入口中……甜品上来了，是李伟最爱吃的奶酪蛋糕。桌上的两把勺子中，李伟觉得放在正前方的勺子太小太秀气了，于是拿起了刚才喝完汤放在一边的汤勺，三两下搞定了蛋糕。这回真的吃饱了。抬头一看，同事们好像都还在细细品味那块蛋糕……吃完饭喝咖啡的过程中，大家向Johnson夫妇表示了衷心的感谢，李伟也对Johnson太太表示今天的小羊排味道棒极了！

　　请思考：根据你了解的西餐知识，分析李伟的做法有哪些地方需要改进。

任务一　西餐常识

一、西餐的含义与特点

（一）西餐的含义

西餐的概念缘于它的地理位置,一般是对西方国家菜点的统称。我们通常所说的西餐主要包括西欧国家(以英、法、德、意等为代表)的饮食菜肴,当然同时还包括东欧各国(主要以俄罗斯为代表的俄式西餐)、地中海沿岸国家和一些拉丁美洲国家(如墨西哥)的菜肴。

现代西餐是根据法国、意大利、英国、美国和俄罗斯等国家的菜肴传统工艺,结合世界各地食品原料及饮食文化,制成富有营养、口味清淡的新派西餐菜肴。西餐只是相对东方饮食而言,西方饮食文化中并没有"西餐"这一整体概念,各国的餐饮文化都有各自的特点,菜式也不尽相同,例如法国人会认为他们做的是法国菜,英国人则认为他们做的是英国菜。

那么我们为什么会有这样的概念呢?这是因为我们在刚开始接触西方饮食时还分不清什么是意大利菜,什么是法国菜、英国菜,只能有一个笼统的概念。当时笼统地称其为"番菜","番"即西方的意思。我国古人认为中国就是世界的中心,看待其他国家和地区都习惯带上一种贬义,把东方称为"夷",西方称为"番",北方称为"胡",南方则称为"蛮"。因此,所谓的"番菜"指的就是西餐。但不管西方人是否有明确的"西餐"概念,东方人将这种与东方饮食迥然不同的西方饮食文化统称为"西餐"。

西餐一般以刀叉为餐具,多以长形桌台为台形。

（二）西餐的特点

正宗的西餐,在原料选用、制作方法、上菜数量等方面具有其不同于中餐的突出特点。

1. 西餐原料选用特点

总体而言,西餐所使用的原料有动物性原料和植物性原料两大类。其中,动物性原料一般有畜肉类、家禽类、水产类、野味类、奶制品类、蛋类等;植物性原料包括粮食类、蔬菜类、水果类、调味品类等。

（1）动物性原料的选用特点如下:

①奶制品类的选用。在动物性原料的选用中,奶制品的使用极其广泛,如牛奶、奶油、黄油(butter)、奶酪(cheese)、酸奶酪(yogurt)等,而这些奶制品是西餐中不可缺少的原料,可以说,西餐菜肴失去奶制品将使其失去特色。牛奶,在西餐中用途非常广泛,除作为饮料外,还可以做汤和菜,在早点中用量最大。奶油,在西餐中作为调味品广泛用于各种汤、菜及饭点中。黄油,在西餐中用途很广,可直接入口,也可作为调料用于汤、菜、点心中。只要来到西

餐厨房就可以闻到浓郁的黄油香味,这种独特的香味是西餐的一大特点。

②畜肉类的选用。西餐中使用的畜肉类,以牛肉为最多,然后是羊肉和猪肉,且常常大块制作,如牛排、羊排等。以牛肉的使用为例,西餐选用牛肉的最大特点是非常讲究用小牛肉和奶牛肉,并根据肉质的优劣将其分为特级(一般是牛里脊)、一级(牛脊背,包括外脊和上脑两个部分)、二级(牛后腿肉)、三级(前腿肉、胸口肉和肋条)和四级(脖颈、肚脯和腱子)共五个等级,在制作不同菜肴时,会根据不同肉质恰当选用。其代表菜肴主要有煎里脊扒、奶油里脊丝、铁扒里脊等。

③家禽类的选用。在西餐中经常选用的家禽,有鸡、鸭和鹅等,从用量多少上来看,以鸡比较多见,鸭的用量仅次于鸡,鹅因货源不足用量较少。但鸭与鹅一般都比鸡肥硕,味道非常浓郁,所以在餐席上它们是比鸡名贵,常在比较高级的宴会中使用。值得一提的是,火鸡在西方国家的菜料中占据着重要地位,是圣诞节、感恩节等重大节日中必不可少的食品。火鸡不宜煮汤,适宜做菜,主要做法是烤,而且都是整烤,可以整上,也可以零用。

④水产类的选用。水产类原料因其营养价值丰富而在西餐中被广泛选用,常用的水产有鳜鱼、比目鱼、鲈鱼、大马哈鱼、沙丁鱼、龙虾等,蟹类、贝类在西餐中偶有使用,用量不大。

(2) 植物性原料的选用特点如下:

①蔬菜类的选用。蔬菜含有较多的维生素,既可以作为主料,又可作为辅料和配料,在西餐冷、热菜中均被大量使用。常用的蔬菜主要有红菜头、生菜、辣根等。另外,比较普通的葱头、胡萝卜和芹菜,在西餐中除了可以制作菜肴原料外,也经常作为香料使用,在制作各种烤、焖菜和清汤时,都用这三种蔬菜来提味。

②水果类的选用。水果是西餐中不可缺少的食品之一,不但用于生食,还用来制成各种菜点,如水果沙拉、苹果派等。常用的水果有苹果、柠檬、菠萝、梨、桃、草莓、樱桃等。

③调味品的选用。在西餐的制作中,也常常使用调味品来提升菜肴的风味,目前我国西餐常用的调味品有盐、糖、味精、辣酱油、番茄酱、香叶、黑胡椒、白胡椒、咖喱粉、辣椒粉、丁香、肉蔻、酒类等。

无论是动物性原料的选用还是植物性原料的选用,都体现了西餐食品原料特别讲究新鲜的特点,许多菜肴是生吃的,如生蚝、生鱼、各种生的蔬菜制作的沙拉、生鸡蛋制作的沙拉酱等,牛排也常是半熟或七八分熟。

2. 西餐制作特点

就西餐的制作方法来看,其最主要的特点是讲究主料的突出,菜肴的造型、颜色搭配,以及味道和营养价值的结合。

(1) 突出主料,选料精细。西餐在制作过程中,选料十分精细:海鲜讲究新鲜、生猛;牛羊肉常选择除皮去骨无脂肪的精肉;畜肉中的筋、皮,鱼的头尾、皮骨等基本上要全部去净;一般不食动物内脏和无鳞鱼等。

（2）讲究调味，注重火候。西餐独特的调料、香料，使其口味香醇。在制作中分为烹调前调味、烹调中调味和烹调后调味。具体而言，一般是先用盐、胡椒粉等对肉类进行烹调前调味；在烹调中的调味一般用于烩、焖等方法制作的菜肴；而西餐烹调后的调味最为关键，因为西餐菜肴在形态上以大块为主，烹调时不易入味，所以大都要在菜肴熟后拌以或浇上沙司，使其口味更富特色。

另外，欧美人特别注意肉类食品的老嫩程度，因此西餐制作非常注重对火候的把握，以牛肉的制作为例，一般有 5 种火候制作可供客人依据自己口味选择。

一成熟（Rare，简写 R），表面焦黄，中间为红色，装盘后有血水渗出。

三成熟（Medium Rare，简写 M. R.），表面焦黄，外层呈粉红色，中心为红色，装盘不见血，但切开后断面有血流下。

五成熟（Medium，简写 M），表面褐色，中间呈粉红色，切开后肉中流出的汁仍然见红。

七成熟（Medium Well，简写 M. W.），表面深褐色，中间呈茶色，略见粉红色，切开后流出的汁水是白色的。

全熟（Well Done，简写 W. D.），表面焦黄，中间全部为茶色，肉中无汁水流出，肉硬度较高，不容易消化和咀嚼。

鸡蛋的熟度和肉又不一样。对于要下油锅的鸡蛋，分为 scramble（炒蛋，即为全熟）、sunny side up（即只煎一面的荷包蛋，因为荷包蛋像太阳，所以美国人习惯用 sunny side 来形容）和 sunny side down/ease over（即两面都煎）。

（3）合理搭配，新鲜营养。西餐讲究原料的合理搭配，并根据原料的不同尽量保持其营养成分。在西餐中，对于主料与辅料的搭配，一般装盘时突出主料，主料一般都是以大块或整块原料经过烹饪后装盘，旁边配上各种淀粉类或蔬菜类品种，讲究菜肴的原汁原味，如沙拉配备各种调味汁。这样的搭配一方面可增加菜肴的美观程度，并使菜肴富有风味特色；另一方面，可使菜肴的营养搭配更为合理，从而达到营养平衡的要求。

（4）西餐烹饪方式主要有煎、炸、炒、煮、焖、烩、烤、焗、铁扒和串烧等 10 种。

①煎（Fried），是西餐中使用最广泛的烹调方法之一。它是指将原料加工成形后，加调料使之入味，再投入油量少（一般浸没一半原料）、油温较高（一般为七八成热）的油锅中加热成熟的一种烹调方法。煎可分为清煎、软煎等，如葡式煎鱼、煎小牛肉、意式煎醉猪排等。

②炸（Deep-fried），是指将原料加工成形并调味，再对原料进行挂糊后，投入油量多（一般应完全浸没原料）、油温高（七八成热）的油锅中加热成熟的一种烹调方法。炸可分为清炸、面包粉炸、面糊炸等，如炸鱼条、炸鸡腿、炸黄油鸡卷等。

③炒（Saute），是指将加工成丝、丁、片等的小型原料，投入油量少的油锅中，急速翻拌使原料在较短时间内成熟的一种烹调方法。在炒制过程中一般不加汤汁，所以炒制类菜肴具有脆嫩鲜香的特点，如俄式牛肉丝、炒猪肉丝蘑菇沙司等。

④煮(Boil),是指将原料放入能充分浸没原料的清水或清汤中,用旺火烧沸后,改用中小火煮熟原料的一种烹调方法。煮制菜肴具有清淡爽口的特点,同时也保留了原料本身的鲜味和营养,如煮鱼鸡蛋沙司、煮牛胸蔬菜、柏林式煮猪肉酸白菜等。

⑤焖(Braise),是指将原料初步热加工(一般为过油和着色)后放入焖锅,加入少量沸水或沸汤(一般浸没原料的1/2或2/3)用微火长时间加热使原料成熟的一种烹调方法。焖制成熟的菜肴所剩汤汁较少,所以具有酥软香乳、滋味醇厚的特点,如干果焖羊肉、意式焖牛肉、乡村式焖松鸡、苹果焖猪排等。

⑥烩(Stew),是指原料经初步热加工(过油着色或汆制)后,加入浓汤汁(沙司)和调料,用先旺后小的火力使原料成熟的一种烹调方法。烩制菜肴用料广泛(肉、禽、海鲜、蔬菜均可),具有口味浓郁、色泽艳丽的特点,如蜜桃烩鸡、薯烩羊肉、辣根烩牛舌、咖喱鸡等。

⑦烤(Roast),是指将原料初步加工成形后,加调味品腌渍使之入味,再放入烤炉或烤箱加热至规定温度并上色的一种烹调方法。烤制菜肴丧失水分较多,对营养素有较大的破坏,但火力均匀,菜肴有一定的特殊风味,如烤火鸡、烤牛外脊、橙汁烤鸭、比萨饼等。

⑧焗(Bake),是指将各种经初步加工基本成熟的原料,放入耐热容器内,加调味沙司后放入烤箱或焗炉加热的一种烹调方法。焗制菜肴因带有沙司,所以具有质地鲜嫩、口味浓郁的特点,如焗蜗牛、焗小牛肉卷、焗羊排、丁香焗火腿、海鲜焗通心粉等。

⑨铁扒(Grill),是指将加工成形(一般应为片状)的原料加调料腌渍后,放在扒炉上加热至规定的成熟度的一种烹调方法。扒制菜肴宜选用质地鲜嫩的原料,具有香味明显、汁多鲜嫩的特点,如西冷牛排、铁扒里脊、铁扒比目鱼等。

⑩串烧(Broil),是将加工成片、块、段状的原料加调料腌渍入味后,用金属钎串起来放在敞开式炭火炉上直接把原料烤炙成熟的一种烹调方法。串烧类菜肴具有外焦里嫩、色泽红褐、香味独特的特点,如羊肉串、杂肉串、牛里脊串、海鲜串等。

3. 西餐上菜数量(道数)的特点

欧美人在用餐中,对菜肴的种类和上菜的次数有着不同的习惯。一般来说,普通宴会有3道菜:开胃菜、汤、主菜。中高档宴会有4道菜:开胃菜、汤、主菜、甜品。高档宴会有5~7道菜,又称一主六配:开胃菜、汤、副菜、主菜、蔬菜类菜肴、甜品。

二、西餐的种类

1. 头盘

西餐的第一道菜是头盘,也称为开胃菜。开胃菜的形成可能是受俄罗斯宴会形式的影响,俄罗斯的宴会在宾客没有到齐之前,会请先到的客人到休息室品尝餐前酒和小吃、点心,渐渐地这些品种形成了一个类别,即开胃菜。现在几乎所有的西餐厅都将这些开胃菜固定下来,客人一入座就提供。

开胃菜一般有冷头盘和热头盘之分,常见的品种有鹅肝酱、鱼子酱、烟三文鱼、海鲜鸡尾杯、串烧海虾、奶油鸡酥盒、焗蜗牛、海炸云吞等。开胃菜主要是为了开胃,因此一般都具有特色风味,味道以咸和酸为主,而且数量较少,质量较高。

2. 汤

汤在西餐菜肴中位于第二道,与中餐有极大的不同。汤类在西餐中占有重要的地位,西方人的饮食习惯是在上热菜之前先喝汤。上汤的目的不是要人们吃饱,而是要起到润喉、开胃的作用,为吃后面的正餐做准备。因此,西餐的汤在制作和服务上都遵循少而精的原则。

西餐的汤有两大类,即浓汤和清汤。浓汤的汤汁较稠,味道浓郁。清汤是用肉类等煮制出来的汤,味道清鲜,又有热清汤和冷清汤之分。具体来说,西餐汤大致可分为清汤、奶油汤、蔬菜汤和菜泥汤4类。品种有牛尾清汤、各式奶油汤、海鲜汤、美式蛤蜊周打汤、意式蔬菜汤、俄式罗宋汤、法式葱头汤。冷汤的品种较少,有德式冷汤、俄式冷汤等。

3. 副菜

鱼类菜肴一般作为西餐的第三道菜,也称为副菜。品种包括各种淡、海水鱼类,贝类,以及其他软体动物类。通常水产类菜肴与蛋类、面包类、酥盒菜肴品均称为副菜。因为鱼类等菜肴的肉质鲜嫩,比较容易消化,所以放在肉类菜肴的前面,叫法上也和肉类菜肴主菜有区别。西餐吃鱼类菜肴讲究使用专用的调味汁,品种有鞑靼汁、荷兰汁、酒店汁、白奶油汁、大主教汁、美国汁和水手鱼汁等。

4. 主菜

主菜是西餐正餐中最重要的部分,制作讲究,注重色、香、味、形,并讲究菜肴的营养价值。主菜的内容较为广泛,一般以肉、禽类为制作原料。肉类菜肴的原料取自牛、羊、猪等各个部位的肉,其中最有代表性的是牛肉或牛排。

5. 蔬菜类菜肴

蔬菜类菜肴可以安排在肉类菜肴之后,也可以与肉类菜肴同时上桌,所以可以算为一道菜,或称之为一种配菜。蔬菜类菜肴在西餐中称为沙拉。与主菜同时服务的沙拉,称为生蔬菜沙拉,一般用生菜、西红柿、黄瓜、芦笋等制作。汁酱对于沙拉非常重要,沙拉的主要调味汁有蛋黄酱、鸡尾汁、醋油汁、法国汁、千岛汁、罗佛汁、奶酪沙拉汁等。

沙拉除了蔬菜之外,还有一类是用鱼、肉、蛋类制作的,这类沙拉一般不加味汁,在进餐顺序上可以作为头盘食用。还有一些蔬菜是熟食的,如花椰菜、煮菠菜、炸土豆条。熟食的蔬菜通常是与主菜的肉食类菜肴一同摆放在餐盘中上桌,称之为配菜。

6. 甜品

西餐的甜品是在主菜后食用的,可以算作是第六道菜。甜品可分为冷、热两种:冷的甜品有冰淇淋、冷布丁、冻糕及冻点心等;热甜品主要有酥点、薄煎饼等。从真正意义上讲,它包括所有主菜后的食物,如布丁煎饼、冰淇淋、奶酪、水果等。甜品量不多,但注重造型美,重装饰,装饰原料一般有水果、巧克力和鲜奶油等。虽然奶酪不属于甜品,但人们通常把奶酪归于甜品类。古代欧洲谚语云,"没有奶酪的佳肴犹如缺少一只眼睛的美人",可见奶酪是西餐中不可缺少的食物,奶酪一般切成小片或小块,客人可以用手拿着吃。

7. 咖啡、茶

西餐的最后一道是上饮料、咖啡或茶。饮咖啡一般要加糖和淡奶油,一般有爱尔兰咖啡(Irish Coffee)、皇室咖啡(Royal Coffee)、意大利特浓咖啡(Espresso)、意大利奶泡咖啡(Cappuccino)、冰咖啡(Iced Coffee)、现磨咖啡(Freshly Brewed Coffee)等。茶一般要加香桃片和糖,一般来说,立顿红茶(Lipton Tea)、绿茶(Green Tea)、伯爵茶(Earl Gray Tea)、薄荷茶(Peppermint Tea)等是比较常见的。

除此之外,西餐还有工艺独特、设备考究、分餐健康、关注格调、注重礼仪等特点。

任务二 西餐的发展

据有关记载,西餐发展的历史可谓源远流长,至今已有数千年的历史。在这期间,西餐不断发展,用餐方法也从过去开始的抓食发展到现在非常讲究菜肴器具的"刀叉"西餐。

一、西餐发展简史

(一)西餐的起源

据有关史料记载,早在公元前5世纪,在古希腊的西西里岛上,就出现了高度发达的烹饪文化。在当时就很讲究烹调方法,煎、炸、烤、焖、蒸、煮、炙、熏等烹调方法均已出现,同时技术高超的名厨师很受社会的尊敬。尽管在当时烹饪文化有了一定的发展,但人们的用餐方法仍以抓食为主,餐桌上的餐具还不完备,餐刀、餐叉、汤匙、餐巾等都没有出现。西餐餐桌上的刀、叉、匙都是由厨房用的工具演变而来的。

罗马时代,其文化和社会高度发达,在诗歌、戏剧、雕刻、绘画和西餐烹调等方面都创造了新的风格。最早的罗马人是农夫和牧人,他们发现了蒸发河流出海处的水可以得到盐的方法,使罗马成为输出海盐的贸易国。当时有"盐路"通往希腊,由于盐路贸易的往来,罗马人吸收了希腊文化、饮食艺术,同时也得到了财富,使罗马人能够建立罗马帝国,也使得他们能够有闲情逸致讲求饮食之道。

经由贸易和远征,罗马人从外地带回来很多蔬菜和水果的种子,到了公元前2世纪,罗马已经是个强盛的帝国,也从亚洲学到东方的饮食习惯。从此烹饪已不再是奴隶的工作,而已成了一门艺术。但罗马帝国对西餐的贡献仅止于公元2世纪,随着帝国的没落,其饮食之道也没落了。在 3 世纪末北方野蛮民族入侵罗马后的公元 4、5 世纪之间,由于新兴支配者没有美食的修养,所以意大利菜没有再进一步的发展。直到 9 世纪回教徒入侵南欧,才又给意大利菜带来另一次的新刺激。

15 世纪中叶的文艺复兴给西餐带来了一个发展机遇,饮食同文艺一样,是以意大利为中心发展起来,在贵族举行的宴会上涌现出各种名菜、细点。至今,意大利的空心面仍享誉全球。可以说,意大利是欧洲最早有饮食历史的国家,西餐起源于意大利菜。

(二)西餐的发展

16—17 世纪,意大利的烹调方法传到法国,并在法国厨师的推动下获得了空前的发展。1553 年,意大利佛罗伦萨女子凯瑟琳娜(catherine),嫁给了法皇亨利二世,把罗马的饮食文化介绍到法国。在凯瑟琳娜的陪嫁人员中,有一整班的厨师,这些厨师不仅为法国带来了最佳的烹饪艺术,还在法国贵族中传授烹调技术,这样不仅使宫廷、王府的菜点质量显著提高,而且使烹饪技法广为流传,促使法国的烹饪业迅速发展起来。

宫廷和上层社会的烹调热,如因讲究饮食而被人称为美食家的法国国王路易十四(1638—1715)甚至在宫廷中发起了烹饪大赛,直接推动了整个社会的烹饪业发展。1765 年,伯朗格在法国巴黎开设了第一家法国餐厅,基本可以算是现代西餐厅的雏形,因为它具备了现代西餐厅的很多元素和条件。1789 年,法兰西革命后,针对一般顾客的餐厅像雨后春笋般地发展起来。

(三)西餐的形成

19 世纪后,随着英国、法国等殖民国家的殖民扩张,西餐在全球范围内发展,欧洲各国的菜肴特色和饮食风格基本形成。

二、西餐在我国的传播与发展

(一)第一阶段:西餐菜肴的传入

西餐在我国有着悠久的历史,它是伴随着我国和世界各民族人民的交往而传入,但西餐到底何时传入我国,至今还未有定论。据史料记载,早在汉代,波斯古国和西亚各地的灿烂文化通过丝绸之路传到中国,其中就包括膳食。13 世纪,意大利人马可·波罗(1254—1324)将某些西餐菜肴带到中国。但是在漫长的封建社会中,中西方的交往是十分有限的,当时在食品方面,只限于一些物产的相互交流,如西方的芹菜、胡萝卜、葡萄酒等陆续传入我国。

(二)第二阶段:西餐技艺的传入

1840 年鸦片战争以后,西方国家的外交官和一些传教士把西餐技艺带到中国。清朝后期,欧美人在我国上海、北京、天津等地开设了一些饭店,经营西餐业务。清末民初,西学东渐,具有新思潮的中国人剪辫子,穿洋服,接受西方文化,尝试着吃西餐也成了一种具有象征意义的行为。

而中国人自己经营的第一家西餐厅是广州的"太平馆",太平馆不仅是广州历史最悠久的西餐厅,更因为周恩来总理的"三顾太平馆"而声名鹊起。太平馆不仅仅是一个西餐厅那么简单,它更是西式生活方式进入广州的一个象征。

（三）第三阶段：西餐的发展

20 世纪 80 年代以后,伴随着我国改革开放的不断深入,我国西餐经营也在不断地扩大和发展,一些世界著名酒店,如喜来登、希尔顿和凯宾斯基等酒店的西餐厅在我国蓬勃发展,也带来了西餐烹饪原料和技艺,我国本土的西餐厅也不断更新换代,出现以经营法式西餐为主,英式、美式、意式、俄式西餐等全面发展的格局,西餐在我国的发展比历史上任何时期都更为迅速。

随着国内人民生活水平的不断提高,西餐也受到了国内各层次消费者的喜爱。国内与国外的需求,共同促进了西餐在中国的发展,使我国西餐经营整体出现一个较快的发展阶段。从总体来看,目前国内西餐的发展正处在上升阶段,在一些旅游热点城市的高档饭店中,从菜肴制作到餐厅服务,已经与欧美各国的西餐相差无几。但是在许多中低档饭店中,西餐菜肴的制作还比较落后,菜式陈旧,设备设施也有待于更新。据不完全统计,目前全国有西餐企业 2 万多家,西式正餐、西式快餐、茶餐厅、酒吧、咖啡厅,不同价位不同口味的餐厅应有尽有,我国西餐业的发展呈现出多元化态势。

三、我国西餐业现阶段的发展

（一）西餐市场在我国的分布

随着中国经济不断融入全球经济一体化,人们的消费观念也随西方文化的进入而发生了变化,西餐成为中国饮食文化的一种补充,体验不同风格的西餐风味和服务成为越来越多的人的追求;而随着人们生活水平的提高和工资收入的增加,又令不少消费者有能力支付饮食的多样化消费;国家间的大量商务往来,也促使外国人来中国旅游和居住,增加了西餐的消费量,特别是在东部沿海经济发达城市,西餐的需求增长更为明显。加上近几年旅游业的兴旺,吸引了大量的外国游客来参观游览的同时,也促进了当地西餐业的兴旺发展。总体来看,西餐行业在我国的分布表现出如下特征：

（1）受殖民地时期遗留文化和生活习惯影响较深的地区,如上海、北京、大连等地西餐业发展较快。

清朝后期,欧美人在我国上海、北京、天津等地开设了一些饭店,经营西餐业务。据清末史料记载,最早的西餐厅是上海福州路的"一家春"。红房子西餐厅、德大西菜社早在 20 世纪 30 年代,已经被很多上海百姓知晓。随着上海国际化程度的提高,西餐对上海来说就更为平常了。上海西餐业的发展和酒店业的发展是息息相关的。20 世纪 90 年代初,上海西餐厅绝大部分在星级酒店内。每一个星级酒店内都会配几个餐厅,几乎每个酒店都会有一个自助餐厅。国际管理集团五星级酒店的总厨,都是由外籍厨师担当。这些外籍厨师来自不同的国家,也带来了不同的餐饮文化。当时的希尔顿酒店、香格里拉酒店等就像是西餐厨师的培训学校,培养了一批又一批的西餐厨师。目前,上海是西餐在中国发展最成熟的城市,其中西餐厅超过2300家,东南亚餐厅超过300家,韩式餐厅超过800家,日式餐厅超过2100家,西式自助餐厅超过350家,咖啡西餐厅超过2400家,酒吧超过1200家,面包房超过7700家,总计近18000家。

(2)受海外影响较多的沿海经济发达城市,如广州、深圳、厦门等城市西餐发展也较为迅速。

从消费群体来看,西餐的消费群体多数是高收入、高地位、高素质的中国"三高人群"以及在中国工作学习的外国人,地域一般集中于沿海发达城市。如广州、深圳由于受香港、澳门的影响,其西餐发展十分迅猛。

(3)旅游业发达地区,如海南、云南等地。

从地理位置上来看,旅游业发达地区虽然地域较为偏僻,但因为旅游资源得天独厚,吸引大量国外游客,带动当地西餐发展,尤其是酒店西餐。据了解,目前海南省西餐业态主要有酒店、宾馆西餐厅和专营西餐厅两大部分,全省各种类型的西餐经营网点有上千家,从业人员数以万计。

(二)我国西餐发展特点

据有关数据显示,2011年中国餐饮业收入达到20635亿元,同比增长16.9%。产业规模首次突破2万亿元大关,这距离2006年突破1万亿元营业额仅用了5年时间,年均增长2000亿元以上。在我国餐饮业这样的发展势头下,西餐发展也进入了一个良好时期,西餐发展呈现出如下特点:

(1)西餐业发展迅速,灵活多样,紧跟时代。西餐业发展迅速是指近几年西餐业在全国范围内发展明显快于以前。灵活多样是指西餐业中多种业态的出现,不拘泥于一种形式;目前我国西餐业态大致有西式正餐、西式快餐、酒吧和咖啡厅、茶餐厅以及日餐、韩餐、东南亚餐等广义上的西餐形态。紧跟时代,就是西餐企业的产生适应了所在地区消费群的需求。

(2)文化包装创造了重要的附加值。与中餐不同,西餐店的菜点品种并不多,不是仅靠品种繁多的菜点来吸引客人,而更重视营造一种文化,包含餐厅装饰品、根据用餐形式筛选不同节奏的音乐等,而这种文化包装迎合了国人想要了解西方文化的心理需求,为西餐增添了丰厚的附加值。

(3)品牌效应突出。西餐很注重自身品牌建设,通过品牌效应增加市场份额及营业收入。

(4)追求多元化和本土化的文化色彩。不同西餐菜式展示了不同地方的文化风格。另外,西餐面向的是我国消费者,西餐的本土化探索会更好地满足我国消费者的需求。

任务三　西餐的主要菜式

　　西餐,按照国家不同分法式、英式、意式、俄式、德式等。按照每天用餐的不同时段,分正餐(午餐、晚餐)、早餐、早午餐、下午茶、小点。按照制作正式与否,又有家常餐、快餐、餐厅菜式之分。西餐这种业态一旦出现,即显示出多样化特色,从高档到中档到低档,从传统的西餐到便餐、茶餐同时出现,多种业态在西餐企业中发展得相当丰富,而且每种业态都有相当一部分的消费群在追捧,使西餐的消费出现了多层次、多品种的局面,表现出了十分活跃的生命状态。

　　在西餐中较有名气的菜式有法式菜、英式菜、美式菜、俄式菜、意式菜等。另外,德国、奥地利、匈牙利、西班牙、荷兰、葡萄牙等国的菜点也都各具特色。不同国家的人有着不同的饮食习惯,有种说法非常形象,即"法国人夸奖着厨师的技艺吃,英国人注意着礼节吃,德国人考虑着营养吃,意大利人痛痛快快地吃"。现在,我们就来看看不同类别西餐的主要特点及主要代表性名菜。

一、法式西餐

　　法国饮食在国际上,尤其是在欧洲食坛上好几个世纪以来占据着主导地位。法国和中国、土耳其并称为世界三大烹饪王国。法国人对饮食十分讲究,善于吃而且精于吃,一般精致浪漫、高雅昂贵。法式菜品种繁多,调味丰富,用料讲究,在色彩搭配等方面都已经达到很高的程度,在西餐中是最为讲究的,因此也被称为西餐之首,有自己独特的傲人之处。

　　法国于2008年向联合国教科文组织提出申请,将法国的"烹饪"列为"人类非物质文化遗产名录",并申遗成功。评审委员会委员强调法国美食传统在法国已成为"一种社会日常习俗,用于庆祝个人和团体生活中的最重要时刻,如出生、结婚、生日、成功和重逢"。因此,这是一种巩固集体认同感、促进世界文化多样性的习俗,最重要的是享受相聚在一起的欢愉、体验烹饪艺术的滋味、感悟人与自然产品之间的和谐。

　　(一)法式菜的特点

　　(1)法式菜是从古代宫廷美食发展而来的,其最主要的特征是对复合调料沙司(Sauce)的制作极其考究,选料十分新鲜。沙司是原料的原汁、调料、香料和酒的混合物,其功能主要是提味。因为西餐菜肴大多数是大块制作,在烹饪时不易入味,高质量的沙司可以弥补菜肴味道的不足,因此,沙司在法式菜中占据重要地位。

　　(2)法国盛产酒,法国人同酒结下了不解之缘。据有关资料介绍,法国人均每年要喝75升葡萄酒。因此,法式菜烹饪时普遍用酒,对不同类型的菜肴选用不同的名酒,比如做甜菜和点心时朗姆酒是首选,而做海鲜时多选用白兰地酒和白葡萄酒,做牛排时则要选择红葡萄酒等。另外,法国人对菜肴和酒的搭配也很有讲究。他们认为,饭前一般要喝度数不高的甜酒,习惯称之为"开胃酒";吃饭时要喝不带甜味的葡萄酒或玫瑰酒;吃肉时一般喝红葡萄酒;吃海味时喝白葡萄酒或玫瑰酒;饭后要喝一点儿带甜味的"消化酒";每逢宴请还要喝香槟酒,以增加席间欢乐的气氛。

(3)法式菜常用的烹调方法有烤、炸、汆、煎、烩、焖等;法国在烹饪技术上处于世界领先地位,还发明了现代的真空烹调方法。菜肴偏重肥、浓、酥、烂,口味以咸、甜、酒香为主;肉菜中总伴有多种蔬菜搭配。

(4)法式菜讲究原汁原味,突出原料自身的味道,注重基础汤汁制作,烹制什么菜就用什么原料的基础汤汁,有些基础汤汁要煮8个小时以上,如牛清汤用牛基础汤、鱼汁用鱼基础汤、羊肉菜肴用羊基础汤。而且对制作什么菜该用什么汤汁都有严格要求,再加上菜肴本身的原汁,使菜肴富有原汁原味的特点,制作时,原料和汤汁分别加工完成。

(5)选料广泛(如蜗牛、鹅肝都是法式菜肴中的美味),加工精细,烹调考究,花色品种多。法式菜还比较讲究菜肴的鲜嫩,强调菜肴的质量,吃半熟或生食,如牛排、羊腿以半熟鲜嫩为特点,海鲜中蚝可生吃,烧野鸭一般六成熟即可食用等。

(6)另外,奶酪、各种新鲜水果(尤其是菠萝、苹果、葡萄、猕猴桃)和新鲜蔬菜都是法式菜中常常出现的食料。

(二)法式菜代表

法式名菜很多,但比较有代表性的是世界有名的马赛鱼羹、焗蜗牛、鹅肝酱、巴黎龙虾、鹅肝排、红酒山鸡、沙福罗鸡、鸡肝牛排、普罗旺斯烩羊肉、奶油炖蛋、牡蛎杯等。

其实,很多法式菜菜名都比较有趣,许多菜品都是用地名或人名来命名的,如"里昂土豆",该菜肴里所用的洋葱和大蒜来自盛产这两个物品的里昂,因而得名。再如"马赛鱼汤",该菜肴名称也是因为马赛盛产海鱼,而该菜汤主要是用海鱼做成而得名。有趣的菜名对客人是另一种吸引,能给客人留下极为深刻的印象。

二、英式西餐

英国人非常注重餐饮礼仪,也非常重视对孩子的餐桌礼仪教育,礼仪是日常生活的一部分。通常"请"和"谢谢"是不离口的,即使最亲近的人之间,礼貌用语也是必不可少的。如父母子女同桌吃饭时,父母让孩子帮忙拿一些东西,通常会说:"请把××拿给我。"当孩子把父母所要的东西拿过来后,父母一定会说声:"谢谢。"孩子与父母在餐桌上的对话也必须讲究礼仪,夫妻之间也是如此,这些生活用语的使用在英国是非常严格的。因此,英式西餐也被认为是最讲礼仪的西餐。另外,英国人不善于烹饪,因此英式菜较为简单,可以说英式西餐是简洁与礼仪并重。

（一）英式菜的特点

（1）英式菜比较简单，口味清淡、油少不腻，盘内不能带油，汤没有浮油。调味时较少用酒，习惯把各种调味品如盐、胡椒粉、沙拉油、芥末酱、辣酱油、番茄沙司等放在餐桌上，以供客人按自己的口味选择使用。

（2）英式菜烹饪方式有烩、烧烤、煎和油炸。对肉类、海鲜、野味的烹调均有独到的方式。然而，他们对牛肉类又有特别的偏好，如烧烤牛肉（Roasted Beef），在食用时不仅附上时令的蔬菜、烤土豆，还会在牛排上加少许的芥末酱；在佐料的使用上则喜好奶油及酒类；在香料上则喜好肉蔻、肉桂等新鲜香料。

（3）英式早点以鲜嫩、干净、漂亮受到大多数人的喜爱，如各种煎鸡蛋只煎一面，外观洁白、蛋黄鲜嫩，配上各式水果、面包、黄油等，深受人们的欢迎。

（二）英式菜代表

英式菜肴的名菜有鸡丁沙拉、烤大虾苏夫力、薯烩羊肉、烤羊马鞍、冬至布丁、明治排、英格兰烤鱼块、爱尔兰土豆泥、面包黄油布丁等。

知·识·链·接·

英式下午茶

英国人习惯喝茶，一首英国民谣这样唱道："当时钟敲响四下时，世上的一切瞬间为茶而停。"英国人每天"Tea Time"之多，让人觉得他们三分之一的人生都消耗在饮茶中了。清早刚一睁眼即在床上享受一杯"床前茶"；早餐时再来一杯早餐茶；上午无论公务多繁忙也得停顿20分钟啜口工休红茶；下班前则更有雷打不动的下午茶，这是不得打扰的法定时刻；回家后晚餐前再来"High Tea"；夜晚就寝前则少不了一次告别茶"After Dinner Tea"。当然，这大大小小的"茶歇"，品质最好的就是下午茶了——精致的桌布、考究的茶具、丰盛的点心、氤氲的茶香。

下午茶的起源：下午茶真正的"诞生"要归功于贝德福德第七公爵夫人安娜。18世纪的英国人一天只吃早点和晚餐，贵族一般要在晚上8点后才用晚膳。早晚餐之间的漫长时间里，公爵夫人常常在下午四五点钟，命女仆备一壶茶、几片烤面包和奶油、黄油送到她房间去，吃得甚是惬意。渐渐地，公爵夫人在每天下午四点会邀上三五知己，一同品啜用上等瓷质餐具盛装的香醇好茶，配以精致的三明治和小蛋糕，同享轻松惬意的午后时光。没想到一时之间在当时的贵族社交圈内成为风尚，而逐渐普及到平民阶层。直至今天，这已俨然形成一种优雅自在的下午茶文化，也成为正统的"英国红茶文化"，也就是所谓的"维多利亚下午茶"的由来。最传统的英式下午茶,男士会穿着黑礼服,女士则要穿着镶着蕾丝花边的丝绸裙子。现代生活简化了礼仪,白色蕾丝镂空桌布,一小束鲜花,精致的三层点心架,是英式下午茶不可缺少的一部分。如果再点缀以鲜花、蜡烛和优美的背景音乐,闲适优雅的下午茶气氛自然就有了。

下午茶的基本礼仪:英国人对茶品有着无与伦比的热爱与尊重,因此在喝下午茶的过程中难免流露出严谨的态度。①喝下午茶的最正统时间是下午四点钟(就是一般俗称的 Low Tea)。②一般来讲,下午茶的专用茶为大吉岭与伯爵茶、火药绿茶或锡兰茶传统口味纯味茶,若是喝奶茶,则是先加牛奶再加茶,否则会被视为没教养。③正统的英式下午茶的点心是用三层点心瓷盘装盛,第一层放三明治,第二层放传统英式点心 Scone,第三层则放蛋糕及水果塔,由下往上吃。至于 Scone 的吃法是先涂果酱再涂奶油,吃完一口再涂下一口。④点心食用礼仪:由淡而重,由咸而甜。茶点的食用顺序应该遵从味道由淡而重、由咸而甜的法则。先尝尝带点咸味的三明治,让味蕾慢慢品出食物的真味,再啜饮几口芬芳四溢的红茶。接下来是涂抹上果酱或奶油的英式松饼,让些许的甜味在口腔中慢慢散发。最后才由甜腻厚实的水果塔,带领你亲自体验下午茶点的最高潮。⑤品赏精致的茶器。下午茶的茶具多用陶瓷做成,上面绘有精美的英国植物与花卉的图案,轻松、优雅;而且,英式茶具都是成套使用并镶有金边的杯组,所以非常有收藏价值。一套完整的茶具一般包括:茶杯、茶壶、茶匙、茶刀、滤勺、广口瓶、饼干夹、放茶渣的碗、三层点心盘、砂糖壶、茶巾、保温面罩、茶叶罐、热水壶、托盘。

三、意式西餐

源远流长的意大利餐,对欧美国家的餐饮产生了深远影响,并发展出包括法国餐、美国餐在内的多种派系,故有"欧洲大陆烹饪始祖"之美称。

意大利受地形影响,南北气候风土差异很大,逐渐产生烹饪方式各异的独特地方菜系,有北意大利菜系、中意大利菜系、南意大利菜系和小岛菜系四个派系,各地方派系菜均有自己的特点,但总体而言,意大利菜简单、自然、质朴。

(一)意式菜的特点

(1)菜肴注重原汁原味,讲究火候的运用。意大利菜多以海鲜作主料,辅以牛、羊、猪、鱼、鸡、鸭、番茄、黄瓜、萝卜、青椒、大头菜、香葱等烹成。制法常用煎、炒、炸、煮、红烩或红焖,喜加蒜蓉和干辣椒,略带小辣,火候一般是六七成熟,重视牙齿的感受,以略硬而有弹性为美,形成醇浓、香鲜、断生、原汁、微辣、硬韧的12字特色。

(2)巧妙利用食材的自然风味。在意式西餐中,橄榄油、黑橄榄、干白酪、香料、西红柿与 Marsala 酒这六种食材是意大利菜肴调理上的灵魂,也代表了意大利当地所盛产与充分利用的食用原料,因此意大利菜肴能无出其右地被称为"地道与传统"。最常用的蔬菜有西红柿、白菜、胡萝卜、龙须菜、莴苣、土豆等。配菜广泛使用大米,配以肉、牡蛎、乌贼、田鸡、蘑菇等。

(3) 以米面做菜,花样繁多,口味丰富。与大菜相比,意大利的面条、薄饼、米饭、肉肠更上一层楼。意大利各种面食制品世界闻名,而意大利本国居民也尤其喜爱面食,意大利年产各种面条多达 200 万吨,每年人均食用 30 公斤,这在其他西欧国家是不常见的。

意大利面据说是在 13 世纪由马可·波罗经丝绸之路从我国传入意大利的,在意大利经过发展、创新,形成了几十种不同的做法和吃法,如有字母型、贝壳型、蝴蝶型、实心、通心等各种形式,还可以在面中加入蛋黄、番茄、菠菜,从而做成黄色、红色和绿色等颜色各异的面条,不仅美观,而且营养丰富,滋味各异,深受广大食客喜爱。另外,比较有名的还有意大利比萨、意大利米饭(又名沙利托)和意大利肉肠(又名莎乐美)也非常受欢迎。

(二) 意式菜代表

意式名菜主要有铁扒干贝、红焖牛仔肘子、焗馄饨、通心粉、蔬菜汤、比萨、肉馅春卷、肉酱意大利面条等。

四、美式西餐

美国菜的历史极短,仅有两百多年。美国菜是在英国菜的基础上发展起来的,继承了英式菜简单、清淡的特点,口味咸中带甜。美国人一般对辣味不感兴趣,喜欢铁扒类的菜肴,常用水果作为配料与菜肴一起烹制,如菠萝焗火腿、菜果烤鸭。喜欢吃各种新鲜蔬菜和各式水果。美国人对饮食要求并不高,只要营养、快捷。

尽管美国菜原是以英国菜为基础,但近年来它多变化的口味已被大家所接受,进而成为普遍的美食。美国地大物博,所出产的农产品种类繁多,再加上美国是个"民族大熔炉",包含了多个民族,以至产生了多样的饮食文化,所以说美国菜是包罗万象的。它是一种世界各国佳肴的复合体,口味包括英国、意大利、墨西哥、法国、中国、日本等各地的风味。

美国菜大致分为三个流派:一是以加利福尼亚为主的带有都市风格的派系;二是以英格兰移民为主的派系,保留了传统的菜点,又增加了一些当地原料的新品种;三是以得克萨斯州为主的墨西哥派系,受南美菜的影响很大,有不少菜带有辣味,调味浓烈,有一定的刺激性。

(一) 美国菜的主要特点

(1) 水果普遍入菜。美国盛产水果,美式菜的沙拉中水果用得很多,例如用苹果、梨、橘子等做沙拉最为普遍。另外,在热菜中也常使用水果,如菠萝焗火腿、苹果烤火鸡等。

(2) 口味趋向清淡、生鲜。由英式菜衍生出来的美国菜发展至今,在口味及用料上已经发生了不少变化,口味已趋向清淡。在用料上,黄油改用植物黄油或生菜油,奶油改用完全脱脂奶油,奶酪改用液态奶,浓汤改用清汤;肉类则多用低脂及低胆固醇的水牛肉与鸵鸟肉等。另外,在美国素食和生食比较盛行。

（3）烹调方法以煮、蒸、烤、铁扒为主。在烹调方面,美国菜所采用的方法主要有煮、蒸、烤、铁扒等。尤其善用扒的方式,许多食品原料都是用扒的方式制熟。如今,沙拉和三明治是美式西餐的重要组成部分,美式沙拉选料广泛,以开胃菜、主菜、配菜和甜菜的各种形式出现。各种类型的三明治是美式早午餐、午餐、下午茶和夜餐的首选菜肴。

（二）美式菜代表

比较有名的美国菜有华尔道夫沙拉、原汁烤火鸡、西冷牛排、马里兰炸鸡排和加州汉堡包等。

五、俄式西餐

作为一个地跨欧亚大陆的世界上领土面积最大的国家,虽然俄罗斯在亚洲的领土非常辽阔,但由于其绝大部分居民居住在欧洲部分,因而其饮食文化更多地受到了欧洲大陆的影响,呈现出欧洲大陆饮食文化的基本特征。15世纪以莫斯科为中心的俄国统一后,俄国的饮食文化得以发展,尤其是到了沙皇彼得大帝时期,俄国全面接受西欧文化,在饮食文化方面,崇尚法国,所以受法式菜影响较大。除此之外,俄式菜在其形成的过程中,还不断借鉴欧洲其他国家饮食的优良传统和特色,并结合俄罗斯的物产和饮食文化,逐渐形成了颇具特色的俄式菜。可以说,特殊的地理环境、人文环境以及独特的历史发展进程,造就了独具特色的俄罗斯饮食文化。

俄式菜肴在西餐中影响较大,一些地处寒带的北欧国家居民和中欧前南斯拉夫居民日常生活习惯与俄罗斯人相似,大多喜欢腌制的各种鱼肉、熏肉、香肠、火腿以及酸菜、酸黄瓜等。

（一）俄式菜的特点

（1）俄式菜的总特点是油大,味重,酸、辣、甜、咸明显。由于俄罗斯气候寒冷,人们需要补充较多的热量,俄式菜一般用油比较多,多数汤菜上都有浮油。俄式菜口味浓厚,而且酸、甜、咸、辣俱全,因此,在烹调中多用酸奶油、奶渣、柠檬、辣椒、酸黄瓜、洋葱、白塔油、小茴香、香叶作调味料,酸黄瓜、酸白菜往往是饭店或家庭餐桌上的必备食品。喜欢吃大蒜、葱头。烹调方法以烤、熏、腌为特色。

（2）喜欢吃全熟的食物。跟其他西欧国家的菜肴相比,俄罗斯人喜欢吃全熟的食物,尤其是畜肉类、禽肉类菜肴和各种各样的肉饼,必须全熟才吃。另外,俄罗斯人也喜欢吃用鱼肉、碎肉末、鸡蛋、蔬菜做成的包子。

（3）讲究小吃。俄式菜肴中有很多小吃非常有名,尤其是各种冷菜,其特点是生鲜、味酸咸。比较有名的有墨鱼子酱,另外酸黄瓜、冷酸鱼等也相当有名。

（4）擅长制作蔬菜汤。汤是俄罗斯人每餐不可缺少的食品。由于俄罗斯气候寒冷，汤可以驱走寒冷带来温暖，还可以帮助进食，增进营养。俄罗斯人擅长用蔬菜等调制蔬菜汤，常见的蔬菜汤就有 60 多种，可以说汤是俄式菜的重要组成部分。

（二）俄式菜代表

俄式菜的典型代表菜肴主要有：鱼子酱、红菜汤、基辅鸡卷、罐焖牛肉、莫斯科烤鱼、煎鲑鱼饼等。

六、德式西餐

德国人不是一个特别讲究吃的民族。他们一般以比较简单的食物充饥，属于那种大块吃肉、大口喝酒的人群，很有古代日耳曼人的遗风。有人将德式西餐称为欧洲的"东北菜"，可见其粗犷。当然随着欧洲各国的交流日益频繁，德国人餐桌上的食物也越来越多了。

（一）德式菜的特点

德国菜式在西餐菜式中可以说是比较有特点的一类菜式，像德国人的性格一样，注重经济、实用、实惠，不那么爱讲排场，却也不失外在的美观。最主要的特点在于：

（1）肉制品丰富。德国菜在选料上较偏好猪肉、牛肉、肝脏类、香料、鱼类、家禽及蔬菜等。德国的肉制品种类繁多，尤其是猪肉用量较大，几乎是欧洲猪肉用量最大的国家。德国菜中有不少是用肉制品制作的菜肴。制作的香肠有 1500 种以上，比较著名的有"黑森林火腿"，可以切得跟纸一样薄，味道奇香无比。

（2）食用生鲜菜肴。一些德国人有吃生牛肉的习惯，著名的鞑靼牛排就是将嫩牛肉剁碎，拌以生葱头末、酸黄瓜末和生蛋黄配以黑面包食用。

（3）口味以酸咸为主。德式菜中酸菜的使用非常普遍，经常用来做配菜，口味酸咸，浓而不腻。

（4）用啤酒制作菜肴。德国盛产啤酒，啤酒的消费量居世界之首，一些菜肴也常用啤酒调味。若同时饮用啤酒与葡萄酒，宜先饮啤酒，后饮葡萄酒，否则被视为有损健康。

（5）调味品方面使用大量芥末、白酒、牛油等，而在烹调上较常使用煮、炖或烩的方式。

（二）德式菜代表

典型的菜式有：柏林酸菜煮猪肉、酸菜焖法兰克福肠、汉堡肉扒、鞑靼牛排、德式清豆汤、德式生鱼片、德式烤杂肉、煎甜饼等。

任务四　西餐菜单认知

西餐菜单是西餐企业经营的关键和基础。西餐经营的一切活动，都应围绕着菜单进行。

一份优秀的西餐菜单,既要能反映餐厅的经营方针和特色,衬托餐厅的气氛;同时,也是餐厅重要的营销工具,能够为饭店和餐厅带来丰厚的利润。

一、西餐菜单的含义与发展

菜单在法语中被称为"细致的清单",也被称为工作资料的标识或蓝图。就西式菜单而言,主要是指提供西式菜肴的餐厅为顾客提供的菜肴种类、菜肴解释和菜肴价格的一种清单,起到向顾客传递菜肴有关信息的作用。

最初的菜单只是食品的清单,其功能并不是为了向顾客说明菜肴的相关信息,而主要是为了提醒厨师不要忘记烹制菜肴。这主要是源于16世纪初期,法国厨师为了记住法皇亨利二世的皇妃凯瑟琳娜从意大利带来的厨师提供的意大利菜肴的制作方法及原料而制定的。到16世纪中期,布伦斯维克侯爵在自己的宅第举行晚宴,制定出晚宴的菜单,受到宴会客人的欢迎,大家争相仿效。在举行宴会时,主人都预先制作了菜肴记录,这些记录开始成为向客人提供的菜单。

二、西餐菜单的功能

菜单是沟通经营者或餐饮部负责人与消费者之间的桥梁,菜单既是餐饮服务员为宾客提供服务的依据,又是控制餐饮成本的关键。同时,它也标志着餐饮企业的经营特色和等级水平。精制的菜单能唤起就餐者的美感,提升就餐者的情绪,提高餐饮企业的经济效益。正如美国餐饮管理协会理事可翰博士在评价菜单的重要性时所指出的:"餐饮经营成功与失败的关键在菜单。"可见,菜单起着举足轻重的作用。

(一) 菜单向顾客传递信息,是顾客餐饮消费的主要参考依据

菜单中包含大量的信息,如菜肴的颜色、样式、明码的价格等,有的菜单还包含菜肴的原料、烹调方法、营养成分、适应对象、盛装器皿等,这些信息是顾客消费的依据。一份经过精心设计的菜单,其纹饰精美、式样别致、色调得体、洁净明朗、文字醒目,解说富有情感、内涵丰富,不仅读起来赏心悦目,而且还能改善就餐顾客的心情,使其留下很好的印象。另外,菜品的价格、图片、文字说明和菜品搭配等反映餐饮企业的档次,能更好地帮助顾客进行选择,使餐饮企业在顾客心目中树立良好的形象。

(二) 菜单是餐厅销售菜系的主要工具

菜单是餐厅向顾客推介自己菜品的主要工具。通过菜单,餐厅把自己的特色菜肴等展示给顾客,并通过定期分析菜单可以知道哪些菜品是受顾客欢迎的,从而了解顾客的菜品需求,还可根据菜单统计各类菜品的点菜频率,分析它们的成本效益情况,再结合季节、市场、餐饮企业经营特色等因素调整菜品结构,有针对性地推出相应菜品来满足顾客的需求。

（三）菜单是餐厅经营管理的重要工具

西餐的经营管理离不开餐饮设备的采购和菜肴原料的购买,而这一切都要依据菜单来进行。菜单确定后,要根据菜点的风味、花色品种、技术质量、要求标准来确定所匹配的设备、工具等。另外,菜单内容决定了西餐原料的采购,库存的具体类别、品种、质量和数量,可以说,西餐餐饮的成本控制是从菜单设计开始的,菜单既要体现餐厅的档次水平和风格特色,又要保证西餐企业的盈利。

三、西餐菜单的种类与特征

根据不同的分类标准,西餐菜单的类别也不尽相同,总的来说,大致有以下几种菜单:

（一）根据顾客用餐需求和供餐性质进行分类

根据顾客用餐需求和供餐性质,西餐菜单可以分为套餐菜单、零点菜单、宴会菜单以及节日菜单和混合菜单。

1. 套餐菜单

套餐,是根据顾客需求将各种不同菜系合理地搭配在一起设计成的一套菜系,并相应地制定出每套餐的价格。因此,套餐菜单上的菜系品种、数量、价格是固定的,顾客选择的空间相对较小,只能购买整套餐。套餐菜单节省顾客点菜时间,免去顾客选择的麻烦,而且价格相对于零点菜肴更加优惠,对顾客具有一定的吸引力。

2. 零点菜单

所谓零点菜单,是指可以供顾客根据自己口味及喜好选择菜品品种,以单个方式购买,组合成自己喜爱的菜肴的菜单。西餐零点菜单上的菜品一般按照西餐进餐顺序排列,如开胃菜、汤、副菜、主菜、蔬菜类沙拉、甜品、咖啡或茶等。

3. 宴会菜单

宴会菜单,要根据宴请对象、宴请特点、宴请标准或宴请者的意见而进行随时调整,以满足顾客的特殊要求。但总体来看,宴会菜单一般是最能代表酒店、西餐厅的特色菜的集合,菜单上的菜系是该餐厅中比较有特色的美味佳肴。同时,餐厅还根据不同的季节安排一些时令菜系。此外,宴会菜单还是餐厅推销自己库存食品原料的主要媒介。根据宴会的形式,宴会菜单有传统式宴会菜单、鸡尾酒会菜单和自助式宴会菜单等几种不同的形式。

4. 节日菜单和混合菜单

节日菜单,是西餐厅在一些节日(尤其是值得庆祝的节日)推出的比较有特色的节日主题菜单,其目的是为了吸引顾客消费。节日菜单有套餐和自助零点等几种不同的形式,比如某餐厅推出的情人节套餐:

七夕情人节　相约巴比克

A 长长久久经典套餐　199 元（双人）

浓汤	俄罗斯罗宋汤	奶油蘑菇汤	（自助）
沙拉	水果沙拉	蔬菜沙拉	（自助）
主菜	特优级沙朗牛排配深海大虾		1 份
	顶级牛柳配法式鹅肝		1 份
甜品	提拉米苏	巧克力慕斯	2 份
餐酒	橡木桶		1 份

B 甜甜蜜蜜钻石套餐　299 元（双人）

浓汤	俄罗斯罗宋汤	奶油蘑菇汤	（自助）
沙拉	水果沙拉	蔬菜沙拉	（自助）
主菜	美式 T 骨牛排配特级三文鱼		1 份
	王品台塑牛排配法式鹅肝		1 份
甜品	提拉米苏	巧克力慕斯	2 份
餐酒	法国进口红酒		1 份

混合菜单，一般是零点菜单和套餐菜单的结合。混合菜单有固定价格，兼具两者的优点，既能方便顾客点餐，又能使顾客具有一定选择菜品的自由，可以在套餐的基础上根据自己的口味和喜爱自由选取菜品组合。因此，这种菜单比较受顾客欢迎，同时还可以为餐厅减少繁重而复杂的菜系制作工作和服务工作，比如某意大利餐厅推出的午餐混合菜单：

A 套餐
house 沙拉＋意面/比萨＋软饮/咖啡
55 元
B 套餐
house 沙拉＋house 浓汤＋意面/比萨＋软饮/咖啡＋house 甜品
75 元
意面推荐：
实心长面配蒜香辣味橄榄油
or
手工牛肉饺配上红苦叶和巴马臣火腿做成的粉红沙司
or
意大利香肠搭配土豆丁和新鲜小番茄
比萨推荐
比萨的最原始做法，比萨面包，干酪和番茄的基本组合
or
奶油和烟熏鲑鱼的组合比萨
or
基本比萨和新鲜薄片牛肉的理想组合
软饮选择：
可口可乐 or 健怡可乐 or 雪碧 or 汤力水 or 干姜水 or 苏打水

（二）根据西餐经营餐次或用餐时段进行分类

一般来说，西餐经营餐次或用餐时段有早餐、午餐、晚餐（正餐）和夜餐，相应的菜单可以分为早餐菜单、午餐菜单、晚餐（正餐）菜单和夜餐菜单四种类型。

1. 早餐菜单

随着现代生活节奏的加快，人们用于早餐的时间相对较短，因此，早餐菜单的菜系和食品相对简单，但早餐对人们身体健康尤为重要，所以早餐的食品又要求具备营养价值，综合来看，早餐菜单的菜品应要既丰富又简单。从内容上来看，通常，咖啡厅供应的西式早餐约有 30 个品种，包括各式面包、黄油、果酱、鸡蛋、谷类食品、火腿、香肠、酸奶酪、咖啡、红茶、水果及果汁等。从形式上来看，早餐菜单有零点、套餐和自助等多种形式，以满足不同顾客的需求。

2. 午餐菜单

午餐是提供维持人们正常工作和学习所需热量的重要餐饮。但由于人们中午休息的时间有限，因此，西餐中的午餐菜单一般都具有价格适中、菜品上菜速度快、品种实惠等特点。西餐午餐的菜系通常包括开胃菜、汤、沙拉、三明治、意大利面条、海鲜、禽肉、畜肉和甜点等。也有一些西餐厅推出午餐商务套餐菜单，快捷方便实惠，深得顾客喜爱。

3. 晚餐（正餐）菜单

结束了一天的工作，人们有相对多的时间来安排自己的晚餐，无论是欧美国家还是国内的消费者都比较重视晚餐，将晚餐称之为正餐，因此，大多数西餐厅的晚餐菜单上的菜品都比较丰盛、有特色。正餐菜系的制作工艺比较复杂，制作和服务时间较长，因此其价格也高于其他餐次。传统的西餐正餐菜单一般包括开胃菜、汤、沙拉、海鲜、烤肉、甜点和各种奶酪等。

4. 夜餐菜单

西餐厅一般在晚上 10 点后还向顾客供应餐食，习惯上把晚上 10 点后供应的餐食称为夜餐。夜餐菜单，要求具有清淡、份量小等特点，菜系以风味小吃为主。西餐夜餐菜系，常安排开胃菜、沙拉、三明治、制作简单的主菜、当地小吃和甜品等 5～6 个类别，每个类别安排4～6 个品种。

5. 其他菜单

除了按照经营时间分为以上四种菜单外，有些西餐厅或咖啡厅还提供早午餐和下午茶，早午餐一般在上午 10 点钟提供，主要是为那些来不及吃早餐的客人准备的。下午茶一般安排在下午 3～4 点钟，一般来说，下午茶都配有甜点和水果供顾客享用，尤其是甜点，在下午茶中占有相当大的分量。

（三）根据西餐销售地点进行分类

一般而言，销售西餐的地点不同，提供的菜系也有一定的差别。总体来说，咖啡厅菜单、扒房菜单、客房送餐菜单等均有不同的要求和特点。

1. 咖啡厅菜单

咖啡厅比较适合大众消费,因此菜单内容也比较大众化。其特点是方便、快捷、简洁以及用时短,这使咖啡厅菜单上的菜品种类有限,售价相对较低,菜品用料比较大众化。

2. 扒房菜单

"扒房"是酒店为体现自己餐饮菜肴与服务的水准,满足高消费顾客的需求,以增加经济收入而开设的高级西餐厅。扒房的菜单、酒单印制得十分讲究,常常使用革皮封面。菜单中应包括该扒房所经营餐式(如法式、意式、俄式西餐)中的主要大菜和风味食品。该类菜单一般是固定式零点菜单,内容包括开胃菜、汤、沙拉、海鲜、特色菜肴、扒菜、甜点、各式奶酪及酒水等。扒房只销售午餐和正餐。扒房的酒水品种齐全,特别注重配齐世界各地所产的著名红、白葡萄酒和其他名牌酒品。

3. 客房送餐菜单

客房送餐是指将住店客人预订的菜肴和酒水送到客房,并提供简单服务,使客人能在房间内用餐,根据客人要求在客房中为客人提供的餐饮服务。它是四、五星级饭店为方便客人、增加收入、减轻餐厅压力、体现饭店等级而提供的服务项目。该菜单的特点是:品种较少、质量较高、价格较高。

(四)根据西餐的服务方式分类

按照西餐的服务方式,西餐菜单还可分为传统式服务菜单和自助式服务菜单。

传统式服务菜单即一般餐桌式服务,表现形式多种多样,西餐厅中的大多数菜单都属于这一类型。

自助式服务菜单的出现源于自助餐本身的特点,自助餐因形式自由灵活、适应性强而深受广大顾客的欢迎。其特色是花色品种多、布置讲究、客人选择性强、形式自由灵活。冰雕摆件、黄油雕刻件、鲜花、水果或其他装饰常常使自助食品颜色缤纷炫丽。如果每天供应自助餐,消费者又是常客,餐厅则必须经常改变菜单内容。自助餐的各种食品均摆放在自助餐台上,所以餐厅一般不再为宾客提供专门的书面菜单,而只提供生产经营用的简易菜单。

知·识·链·接

西餐点菜,拒绝刻板

随着人们生活水平的提高,接触西餐的机会越来越多,对西餐的生疏感和神秘感也就慢慢消失了。一般而言,顾客都可以做到点菜自如。但是,有一个问题还是存在:中国人到西餐厅吃西餐,总是喜欢一道道按部就班地点下来,最后发现,后面几道菜根本吃不下去了。回头看看边上那桌的"老外",他们的餐桌竟是那么的简单,远不如我们的餐桌丰盛。其实,除非是非常正规的、带有社交性质的聚会,外国人很少会从头盘、汤、沙拉、副菜、主菜、甜品、饮料等一套吃下来,在很多五星级宾馆的西餐厅里,很多"老外"就点一份主菜,再配上一杯咖啡,吃完就走人。当然,西餐对于国人来说多少还让人感到一些特殊性,真要过分随意,显然失去了吃西餐的乐趣,那么,就选择中庸一点的做法,点菜的时候讲究点套路,但不要过于刻板。具体怎样做,下面简单说说。西餐的第一道菜叫作头盘,也称开胃菜,常见的品种有鱼子酱、鹅肝酱、熏鲑鱼、奶油鸡酥盒等。开胃菜一般以咸和酸为主,而且数量较少,营养价值较高。开胃菜并不便宜,点不点都可以。吃西餐,汤是一定要点的。西餐的汤大致可分为清汤、奶油汤、蔬菜汤、冷汤等,品种有牛尾清汤、各式奶油汤、海鲜汤、美式蛤蜊汤、意式蔬菜汤、俄式罗宋汤等。好的餐厅,每家都有拿手的汤,不妨选择。另外吃西餐,沙拉最好不要错过,建议同行者每人点不同的沙拉,蔬菜类和鱼肉类搭配,可以调换着吃。这种吃法虽然有些违背正统礼仪,但无伤大雅,在年轻人中流行度很高。鱼类菜肴一般作为西餐的副菜,品种包括各种淡、海水鱼类、贝类及软体动物类。西餐吃鱼类菜肴讲究使用专用的调味汁,品种有鞑靼汁、荷兰汁、白奶油汁、大主教汁、美国汁、水手鱼汁等。一般情况下,除非你打算用副菜代替主菜,否则鱼类菜肴还是免了吧。主菜多是用肉类为原料做成的,其中最有代表性的是牛排,猪排和鸡肉也是常见的主菜,建议每人点一份。有些餐厅每天有特例的主菜,性价比不错,应该值得品尝。甜品从真正意义上讲,包括所有主菜后的食物,如布丁、煎饼、冰淇淋、奶酪、水果等等。甜品点不点可因人而异,很多人没有餐后吃甜食的习惯,还是不要勉强。饮料分为咖啡或茶。饮咖啡一般要加糖和淡奶油,茶一般要加香桃片和糖。饮料和甜品一样,可根据各自喜好而行。

【思考题】

1. 西餐有何特点?

2. 西餐有哪些基本菜式?各有什么特点?

3. 西餐菜单的分类有哪些?

【案例分析题】

某日中午,酒店的西餐厅来了5位不同寻常的客人,看穿衣打扮像是农村来的暴发户。迎宾员Kitty把客人领到餐桌后,递上菜单和酒水单便离开了。客人看了一会儿菜单,很迷茫,左顾右盼。一会儿服务员Andy走了过来,问:"可以点菜了吗?"说完便站在客人餐桌旁等待。其中一位客人说:"我们也没吃过西餐,想来尝尝,不知道都应该吃些什么?"Andy说:"牛排吧,西餐一定要吃牛排。"客人马上说:"对对,牛排,每人一块牛排。"Andy问:"要几成熟?配什么汁?"客人一脸迷茫地问道:"应该几成熟呀?正式的应该几成熟呀?"Andy回答道"外国人吃牛排都是三成熟的。"客人说:"好的,我们也要三成熟的。"Andy说:"配黑椒汁吧,一般都配黑椒汁。"

不久,Andy便为客人上了牛排。5位客人神态各异地拿起刀叉,发现牛排有很多血水,便叫服务员。Andy过来后,客人说牛排不熟,Andy回答说三成熟就是这样的。客人要求重新加工,Andy将牛排拿回厨房,告知厨师做成全熟然后重新上到客人的餐桌。

客人依然是神态各异地拿着刀叉,吃完了牛排,喝完了葡萄酒,并将桌上的面包屑抹黄油全部吃完。吃完后,客人叫结账。Andy为客人结账。客人结完账后,一边说西餐真难吃,没有吃饱,一边离开了西餐厅。

问题:

1. 本案例中你认为迎宾员Kitty和服务员Andy的服务符合标准吗？哪几个步骤需要改进？

2. 如果餐厅中来了像本案例中的客人,你应该如何对他们进行服务？

【实训项目】

具体实训过程见实训指导书。

实训项目名称	认识西餐餐具
实训时间	2课时
实训目的	通过实训,使学生认识西餐餐具的分类,掌握不同餐具的功能及使用方法
实训方法	向学生展示不同种类的西餐餐具,通过竞赛的方式考核学生对西餐餐具功能和使用方法的掌握
实训内容	介绍西餐餐具及其功能和使用方法

项目二　西餐服务方式

学习目标

● 能力目标

　　根据西餐不同类型、不同特色、不同场合的消费,选用不同的服务方式。

● 知识要点

　　(1) 法式服务的特点、服务规则和服务方法;

　　(2) 俄式服务的特点、服务规则和服务方法;

　　(3) 美式服务的特点和服务方法;

　　(4) 英式服务的特点和服务规则。

【案例导入】

　　西餐服务源于欧洲贵族家庭,经多年的演变,形成了各国各地区不尽相同的服务方式。目前在国内饭店中常见的服务方式有法式服务、俄式服务、美式服务、英式服务、中国大陆式服务及自助餐服务等。

任务一　法式服务

一、法式服务(French Style Service)

　　法式服务又称里兹服务(Ritz Service),产生于法国。它是西餐服务方式中最豪华、最讲究、最细致和最周密的一种服务方式。法国餐厅装饰豪华和高雅,以欧洲宫殿式为特色,餐具通常采用高质量的瓷器和银器,酒具通常采用水晶杯。法式服务通常采用手推车或旁桌现场为顾客加热和调味菜肴,以及提供切割菜肴等服务。

　　(一)法式服务特点

　　(1) 服务周到,每位顾客都能得到充分的照顾,注重服务程序和礼节礼貌。

　　(2) 注重服务表演,注重吸引客人的注意力,客前烹制可以烘托就餐气氛。

（3）服务的客人人数较少，所需服务空间较大，花费较大，服务节奏慢、时间长。餐厅利用率和餐位周转率都比较低。

（二）法式服务规则

（1）所有食品（沙拉、面包、黄油除外）采取右上右撤的原则。

（2）沙拉、面包、黄油采取左上左撤的原则。

（三）法式服务方法

1. 法式服务的摆台

在座位的正前方距离桌边约2cm处摆放餐盘，餐盘上放置餐巾折花；在餐盘的左侧摆放餐叉和沙拉叉，叉齿向上，叉柄距离桌边约2cm；在餐盘的右侧摆放餐刀，刀口向左，刀柄距

图 2-1 法式服务摆台

离桌边约2cm；在餐刀右侧摆放汤匙，匙柄距离桌边约2cm；将面包盘放在沙拉叉的左侧，盘上右侧摆放1支黄油刀，与餐刀平行；在餐盘正前方摆放甜品匙及点心叉，匙在上方，匙柄向右，叉在下方，叉柄向左；以餐刀刀尖为基准摆放红酒杯，红酒杯的右下方摆放白酒杯，左上方摆放水杯，杯口向上摆放；摆放糖盅、胡椒瓶、盐瓶。法式服务摆台如图2-1所示。

2. 传统的二人合作式的服务

传统的法式服务是一种最周到的服务方式，由两名服务员共同为一桌客人服务。其中一名为经验丰富的正服务员，另一名是助理服务员，也可称为服务员助手。正服务员请顾客入座，接受顾客点菜，为顾客斟酒上饮料，在顾客面前烹制菜肴，为菜肴调味，分割菜肴，装盘，递送账单等。助理服务员负责帮助服务员现场烹调，把装好菜肴的餐盘送到客人面前，撤餐具和收拾餐台等。

3. 上汤服务

当客人点汤后，助理服务员将汤盛入银盆后端进餐厅，然后把汤置于熟调炉上加热和调味，其加工的汤一定要比客人需要的量多些。当助理服务员把热汤端给客人时，应将汤盘置于垫盘的上方，并使用一条叠成正方形的餐巾，以便服务员端盘时不烫手，同时可以避免服务员把大拇指压在垫盘的上面。汤由正服务员从银盆用大汤匙将汤分装入顾客的汤盘后，再由助理服务员用右手从客人右侧服务。

4. 主菜服务

进行主菜的服务与汤的服务大致相同，正服务员将现场烹调的菜肴，分别盛入每一位客人的主菜盘内，然后由助理服务员端给客人。如果正服务员需为顾客提供牛排服务时，助理

服务员需从厨房端出烹调至半熟的牛肉、马铃薯及其他蔬菜等,由正服务员在客人面前调配作料,把牛肉再加热烹调,然后切肉并将菜肴放在餐盘中。这时,正服务员应注意客人的表示,看他要多大的牛排,同时,应该配上沙拉,助理服务员应当用左手从客人左侧将沙拉放在餐桌上。

任务二　俄式服务

一、俄式服务

俄式服务又称银盘服务(Silver Plate Service),产生于俄罗斯。与法式服务在很多方面有相似之处,它同样非常正规和讲究,客人也能得到相当多的关照,台面的摆设也与法式服务如出一辙,但是,它的服务方法不同于法式。俄式服务讲究优美文雅的风度。服务员将装有整齐和美观的菜肴的大浅盘端给所有顾客过目,让顾客欣赏厨师的装饰和手艺,并且也刺激了顾客的食欲。俄式服务,每一个餐桌只需要一个服务员,服务的方式简单快速,服务时不需要较大的空间。因此,它的效率和餐厅空间的利用率都比较高。俄式服务使用了大量的银器,并且由服务员将菜肴分给每一个顾客,使每一位顾客都能得到尊重和较周到的服务,因此增添了餐厅的气氛。

(一)俄式服务特点

(1)服务效率较高。

(2)服务成本相对法式服务较低。

(3)服务空间占用较小。

(4)银盘投资大。

(5)最后一位客人挑选菜肴的余地较小。

(6)俄式服务已成为宴会服务中不可缺少的、深受客人欢迎的一种服务方式。

(二)俄式服务规则

(1)所有食品在厨房准备。

(2)分餐前先将空盘从客人右侧摆放在每位客人面前。

(3)分餐从客人左侧逆时针进行。

(三)俄式服务的方法

1.分发餐盘

服务员先用右手从客人右侧送上相应的空盘,如开胃菜盘、主菜盘、甜品盘等。注意冷菜上冷盘(即未加热的餐盘),热菜上热盘(即加过温的餐盘),以便保持食物的温度。上空盘时依照顺时针方向操作。

2. 运送菜肴

菜肴在厨房全部制熟,每桌的每一道菜肴放在一个大浅盘中,然后服务员从厨房中将装好菜肴的大银盘用肩上托的方法送到顾客餐桌旁,热菜盖上盖子,站立于客人餐桌旁。

3. 分发菜肴

服务员用左手以胸前托盘的方法,用右手操作服务叉和服务匙从客人的左侧分菜。分菜时以逆时针方向进行。斟酒、斟饮料和撤盘都在客人右侧。

(四)分餐注意事项

(1) 先女后男,先宾后主。

(2) 服务员侧身站于客人左侧,左腿在前,右腿在后,分发餐盘时与客人面前的盘子边缘交错,以免汤汁滴落在桌子上。

(3) 分餐时服务员要面带微笑。

(4) 注意菜肴在客人餐盘中的布局。

任务三　美式服务

一、美式服务

美式服务又称盘子服务(Plate Service),产生于美国。客人所点的菜肴由厨师在厨房按客人人数烹制装盘,每人一份,服务员直接端给客人。美式服务是简单和快捷的餐饮服务方式,一名服务员可以看数张餐台。美式服务简单,速度快,餐具和人工成本都比较低,空间利用率及餐位周转达率都比较高。美式服务是西餐零点和西餐宴会理想的服务方式,广泛用于咖啡厅和西餐宴会厅。

(一)美式服务特点

(1) 服务简单明了。

(2) 服务速度快。

(3) 餐具成本及人力成本低。

(4) 用餐费用低。

(5) 缺乏表演性及用餐气氛。

(6) 美式服务适用于西餐厅及咖啡厅,也常用于西餐宴会。

(二)美式服务规则

服务员在上菜时坚持右上右撤的原则。

（三）美式服务方法

1.美式服务的摆台

首先,在座位的正前方,离桌边约2cm处摆放餐盘,盘上放餐巾折花;在餐巾左侧摆放餐叉和沙拉叉,叉齿向上,叉柄距桌边2cm;在餐巾右侧摆放餐刀,刀口向左,接着摆放汤匙,再摆放咖啡匙,刀柄及匙柄距桌边约2cm;在餐叉前方摆放面包盘;在面包盘上右侧摆放1把黄油刀,刀身与桌边平行;以餐刀刀尖为基准摆放水杯或者酒杯,杯口先向下倒扣摆放;摆放糖盅、胡椒瓶、盐瓶或者烟灰缸等。美式服务摆台如图2-2所示。

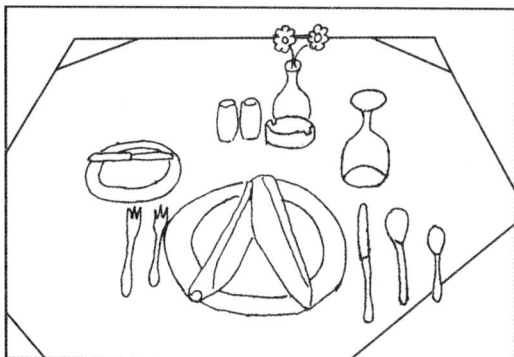

图2-2 美式服务摆台

2.美式服务方法

在美式服务中,菜肴由厨师在厨房中烹制好,装好盘。餐厅服务员用托盘将菜肴从厨房运送到餐厅的服务桌上。热菜要盖上盖子,并且在顾客面前打开盘盖。传统的美式服务,上菜时服务员在客人左侧,用左手从客人左边送上菜肴,从客人右侧撤掉用过的餐盘和餐具,从顾客的右侧斟倒酒水。目前,许多餐厅进行美式上菜服务时,服务员在顾客的右侧,用右手顺时针进行。

任务四 英式服务

一、英式服务

英式服务又称家庭式服务(Family Style Service),由主人将整块食物亲自动手切片装盘,并配上蔬菜,服务员把装盘的菜肴依次端送给每一个人。调味品、沙司和配菜都摆放在餐桌上,由客人自取或相互传递。英式服务家庭的气氛很浓,许多服务工作由客人自己动手,用餐的节奏较缓慢。

（一）英式服务摆台

在座位的正前方离桌边2cm处摆放餐盘,盘上放餐巾折花;在餐巾左侧摆放餐叉及鱼叉,叉齿向上,叉柄距桌边2cm;甜品匙及汤匙,依次摆放在鱼刀右侧,匙柄距离桌边约2cm;在餐巾左上方摆放面包盘;在面包盘上右侧摆放1把黄油刀,刀身与餐刀平行;水杯及酒杯摆放在汤匙上方,杯口向上。英式服务摆台如图2-3所示。

图 2-3 英式服务摆台

（二）英式服务特点

(1) 气氛比较活跃。

(2) 节省人力。

(3) 节奏较慢。

（三）英式服务规则

服务员将厨房做好的食物盛在大盘中放在男主人的面前，由男主人进行分菜，然后将餐盘递给服务员，再由服务员将餐盘递给女主人、主宾和其他宾客。

【思考题】

(1) 美式服务、英式服务、俄式服务和法式服务的区别是什么？

(2) 简述法式服务的服务规范。

【案例分析题】

陈伟是新加坡人，世界烹饪协会的会员，新加坡知名的西餐大师，曾任新加坡希尔顿饭店餐饮总监，曾给访问新加坡的法国总统做过餐，但他在做了 7 年餐饮总监之后，却选择离开了厨房，创办了自己的餐饮顾问公司，此后他在澳大利亚、马来西亚等地帮人开店。

2003 年，陈伟看好日渐兴起的北京的西式快餐市场，来到了北京。他梦想在北京开一家资产上亿的慢节奏爵士乐的餐馆，餐馆里有舞台和爵士乐队伴奏，做餐的原料从世界各地空运，招待的客人非富即贵，不是大公司的 CEO 就是国家部长级别以上的人物。

于是，他决定在北京开两家西餐馆投石问路。一家叫"米和面"，另一家叫"木棉花"。"米和面"是一家日式快餐，而"木棉花"则是用美国最新潮的情调餐馆的概念，把日餐和法餐结合在一起的新时代料理餐馆。据说这两种店在美国都很流行。随后，他在位于北京中央商区（CBD）的核心地带的某白领社区花费 50 万元装修的美国新时代料理餐馆"木棉花"正式开始营业，他认为美国现在时兴清淡食品，辛辣、油腻的食物早已经被消费者抛弃了，因此该西餐厅菜式非常讲究，口味也很清淡。但几个月后，陈伟发现，去"木棉花"吃过一两次的白领，就再也不去了，他们反而对周边的中餐馆情有独钟。

问题：为什么陈伟的西餐厅很少有顾客光临？

【**实训项目**】

实训项目名称	西餐服务方式实训
实训课时	2课时
实训目的	了解西餐(美式、俄式、法式)服务的适用场合及具体的服务方法
实训方法	进行角色转化实训,6名学生为一组,其中2人为服务员,另外4人为客人
实训内容	美式、俄式、法式服务规范

项目三　西餐服务礼仪

学习目标

● 能力目标

(1) 规范自身的形象,在行为举止等诸多方面提升自己的涵养;

(2) 具备西餐服务礼仪的理念;

(3) 具有良好的西餐服务礼仪习惯。

● 知识要点

(1) 西餐服务礼仪;

(2) 西餐用餐礼仪。

【案例导入】

　　吴先生是某报社记者,一次为了采访的需要下榻于北京某饭店。经过连续几日的辛苦采访,他终于圆满完成任务。吴先生与两位同事打算庆祝一下。当他们来到餐厅,接待他们的是一位五官清秀的服务员,尽管接待服务工作做得很好,可是她面无血色,显得无精打采。吴先生一看到她就觉得没了之前的好心情,仔细留意才发现,原来这位服务员没有化工作淡妆,才在餐厅昏黄的灯光下显得病态十足。这又怎能让客人看了有好心情就餐呢?当开始上菜时,吴先生又突然看到传菜员涂的指甲油缺了一块,吴先生第一反应就是"不知道是不是掉入我的菜里了"。但为了不惊扰其他客人用餐,吴先生没有将他的怀疑说出来。但这顿饭吃得吴先生心里总不舒服。最后,他们唤柜台内服务员结账,而服务员却一直对着反光玻璃墙面修饰自己的妆容,丝毫没注意到客人的需要,一直到本次用餐结束,吴先生对该饭店的服务十分不满。

　　看来服务员不注重自己的仪容、仪表或过于注重自己的仪容、仪表都会影响服务质量。

任务一　西餐服务人员职业形象塑造

　　作为一名服务人员,是消费者接触最多的人员,也是顾客评判酒店形象的关键因素。其仪表仪容直接影响到酒店的声誉和格调,因而,一位优秀的服务人员要从塑造自身形象做起。

一、仪容方面

在西餐厅里,服务员仪容端庄、大方,着装整齐、美观,可使就餐的客人见而生喜、望而生悦,从而在心理上就产生一种信任感、愉快感,有助于为客人提供一个好的就餐环境。

(一)头发

头发整洁、发型大方是个人对发式美的最基本要求。人们通过对不同发式的选择,可以充分展现美,达到扬长避短的目的。作为西餐服务员,乌黑亮丽的秀发、端庄文雅的发型,能给客人留下美的感觉,并反映出员工的精神风貌和健康状况。

1. 基本的要求

男士的发式应遵循"前不附额,侧不掩耳,后不及领"的原则,即男士前面的头发不挡住额头,两侧不得遮住耳朵,后面的不得盖住衣领。在西餐厅服务中,男士不宜留长发或蓬松的发式。女士头发过领口应扎起,不宜披头散发,额前刘海不得压眉,不得让头发遮住脸。男女服务员在服务中不要使用刺激味大的发胶、发乳、头油等。

2. 注意的问题

(1)发型要整洁。为了维护本人的完美形象,给客人留下好的形象,服务人员要自觉主动地对自己的头发进行定期的清洗、修剪和梳理。当然,在整理自己的发型时不宜当着客人的面,以免影响客人用餐心情。

(2)选择适合的发型。一般来讲,服务人员在为自己选择一款具体的发型时,必须有意识地以简约、明快为主。通常不宜使自己的发型过分时髦,尤其是不要为了标新立异而有意选择极端前卫的发型。服务人员在为自己选择发型时,务必要牢记的是,发型要与自己的身份相符,必须符合本行业的要求,切勿使之同自己的身份相去甚远,过分地强调新潮和怪异,容易和客人产生隔阂,令人避而远之。

(3)注意头发的美化。

①染发。在染发方面,服务人员重点要考虑的是本人有无染发必要。中国人历来以一头黑发为荣。假定自己的头发不是油黑,特别是早生白发或长有一头杂色的头发,将其染黑,通常是必要的。不过若是为了追随时尚,有意将自己的一头黑发染成其他的颜色,甚至将其染得色彩斑斓,则是不适合的。

②烫发。在烫发方面,服务人员应掌握的原则是,为自己选择端庄大方的发型。但是在选择烫发的具体造型时,服务人员应当切记,不要将头发烫得过于繁乱、华丽、美艳。尤其需要指明的是,在头上烫出大型花朵或是烫出图案、文字的做法,不应为服务人员所选择。

③假发。在佩戴假发方面,服务人员应当明确,只有在自己的发部出现掉发、秃发时,才适于佩戴假发,以弥补自己的缺陷。出于妆饰方面的原因而佩戴假发,通常不宜提倡。

④帽子。在工作岗位上,只有佩戴工作帽才是允许的。服务人员在上班时若是擅自戴

着自己的时装帽去接待消费者,当然是不应该的。服务人员在工作中戴工作帽的作用大致有四个:一是为了美观;二是为了防晒;三是为了卫生;四是为了安全。在戴工作帽时,一般要求不应外露头发。

⑤发饰。服务人员在工作中最好是不戴发饰,即使允许,也仅仅是作为女性"管束"自己的头发之用,而不是意在打扮。因此,女性服务员在选择发饰时,只宜选择黑色、藏蓝色且无任何花色图案的发卡、发箍、发带。

(二)口腔

牙齿是口腔的门面,牙齿的清洁是服务人员仪容的重要部分,而不洁的牙齿被认为是交际中的障碍。

要坚持每天刷牙漱口,保持口腔干净;尽量少抽烟、不喝浓茶,因为长期吸烟和喝浓茶,天长日久,牙齿表面会出现一层"茶锈"和"烟渍",使牙齿变得又黑又黄。

上班期间最好不吃生葱、生蒜之类带刺激性气味的食物,如果发现自己口腔有异味,可以喝杯茶漱漱口,嚼口香糖也可减少异味。服务人员在宾客面前或与宾客交谈时,不宜嚼口香糖。

(三)手

在服务过程中,手往往充当"先行官"的角色。如果服务人员在动人的容貌相衬下,却伸出一双不干净或指甲内有污垢的手,肯定是不受欢迎的。

(1)手接触的东西很多,要养成勤洗手的习惯,及时清除有害的污物,要保持双手清洁。

(2)不能留长指甲,指甲的长度不应超过手指指尖。

(3)女士不宜使用有色指甲油,可在指甲上涂一层无色的指甲油,以保护指甲表面。当然,作为餐厅的服务员,最好不要涂任何指甲油,以免污染菜肴。

(四)面容

1.西餐男服务员的面容妆饰

(1)上班前应该清洁面部并剃须,不留小胡子、大鬓角,且不要用手去拔胡须,以免感染。

(2)鼻毛露出鼻孔的部分,要及时修剪。

(3)不宜化妆。

2.西餐女服务员的面容妆饰

(1)应该每天都洁面、护肤。

(2)眉毛要定期修整,把过长、多余的眉毛剪去、拔除,但不宜多剪、多拔,以保留自然的眉毛为主。

(3)鼻毛露出鼻孔的部分,要及时修剪。

(4)应该适当化淡妆,这样可以显得精神饱满,使宾客感到有活力、有礼貌、有风度。但化妆在遮盖不足时,尽量做到自然而无明显的修饰痕迹,如果过分地修饰,会在客人面前造成娇艳的印象,从而影响客人的心理情绪。所以,化妆一定不要太浓、太厚,整个面部色彩协调、淡雅自然即可。

（五）身体

要勤洗澡,防止体臭。在餐厅服务过程中,避免喷洒味道浓烈的香水,以免影响客人对菜肴的味觉感受。

二、着装方面

规范、整洁得体的着装,是西餐服务人员仪表的重要内容,也是衡量餐厅等级、服务水准的重要标志。

1. 制服/工作服的要求

（1）工作时间只能穿酒店发放的制服/工作服,并且不能随意搭配。

（2）制服要保持平整、整洁,裤线整齐,凡是有污迹、开线、缺扣子等现象要立即更换。穿着皱巴巴的服装、有油污的服装、有汗臭的服装都将给酒店的气氛、形象带来坏的影响。

（3）制服外衣、衣袖、衣领处,制服衬衣领口处不得显露个人衣物;内衣下摆不得露在制服外面;除工作需要外,制服口袋里不得放其他东西。

（4）在岗位上纽扣要全部扣好,穿西装制服时,不论男女,第一颗纽扣必须扣好,不得敞开外衣。

（5）制服袖口、裤脚不得卷起来。

（6）在规定的制服换洗日一定要换洗制服/工作服,以免出现异味。

（7）要检查洗好的工作服有无需要缝补的地方。

（8）要负责任地保管好制服/工作服,要挂（叠）好后再放进更衣柜。

2. 衬衣的要求

（1）只许穿酒店发放的普通式样的衬衣。

（2）注意保持整洁,每天上岗前更换干净的衬衣。

（3）领带领结:经常检查是否系正,脏了要及时换洗。

3. 脚部的要求

（1）穿酒店发放的黑色布鞋或皮鞋,女士穿细跟的高跟鞋是不适宜的。

（2）鞋要穿好,不得像穿拖鞋一样。

（3）不宜穿凉鞋和有裂口、破损的鞋。

（4）皮鞋上岗前要擦拭,布鞋要经常洗刷。

（5）勤洗脚、洗袜子,以保持脚部无异味。

（6）男士要穿黑色或深色看不见皮肤颜色的袜子。

（7）女士要穿与肤色相同或岗位制服要求的颜色的袜子。

（8）穿短裙的女士要穿长筒袜,穿长筒袜一定要贴紧,不得显出松散要掉的样子。

（9）不得穿跳丝或有洞的袜子。

（10）注意腿脚的遮掩,不随意光脚露腿。

4. 名牌的要求

（1）当班时必须佩戴名牌。

（2）名牌戴在左胸部,距左腋下 1cm、横 5cm,要注意戴正。

5. 饰物的要求

（1）手表：表带、表链不得过松,使用的手表价值在两千元以上的,不得戴在显眼处。

（2）戒指：西餐服务员只限于戴结婚或订婚戒指,不宜佩戴其他戒指。

（3）眼镜：不得戴有色眼镜。

（4）工作时不得戴耳环、项链、手镯等华丽显眼的饰品,如需要戴耳环的也只戴那种短耳钉,且样式不能过大。

（5）制服上不得佩戴除名牌及酒店规定以外的装饰品。

三、仪态方面

服务员在服务过程中,经常会借助人体的各种姿态来表达感情,这就是通常所说的"体态语言"。它是一种无声的"语言",传递的个人信息非常直观。从一个人的面部表情、身体姿态、手势和动作,基本上可以判断出其品格、学识、能力、性格和职业等。用优美的仪态表情达意,往往比语言更让人感到真实、生动。

（一）站姿

人们常说"站有站相",对于服务员来说,站姿是全部仪态的核心,如果站姿不够标准,其他姿势就谈不上优美,就更不能衬托出美好的气质和风度,不能很好地体现一个人的精神面貌。

1. 服务工作中的基本站姿

（1）侧放式站姿。这是男女服务员通用的站立姿势,其要领是：头部抬起,面部转向正前方,双眼平视,下颌微微内收,颈部挺直,双肩放松,呼吸自然,腰部直立,双臂自然下垂,处于身体两侧,中指指尖对准裤缝,手部虎口向前,手指少许弯曲,呈半握拳状,指尖向下,双腿立正并拢,与双脚的跟部靠拢,双脚呈"V"字分开,两者相距约一个拳头的宽度,注意提起髋部,身体重量应平均分配在两腿上。

（2）前腹式（前交叉）站姿。这是女服务员常用的站立姿势,其要领是：头、面、眼、颈、肩、腰等部位的姿势与侧放式相同,脚跟靠拢,两膝并拢,双手自然交叉在小腹前,右手放在左手上,双臂稍曲,有"端"着的感觉。

（3）丁字式（"Y"字形）站姿。这是女服务员常用的站立姿势,其要领是:头、面、眼、颈、肩、腰等部位的姿势与侧放式相同,一脚在前,将脚跟靠在另一脚内侧,双脚尖向外略展开,形成斜写的一个"丁"字,双手在腹前相交,身体重心在两脚上。

（4）后背式（后交叉）站姿。这是男服务员常用的站立姿势,其要领是:头、面、眼、颈、肩、腰等部位的姿势与侧放式相同,双腿分开,宽度为齐肩或略窄些,双脚平等,双手轻放在后背腰处轻握。

2.不良的站姿及注意事项:

（1）工作时东倒西歪,站没站相,很不雅观。

（2）站立时,耸肩勾背或者懒洋洋地倚靠在墙上或椅子上,这些将会破坏自己和酒店的形象。

（3）将手插在裤袋里,显得很不庄重雅观,很随便散漫。

（4）双手交叉在胸前,这种姿势容易使客人有受压迫之感。

（5）下意识地做小动作,如摆弄打火机、香烟盒,玩弄衣服、发辫,咬手指甲等,这样不但显得拘谨,给人以缺乏自信感觉,而且有失仪表的庄重。

3.站姿的练习

把身体背着墙站好,使后脑、肩、臂部及足跟均能与墙壁紧密接触。

（二）坐姿

所谓坐有坐相,是指坐姿要端正。优美的坐姿让人觉得安详舒适,而不是一副懒洋洋的模样。

1.基本坐姿

入座时,从座位左边入座,背向座位,双腿并拢,右脚后退半步,使腿肚贴在座位边,轻稳和缓地坐下,然后将右脚与左脚并齐。如果女士入座,若穿的是裙装,应整理裙边,用手沿着大腿侧后部轻轻地把裙子向前拢一下,并顺势坐下,不要等坐下后再来整理衣裙。

坐立时,头正,颈直,双目平视前方,或注视对方,嘴微闭,面带微笑;身体自然坐直,挺胸收腹,腰背挺直;双腿并拢,小腿与地面垂直,双膝和双脚跟并拢;双肩放松下沉,双臂自然弯曲内收,双手呈握指式,右手在上,手指自然弯曲,放在腹前双腿上或座位扶手上。端坐时间过长,会使人感觉疲劳,这时可变换为侧坐。

起坐时,右脚向后收半步,用力蹬地,起身站立,右脚再收回与左脚靠拢。

2.常见坐姿

（1）双腿垂直式坐姿。同基本坐姿,有时根据情况,上体可稍稍前倾。这种坐姿是正式场合最基本的坐姿,它给人以诚恳、认真的印象

（2）开膝合手式坐姿。在基本坐姿的基础上,双脚向外平移,两脚间距离不得超过肩宽,两小腿垂直地面,两膝分开,两手合握于腹前。此坐姿仅适于男士。

（3）前伸式坐姿。在基本坐姿的基础上，女士左脚向前伸出，全脚着地，小腿与地面的夹角不得小于45°，右脚跟上，右脚内侧脚弓部靠于左脚跟处，全脚着地，脚尖不可上翘。男士双脚前伸并拢，小腿与地面的夹角不得小于45°。

（4）双脚交叠式坐姿。在基本坐姿的基础上，左小脚起支撑作用，右腿交叠于左腿上，小腿内收，脚尖向下，交叠的两小腿紧靠呈一直线。坐姿适于高脚凳椅。

3. 优雅坐姿的具体要求

（1）轻稳地入座。入座时，走到座位前，应当从左边进，从容不迫地慢慢坐下。动作要轻而稳，不应"扑通"猛地坐下，以免发出响声或者被沙发弹簧颠起来，这样不雅。

（2）入座后理好裙子。入座后将左右脚并齐。女士入座要娴雅，先用手把裙子向前拢一下，再坐下。有的女士，坐下时裙子没理好，裙子散开，很不文雅，这样容易让别人看不起。天热时，女士切忌以裙代扇取凉。

（3）不坐满椅子。可就坐的服务员，无论坐在椅子或沙发上，均不宜坐满椅子，坐椅子的一半或三分之二即可。注意不要坐在椅子边上。在桌边就座时，注意膝盖不要顶到桌子，更不要双脚高于桌面。站立的时候，右脚向后收半步，然后站起，向前走一步，再转身走出房间。

（4）切忌两膝盖分得太开。男士坐下两膝盖可分开，女士坐下则应双膝并拢。切忌两膝盖分得太开，两脚呈八字形，这一点对女士尤为不雅。女士可以采取小腿交叉的坐姿，但不能向前直伸。切忌将小腿架到另一条大腿上，或者将一条腿搁在椅子上，这是很粗俗的。

（5）切忌脚尖朝天。东南亚一些国家忌讳坐着跷二郎腿，所以最好不要随意跷二郎腿。即使跷二郎腿，也不能跷得太高，脚尖朝天。脚尖朝天的跷脚坐姿，在泰国被认为是有意将别人踩在脚下，盛气凌人，是一种侮辱性的举止。

（6）不可抖腿。正确的坐姿要求腿部不能上下抖动，左右摇晃。在社交过程中，腿部一些不自觉的动作，如小幅度地抖动，频繁交换架腿的姿势，用脚尖或脚跟拍打地，脚踝紧紧交叠等，都是人紧张不安、焦躁、不耐烦情绪的反映。

（7）坐下后要安静。

（8）双手自然放好。双手可相交自然放于大腿上，或轻搭在沙发扶手上，手心应向下。手不要随意到处乱摸。要避免边说话边挠痒，或者将裤腿卷到膝盖以上。

（9）侧坐坐姿。端坐时间过长，会使人感到疲劳，这时可侧坐。或者，靠在沙发上也是可以的，但不能把脚一伸，半躺半坐，更不可歪歪斜斜地摊在沙发上。

（10）交谈时的坐姿。与人交谈，不要将上身往前倾或者用手支撑着下巴。

（三）行姿

走路是"有目共睹"的肢体语言，往往能表现出一个人的风度和韵味。服务员在行走时，既要优雅稳重，又要保持正确的节奏，这样才能体现服务过程中的动态之美。

1. 规范的行姿

（1）上身挺直，双肩平稳，目光平视，下颌微收，面带微笑。

（2）挺胸、收腹，使身体略微上提。

（3）手臂伸直放松，手指自然弯曲，双臂自然摆动。摆动时，以肩关节为轴，上臂带动前臂，双臂前后摆动时，摆幅以 30°～35°为宜，肘关节略弯曲，前臂不要向上甩动。

（4）提髋，弯屈大腿带动小腿向前迈动，脚尖略微分开，脚跟先触地，身体重心落在前脚掌上。前脚落地和后脚离地时，膝盖须伸直。

（5）女士行走时，两脚内侧着地的轨迹要在一条直线上。男士行走时，两脚内侧着地的轨迹不在一条直线上，而在两条直线上。目光平视前方约 4 米处，面带笑容。

（6）步幅不要太大，跨步时两脚间的距离适中，以一个脚长为宜。步速保持相对稳定，既不要太快，也不能太慢。一般标准步速为女士每分钟 110～120 步，男士每分钟 100～110 步。

（7）行走时切忌弯腰驼背，摇头晃脑，探颈前窜，大摇大摆，步子太大太碎，脚蹭地面。

2. 变向行姿

（1）后退步。与人告别时，应当先后退两三步，再转身离去。退步时脚轻擦地面，步幅要小，先转身后转头。

（2）引导步。是用于服务员走在前面给顾客带路的步态。引导时要尽可能走在顾客左侧，整个身体半转向顾客，保持两步的距离。遇到上下楼梯、拐弯、进门时，要伸出左手示意，并提示请客人上楼、进门等。

（3）前行转身步。在前行中要拐弯时，要在距所转方向侧的一只脚落地后，立即以该脚掌为轴，转过全身，然后迈出另一脚。即向左拐，要右脚在前时转身；向右拐，要左脚在前时转身。

3. 穿不同鞋子的行姿

（1）穿平跟鞋的走姿。穿平跟鞋走路比较自然、随便，要脚跟先落地，前行力度要均匀，走起路来显得轻松、大方。

由于穿平跟鞋不受拘束，往往容易过分随意，步幅时大时小，速度时快时慢，还容易因随意而给宾客以松懈的印象，员工应当注意。

（2）穿高跟鞋的走姿。由于穿上高跟鞋后，脚跟提高了，身体重心自然前移，为了保持身体平衡，膝关节要绷直，胸部自然挺起，并且收腹、提臀、直腰，使走姿更显得挺拔，平添几分魅力。

穿高跟鞋走路，步幅要小，脚跟先着地，两脚落地时脚跟要落在一条直线上，像一枝柳叶一样，这就是所谓的"柳叶步"。

有的员工穿高跟鞋走路时，用屈膝的方法来保持平衡，结果走姿不但不挺拔，反而因屈膝、撅臂显得粗俗不雅。行进时一定要保持踝、膝、髋关节的挺直，保持挺胸、收腹、向上的姿态。

4. 不同着装的行姿

（1）着西装的走姿。着西装以直线条为主，其特点是舒展、挺拔、庄重、大方，因而在仪态举止方面也要以直线为主。着西装时身体要挺直，后背要平正，两脚直立，走路的步幅可略大些。行走时，女士髋部不要左右摆动。

（2）着旗袍的走姿。穿着旗袍要求身体挺拔、胸微含，下颚微收，注意不要塌腰撅臀。行走时，髋部可随脚步或身体重心的转移稍左右摆动，而步幅、臂前后摆幅宜小一点，不宜过大。

（3）着一步裙的走姿。一步裙，无论长短，因其裙摆小，行走时最大限度只能跨出一步。着一步裙时，应注意保持平稳，两手臂的前后摆幅、步幅也要小一点。

（4）着大摆裙的走姿。穿大摆裙使人显得修长，大摆则显得飘逸潇洒。着大摆裙走动时可一手提裙，步幅可稍大些，手臂的摆幅也可随之大一些。

（5）着短裙的走姿。穿着短裙，要表现出轻盈、敏捷、活泼、洒脱的特点。行走时步幅不宜大，步速可稍快些。

5. 行姿的注意事项

（1）切忌身体摇摆。行走时切忌晃肩摇头，上体左右摆动，给人以庸俗、无知和轻薄的印象，脚尖不要向内或向外，晃着"鸭子"步，或者弯腰弓背，低头无神，步履蹒跚，给人以压抑、疲倦、老态龙钟的感觉。

（2）双手不可乱放。工作时，无论男女，不可把手插在衣服口袋里，尤其不可插在裤袋里，也不要叉腰或倒背着手，因为这样不美观，走路时，两臂前后均匀随步伐摆动。

（3）目光注视前方。走路时眼睛注视前方，不要左顾右盼，不要回头张望，不要老是盯住行人乱打量，更不要一边走路，一边指指点点地对别人评头论足，这不仅有伤大雅，而且不礼貌。

（4）脚步干净利索。走路脚步要干净利索，有鲜明的节奏感，不可拖泥带水，抬不起脚来，也不可重如打锤，砸得地动楼响。

（5）有急事不要奔跑。如果有急事，可以加快脚步，但切忌奔跑。

（6）同行不要排成行。几个人在一起走路时，不要勾肩搭背，不要拍拍打打。多人在一起走的话，不要排成行。

（7）走路要用腰力。走路时腰部松懈，会有吃重的感觉，不美观，拖着脚走路，更显得难看。走路的美感产生于下肢的频繁运动与上体稳定之间所形成的对比和谐，以及身体的平衡对称。要做到出步和落地时脚尖都正对前方，抬头挺胸，迈步向前。穿裙子时要走成一条直线，使裙子下摆与脚的动作显出优美的韵律感。

（四）蹲姿

西餐服务员有时会有拾起掉在地上的东西，或取放在低处的物品的动作，如果不注意蹲姿,可能会显得非常不雅观,也不礼貌,而采取优美的下蹲姿势就要雅观得多。常见的下蹲姿势有如下几种。

1. 高低式蹲姿

下蹲时左脚在前,全脚着地,右脚稍后,脚掌着地,脚后跟提起;右膝低于左膝,臀部向下,身体基本上由右腿支撑。

2. 交叉式蹲姿

下蹲前右脚置于左脚的左前侧,使右腿从前面与左腿交叉。下蹲时,右小腿垂直于地面,右脚全脚着地;蹲下后左脚脚跟抬起,前脚掌着地,两腿前后靠紧,合力支撑身体;臀部向下,上身稍前倾。下蹲时,无论采取哪种蹲姿,都应掌握好身体重心,避免出现在客人面前滑倒的尴尬局面。

（五）手势

手是传情达意的最有力的工具,正确适当地运用手势,可以增强感情的表达效果。手势是酒店服务工作中必不可少的一种体态语言,服务业员工手势的运用应当规范适度且符合礼仪。

1. 规范的手势

规范的手势应当是手掌自然伸直,掌心向内或向上,手指并拢,拇指自然稍稍分开,手腕伸直,使手与小臂成一条直线,肘关节自然弯曲,大小臂的弯曲以 140° 为宜。

在做出手势时,要讲究柔美、流畅,做到欲上先下、欲左先右。避免僵硬死板、缺乏韵味。同时配合眼神、表情和其他姿态,使手势更协调大方。

2. 常用手势

（1）横摆式。在表示"请进""请"时常用横摆式。做法是,一只手五指并拢,手掌自然伸直,手心向上,肘微弯曲,腕低于肘。开始做手势应从腹部之间抬起,以肘为轴轻缓地向一旁摆出手势,到腰部并与身体正面成 45° 时停止。头部和上身微微向伸出手的一侧倾斜,另一只手下垂或背在背后,目视宾客,面带微笑,表现出对宾客的尊重、欢迎。

（2）前摆式。如果右手拿着东西或扶着门时,这时要向宾客做向右"请"的手势时,可以用前摆式,左手五指并拢,手掌伸直,从身体一侧向下抬起,以肩关节为轴,在腰的高度向身前右方摆去,摆到距身体 15cm,且不超过躯干的位置时停止。目视来宾,面带笑容。

（3）双臂横摆式。当来宾较多时,表示"请"可以动作大一些,采用双臂横摆式。两臂从身体两侧前上方抬起,两肘微曲,向两侧摆出。指向前进方向一侧的臂应抬高一些,伸直一些,另一手稍低一些,曲一些。也可以双臂向一个方向摆出。

（4）斜摆式。请客人落座时,手势应摆向座位的地方。手要先从身体的一侧抬起,到高于腰部后,再向下摆去,使大小臂成一斜线。

（5）直臂式。需要给宾客指方向时,采用直臂式,手指并拢,掌伸直,屈肘从身前抬起,向要指的方向摆去,摆到肩的高度时停止,肘关节基本伸直。注意指引方向,不可用一个手指指出，那样显得不礼貌。

3. 容易被误解的手势

一种是个人习惯，另一种是因为文化背景不同而被赋予不同含义的手势。在工作场合，下列手势禁止使用：

（1）不卫生的手势。譬如：在他人面前搔头皮、掏耳朵、剜眼屎、抠鼻孔、剔牙齿、抓痒痒、摸脚丫等手势。

（2）不稳重的手势。在工作场合，双手乱动、乱摸、乱举、乱扶、乱放，或是咬指尖、折衣角、抬胳膊、抱大腿、拢脑袋等手势都为不稳重的手势，不能使用。

（3）失敬于人的手势。譬如：用手指指点他人，掌心向下挥动手臂，与人谈话时背手等失敬的手势在公共场合不宜使用。

（六）眼神

1. 注视的方向

（1）俯视。即目光向下注视对方。俯视一般表示爱护、宽容之意。

（2）平视。即目光与对方的目光处在同一高度平行接触。平视一般体现平等、公正、自信、坦率等语义。

（3）仰视。即目光向上注视对方。仰视一般体现尊敬、崇拜、期待的语义。

（4）斜视。即视线斜行。斜视一般表示怀疑、疑问的语义。

（5）侧扫视。即目光向一侧扫视。扫视一般表示兴趣、喜欢，或轻视、敌意态度的语义。表示兴趣、喜欢时，伴有微笑和眉毛上扬；表示轻视、敌意时，伴有皱眉和嘴角下撇。

2. 注视的部位

（1）注视"三角区"。用于洽谈、磋商、谈判等场合的注视行为。目光注视位置在以对方双眼为底线、额头为顶点的三角形区域内。若一直注视这个区域，便给人以严肃、认真的感觉，使对方感到是要谈正事，就能保持主动。

（2）注视双眼到胸部。用于亲人之间、恋人之间的注视行为，目光注视的位置在对方双眼到胸部之间的区域内。

（3）凝视"倒三角区"。用于各种社交场合的一种注视行为。目光的凝视位置以对方双眼为底线、唇部为顶角的倒三角区域内。这种注视令人感到舒服、有礼貌，一种和缓的社交气氛就营造出来了。

3. 注视的时间

在礼仪服务过程中，除双方关系十分亲近外，目光接触以 3 秒左右为宜。注视时间过长，会引起生理上和精神上的紧张，令人感到不自在。注视时间过短，甚至不看对方，使人感到漠视，也是一种失礼行为。另外，与人见面时，不要上下左右反复地打量别人。

在人际交往中，还应该注意眨眼的频率。一般眨眼的正常次数是每分钟 5～8 次。如果一秒钟眨眼几次,且神情活泼,往往被视为对某物有特殊兴趣;若频繁地眨眼看人,目光闪烁不定,会给人心神不定、心不在焉的感觉。

4. 不同目光的运用

(1) 对初次见面的客人,应微微点头,行注目礼,表示尊敬和礼貌。

(2) 在集体场合开始发言讲话时,要用目光扫视全场,表示"请予注意"。

(3) 在与客人交谈时,应当不断地通过各种目光与对方交流,调整交谈的气氛。交谈中,应始终保持目光的接触,随着话题、内容的变换,做出及时恰当的反应,用目光流露出或喜或惊或微笑或沉思等会意的神情,使整个交谈融洽、和谐、生动、有趣。

(4) 学会"阅读"眼神语言。随着交谈内容的变化,对方目光与表情和谐的统一,表示很感兴趣,思想专注,谈兴正浓;对方的目光长时间地中止接触或游移不定,表示对交谈不感兴趣,交谈应当很快结束;交谈中,目光紧盯,表示疑虑,偷眼相觑,表示窘迫,瞪大眼睛,表示惊讶等。

四、服务人员日常举止十忌

(1) 忌在人群中从身体内发出各种异常的声音。咳嗽、打喷嚏、打哈欠等均应侧身掩面再为之。

(2) 忌在公共场所用手抓挠身体的任何部位。文雅起见,最好不当众抓耳、挖耳鼻、揉眼睛,也不可随意剔牙、修剪指甲、梳理头发。若身体不适非做不可,则应去洗手间完成。

(3) 忌公开露面时衣冠不整。尤其是出洗手间时,你的样子最好与进去时保持一样,或更好才行,边走边扣扣子、边拉拉链、擦手甩水都是失礼的行为。

(4) 忌参加正式活动前吃带有强烈刺激性气味的食物(如葱蒜、韭菜、洋葱等),否则会因口腔异味而引起顾客的不悦甚至反感。

(5) 忌在公共场所高声谈笑、大呼小叫,那是一种极不文明的行为,应避免。在人群集中的地方特别要求交谈者低声细语,声音的大小以不引起他人注意为宜。

(6) 忌对陌生人盯视或评头论足。当他人作私人谈话时,不可接近之。他人需要自己帮助时,要尽力而为。见别人有不幸之事,不可有嘲笑、起哄之举动。自己的行动妨碍了他人应致歉,得到别人的帮助应立即道谢。

(7) 忌在人来人往的公共场所吃东西,更不要出于友好逼着在场的人尝你吃的东西。爱吃零食者,在公共场所为了维护自己的美好形象,一定要有所克制。

(8) 忌感冒或其他传染病患者参加各种公共场所的活动,以免将病毒传染给他人,影响他人的身体健康。

(9) 忌不遵守一切公共活动场所的规则。不随地吐痰,不随手乱扔烟头及其他废物。如非吐非扔不可,那就必须等找到污物桶后再行动。

（10）忌在大庭广众之下趴在或坐在桌上，或在他人面前躺在沙发上。走路脚步要放轻，不要走得咚咚作响，遇到急事时，不要急不择路，慌忙奔跑。

不利于自己又不利于他人的行为举止，除令人望而生厌外，还从根本上与良好的个人礼仪相悖。因此，在工作中我们不应等闲视之。

任务二　西餐服务礼仪

一、西餐服务礼仪基本要求

（一）强化职业道德

1. 服务态度

服务态度，主要指西餐服务人员对于西餐服务工作的看法以及在为客人进行服务时的具体表现。西餐服务人员的服务态度端正与否，直接影响到他为客人所提供的服务的好坏。西餐服务人员的服务态度的总要求是：热情服务、礼待宾客、以质见长。

2. 工作作风

西餐服务人员的工作作风，指的就是西餐服务人员在工作岗位上所表现出来的态度与行为。它不仅体现着西餐服务人员的思想品质，而且还影响到西餐服务人员的服务质量与个人形象。西餐服务人员应做到清正廉洁、一心奉公。

3. 职业修养

职业修养，通常是指某一行业的从业人员，在自己的工作岗位上通过经年累月的锻炼，从而在思想上、业务上所达到的一定的水准，以及由此而形成的待人处事的基本态度。西餐服务人员个人的职业修养往往会直接影响到他的服务质量与工作态度。这就要求西餐服务人员在职业修养方面应当树立崇高理想，努力钻研业务，做到理论与实践并重。

（二）善于双向沟通

1. 理解客人

理解客人，主要就是要对客人的实际情况与实际需要，尽可能地掌握得清清楚楚。

2. 加强相互沟通

在服务过程中，西餐服务人员必须认识到，仅有自己对于客人的单方面的理解，通常是远远不够的。成功的任何形式的服务，都有赖于西餐服务人员与客人在服务过程中彼此相互沟通和理解。西餐服务人员在为客人服务过程中，如果没有交往双方相互沟通和理解，促成双方交往的融洽，那么成功就很难达到。有时，交往双方甚至还会由于缺乏沟通而导致误会，引起麻烦，产生矛盾。

（三）三 A 法则

1. 接受客人

接受客人,实际上就是一个服务态度是否端正的问题,真正将消费者视为自己的"上帝"和"衣食父母",诚心诚意地意识到消费者至上,自然而然就会认可客人,容纳客人,接近客人,只有做到了这一点,才能真正地提高自己的服务质量。作为服务礼仪的重要内容,接受客人,主要体现为西餐服务人员对于消费对象热情相迎,来者不拒。服务人员不仅不应该怠慢客人,冷落客人,排斥客人,挑剔客人,为难客人,而且还应当积极、热情、主动地接近客人,淡化彼此之间的戒备、抵触和对立的情绪,恰到好处地向客人表示亲近友好之意,将客人当作自己人来看待。

2. 重视客人

（1）牢记特殊或重要客人的姓名。对于每一个人来说,姓名都是自己百听不厌、百看不烦的最美妙的词汇。对于西餐服务员来说,牢记重要或特殊客人的姓名这件事情本身,就直接意味着对对方重视有加,另眼相看。

（2）倾听客人的要求。当客人提出某些具体要求时,西餐服务人员的最得体的做法,是对其要求认真地倾听,并尽量予以满足。从某种意义上来讲,耐心倾听客人的要求,本身就会使对方在一定程度上感到满足。

一般来讲,当客人阐明己见时,西餐服务人员理当暂停其他工作,目视对方,并以眼神、笑容或点头来表示自己正在洗耳恭听。如有必要的话,西餐服务人员还可以主动地与对方进行交流。

3. 赞美客人

从心理上来讲,所有的正常人都希望自己能够得到别人的欣赏与肯定,而且别人对自己的欣赏与肯定最好是多多益善。获得他人的赞美,就是对自己最大的欣赏与肯定,一个人在获得他人中肯的赞美之时,内心的愉悦程度,常常是任何物质享受难以比拟的。

赞美客人,具体而言,主要是要求西餐服务人员在向客人提供具体服务的过程中,要善于发现对方之长,并且及时地、恰到好处地对其表示欣赏、肯定、称赞与钦佩。这种做法的最大好处是可以争取客人的合作,使西餐服务人员与客人在整个餐饮服务过程中和睦而友善地相处。但赞美客人时需注意:不要夸张,要实事求是;要及时,赞美不要延时;不要陈词滥调。

（四）提倡零度干扰

1. 保持适度的距离

（1）服务距离。是西餐服务人员与客人之间所保持的一种最常规的距离。它主要适用于餐饮服务人员应客人的请求,为对方直接提供服务之时。在一般情况下,服务距离以 0.5～1.5 米为宜。至于西餐服务人员与客人之间究竟是要相距近一些还是远一些,则应视服务的具体情况而定。

（2）展示距离。其实是服务距离的一种较为特殊的情况。即西餐服务人员需要在客人面前进行操作示范，以便后者对于服务项目有更直观、更充分、更细致的了解。进行展示时，西餐服务人员既要使客人看清自己的操作示范，又要防止对方对自己的操作示范有所妨碍，或是遭到误伤，因此，展示距离以在1～3米为宜。

（3）引导距离。一般指的是西餐服务人员在为客人带路时彼此之间的距离。根据惯例，在引导客人时，西餐服务人员在客人侧前方1.5米左右是最为适当的。此时，西餐服务人员与客人之间相距过远或过近，都是不允许的。

（4）待命距离。特指西餐服务人员在客人尚未传唤自己、要求自己为其提供服务时，所须与对方自觉保持的距离。在正常情况下，应当是在3米之处，只要客人视线所及，可以看到自己即可。西餐服务人员主动与客人保持这种距离的目的，在于不影响客人对服务项目的浏览、斟酌或选择。

（5）信任距离。指的是西餐服务人员为了表示自己对客人的信任，同时也是为了使对方对服务的浏览、斟酌、选择或体验更为专心致志而采用的一种距离，即离开对方而去，从对方的视线中消失。采取此种距离时，必须力戒两点：一是不要躲在附近，似乎是在暗中监视客人；二是不要去而不返，令客人在需要西餐服务人员帮助时根本找不到任何人。

（6）禁忌距离。主要是指西餐服务人员在工作岗位上与客人之间应当避免出现的距离。这种距离的特点，是双方身体相距过近，甚至有可能直接发生接触，即小于0.5米，这种距离，多见于关系极为亲密者之间，若无特殊理由，西餐服务人员千万不要主动采用。

2.热情服务无干扰

（1）注意语言。按照惯例，西餐服务人员在自己的工作岗位值班时，除了以常规礼貌用语向客人主动致以友善的问候之外，一般不宜再多此一举地对对方多言多语，否则，就会产生负面影响，对对方造成一定的干扰。西餐服务人员尤其需要在语言上避免出现不适当的征询。

（2）注意表情。在人际交往中，表情通常亦被人们视为一种信息传播与交流的载体。西餐服务人员在向客人进行服务时，有必要对自己的表情自觉地进行适当的调控，以便更为准确、适度地向对方表现自己的热情友好之意。应避免出现不佳的眼神和不佳的笑容等。

（3）注意举止。德国大诗人歌德曾说："一个人的礼貌，就是一面照出他的肖像的镜子。"西餐服务人员在为客人提供服务时，要讲究文明礼貌，举止得体，要对自己的行为有所克制。

二、西餐服务礼貌用语礼仪

（一）称呼语的礼仪

（1）正式场合使用的称呼。泛尊称，例如"先生""小姐""夫人""女士"等；职业加泛尊称，例如"司机先生""秘书小姐"等；姓氏加职务或职称，例如"毛经理""李科长""谢教授"等。

（2）非正式场合的称呼。直接以姓名相称，例如"张东""王琦"等；直接称呼名字，例如"志强""伟力"等；称呼爱称或小名，例如"大宝""小丽"等；称呼辈分，例如"大爷""奶奶""阿姨"等；姓氏加上辈分，例如"张大妈""李叔叔""王伯伯"等；在姓氏之前加上"老"字或"小"字，例如"老张""小王"等。

（二）问候语的礼仪

现在比较通用的问候语有"您好""您早""早上好""下午好""晚上好""见到您很高兴"等。对熟悉的客人可以适当地寒暄。寒暄语类似问候语，语意内容相对来说比较具体。它经常是针对对方或环境作为交谈的开始，如"今天天气不错""您气色很好"等。

问候语一般不强调具体内容，只表示一种礼貌。一般情况下，下级、青年、晚辈、学生、服务员应主动问候上级、年老的、长辈、老师、顾客，被问候人要做出回应。交谈时，应当避免谈及对方的敏感问题，如婚姻、收入、个人经历等纯个人隐私的话题。

（三）答谢语的礼仪

"谢谢"是最简单、最直接的答谢语。说"谢"时，应当有明确的称呼，通过称呼被谢人的姓名，使道谢增强针对性，如果要谢的是几个人，最好是向他们一一道谢。在道谢中，应目视对方面带微笑，目光诚恳。如果对方对道谢感到茫然，应当解释道谢的原因。

为避免语言单调和谢意表达不深刻，可以根据具体情况进行适当地赞美和解释。

（四）致歉语的礼仪

最基本的致歉语就是"对不起"。此外，常见的致歉语还有"请原谅""很抱歉""给您添麻烦了""请别介意""不好意思""实在过意不去"等。

在致歉时，应当是发自内心、并且是有诚意的。一旦出现过失，无论事情大小，都应从内心真正承认自己确实错了，并产生自责与愧疚之心。切记致歉敷衍了事或者口服心不服、虚伪，那只会加深双方之间的不和谐与裂痕。

应当注意致歉适度适时。致歉的目的是让人明白歉疚之意，从心里谅解和宽恕自己。因此，致歉时应注意对方的反应，不可过分夸张，以免使人感到有失诚恳而不被人接受；也不可废话连篇或反复提出，引起更大的不快。

接受他人的致歉，应最大限度地坚持宽容理解的原则，以谦逊友好的态度应答，如"没关系""别客气""这算不了什么""您太在意了""哪里的话"等。

（五）请求语的礼仪

首先，应当明白求助者与被求助者之间的尊卑关系。求人帮忙，要恰当使用敬语，以对方为尊贵，自己则需态度谦卑、言辞恭敬。常用词语有"劳驾""拜托""请多关照""请您费心"等。语气应谦恭，不可用命令或支配式的语气，也不可强硬请求，更不可因为遭到拒绝而态度突变。

其次，应意识到因为自己的请求，往往会给对方增加麻烦，使对方有所付出。因此，在请求以前应先致歉，如"对不起，请问……""很抱歉，拜托您……"等。

最后,还应考虑被请求人的情况。有时有的事是被请求人确实无法办到的,答应则自身陷于困境,不答应又可能伤害请求人的情面,往往处于两难境地。

请求人应尽量采用迂回和委婉的表达方式,避免直来直去地提出请求,给双方都留有余地。

（六）赞美语的礼仪

要真心诚意。赞美别人应是发自内心,要真心实意、诚恳坦白,不能言不由衷或人云亦云;赞美要明确、具体,符合实际。

要因人而异。赞美女性时多用"漂亮""年轻""活泼""有气质"等赞语,赞美男性时多用"有魄力""有才华""有风度""有前途""有主见""精干"等赞语,对年龄大的人,赞美他的健康、学识、经验、精力、成就,对同辈人可赞美他的精力、才干、业绩、风度等。

要注意场合。赞美要考虑时间、地点、环境。一般情况下,在多人在场时赞美对方,对于拉近与对方的关系十分重要。

赞美要避免无的放矢,不能把缺点当优点恭维。赞美时,不要夸奖对方被人多次赞美的、明显的优点,而要欣赏对方那些不为别人所知,但却颇为自得的方面。

（七）祝愿语的礼仪

如:"祝您好运!""新年快乐!""祝节日快乐!"

见到客人过生日应说:"祝您生日快乐!"

第一次见到文体团队客人时应说:"祝你们演出成功!"

第一次见到体育代表团时应说:"祝你们比赛中获胜!"

第一次见到新婚旅游的客人应说:"祝你们新婚愉快,白头到老!"

见到客人生病时应说:"请多加以保重,祝早日康复!"

（八）征询语的礼仪

"我能为您做什么吗?"

"请问先生现在可以上菜了吗?"

"我没听清您的话,您再说一遍好吗?"

"如果您不介意,我可以……吗?"

"您还有别的事吗?"

"让我来帮您一下吧!""先生（小姐）,您坐这里可以吗?"

（九）道别语的礼仪

如:"再见""晚安""回头见""保重""不远送了""慢走"。

见客人离开餐厅时应说:"欢迎下次光临""谢谢您""再见"。

业界内为了便于记忆,有"五声、11字"的说法。五声是:宾客来电有迎声,宾客离店有告别声,宾客表扬有致谢声,工作不足有道歉声,宾客欠安有慰问声。11字是:您、您好、请、谢谢、对不起、再见。

三、西餐服务微笑礼仪

【案例分析】

甲酒店的迎宾员,重复着:"欢迎光临,先生/小姐,请问几位?"声音僵硬,动作职业化,面部表情皮笑肉不笑。

一位顾客很好奇地问道:"小姐,辛苦了! 做这工作很累吧?"

迎宾员:"是啊! 每天要在这里站 10 个小时,当然累啊!"

顾客:"难怪你都快笑不出来了! 不过多微笑些,不但对自己心情有帮助,也有利于给顾客留下好印象。"

迎宾员:"哎哟! 你讲这种外行话,不信你来做看看。更何况顾客买不买跟我笑得自然与否有什么关系?"

顾客:"听起来有道理,你真是人在江湖,身不由己啊!"

这位顾客同样好奇地问乙酒店的另一位迎宾员,她的回答可不一样……

顾客:"小姐,辛苦了! 做这工作很累吧?"

迎宾员:"哪里,应该的,能为您服务是我的荣幸。"

顾客:"谢谢! 你每天要在这里站 10 小时,不过,我发现,你的脸上总是充满着微笑,声音亲切,动作也十分自然。"

迎宾员:"哪里,承蒙您的肯定。"

顾客:"你是如何做到的呢?"

迎宾员:"我想有两个理由。首先我必须使自己快乐,才会觉得时间过得很快,何况能与形形色色的陌生人交谈,对我的人生阅历帮助很大。其次,我的角色是酒店给顾客第一印象的门面,如果顾客对我们印象好,自然会不断上门。"

顾客:"听起来有道理,我相信你做任何角色都会成功的。"

迎宾员:"谢谢您!"

微笑是人们内心喜悦情感的自然外露,是一个人内心真诚的表露,是一种礼貌,更是一种职业涵养的表现。对服务员来说,始终笑容可掬地为顾客提供热情周到的服务,会使顾客感到心情愉悦。

微笑在酒店服务中是一种无声的情绪语言,它可以在一定程度上代替语言上的更多解释和表达。微笑服务也是一种无形的资产,可以创造难以估量的财富。正如一位哲人所说:"微笑,它不花费什么,但却创造了许多成果。它丰富了那些接受的人,而又不使给予的人变得贫瘠。它在一刹那间产生,却给人留下永恒的记忆。"

(一) 微笑服务的"九个一样"

微笑服务要始终如一,人人重视,要坚持将接待服务的各个环节,落实到每个酒店服务

员身上,应做到"九个一样":

(1) 领导在场不在场一个样;

(2) 内宾外宾一个样;

(3) 本地客与外地客一个样;

(4) 生客熟客一个样;

(5) 大人、小孩一个样;

(6) 生意大小一个样;

(7) 买与不买一个样;

(8) 购物与退货一个样;

(9) 主观心境好坏一个样。

"九个一样"体现了对客人要一视同仁,服务工作一定要遵循"优先为先到的客人服务"的原则。对年轻美貌的女客人、老年客人、白人、黑人,都应当一视同仁。厚此薄彼最易引起客人的反感,而且违反酒店员工应有的职业道德。

(二) 微笑的礼仪要领

(1) 微笑的基本做法是不发声、不露齿,肌肉放松,嘴角两端向上略微提起,面含笑意,使人如沐春风。

(2) 发自内心、自然大方,显示出亲切。要由眼神、眉毛、嘴巴、表情等方面协调动作完成。

(3) 要防止生硬、虚伪、笑不由衷。

(三) 微笑的自我训练与培养

(1) 对着镜子练习。对着镜子微笑,首先找出自己最满意的笑容,然后不断地坚持训练此笑容,从不习惯到习惯微笑,并以此笑容去为客人服务。

(2) 借助一些字词进行口型训练。微笑的口型为闭唇,两唇角微向上翘。除对着镜子找出最佳口型进行训练外,还可借助一些字词发音时的口型来进行训练。如普通话中的"茄子""切切""姐姐"等,当默念这些字词时所形成的口型正好是微笑的最佳口型。

(3) 情绪记忆法练习。将生活中自己最好的情绪储存在记忆中,当工作需要微笑时,即调动起最好的情绪,这时脸上就会露出笑容。

(4) 视客人为"上帝""财神"。"上帝"和"财神"的到来,均可给企业和个人带来经济效益。只有当服务员内心深处真正有了"客人就是上帝,客人就是财神"的观念时,才能在服务中形成一种条件反射,一见到客人就笑逐颜开。

四、西餐服务谈话礼仪

在餐厅服务过程中,服务员不可避免地要同客人进行谈话。因此,在餐厅服务过程中掌握好与客人谈话的礼仪也是十分重要的。具体要注意如下几点:

（1）了解清楚对方的身份,以便使自己的谈话得体,有针对性。

（2）和客人谈话时,要实事求是,不要随便答复自己不知道的事情,也不要轻易许诺对方提出的而自己却无把握办到的事。

（3）同客人交谈时,要态度诚恳,和蔼可亲。声音大小,以对方听清为宜。不要用过大的手势,尤其不要溅出唾沫、抓头、剔牙、挖鼻孔。

（4）和客人交谈时,可谈衣食住行、天气气候、旅游风光、体育运动等,但不能谈疾病等令人不愉快的事。一般也不询问对方的履历。谈话时,要十分客气,如果对方不愿继续谈时,就不要追问。不要打听对方的经济收入、婚姻状况、宗教信仰、服饰价格、年龄和其他私事。如果对方是妇女,对其年龄和婚姻更不能询问。

（5）和客人谈话时,要多给对方讲话的机会,注意倾听对方的发言,不能左顾右盼,也不要老看手表、低头或侧头,更不要昂着头说话,也不要随便打断对方的话头,不要随便插嘴。对对方的讲话没听清楚时可以再问一次,如发现有误时,应做进一步解释。

（6）同客人谈话时,说话要有分寸,称赞对方不可过头,自己谦虚也要适当。

（7）同两个以上客人谈话时,不能只和一个人交谈,而冷落其他人;也不能只和女宾交谈,而冷落男宾;谈话中不谈只有两个人知道的事,而冷落他人;也不要交头接耳,讥笑他人;如所谈之事,不便让更多的人知道时,则应另找适当的谈话机会。

（8）和客人交谈时,如旁边有人插上来和你说话,你不要把背对着客人,仍应将脸朝向客人。如需离开时,应首先向客人表示歉意后,方能离去。

（9）客人互相交谈时,不凑上去旁听;如有急事需与其中的某人联系时,应先打招呼,而且表示歉意。

（10）和客人谈话时,要大方有礼,轻声柔和,不大笑、狂笑,更不要故作怪腔,要自然得体。

五、西餐服务次序礼仪

掌握次序礼仪是文明服务的重要内容,次序礼仪的具体内容包括:

（1）大多数国家习惯以右为大,左为小。

（2）两人以上同行,前者为尊者,陪同、随同人员在后。

（3）三人并行,中者为尊。

（4）进门或上车,应让尊者先行。

（5）尊者由右边上车,位低者(陪同者)待尊者上车后,自己再由车后绕到左边上车,坐在尊者的左边。

（6）在一般情况下,进门或上车,应让妇女先行或坐高位。

（7）一般坐车后一排中间为大位,右边次之,左边又次之。

六、西餐服务迎送礼仪

迎送礼仪是衡量餐厅服务质量高低的重要一环,在迎送客人时,应注意以下几点:

(一)迎接客人

(1)要热情主动向客人打招呼问好,笑脸相迎,彬彬有礼,给人以温暖、可亲的感受。

(2)客人进门后主动接挂衣帽。

(3)主动引路、拉椅请坐。

(4)对老弱病残客人,要主动搀扶。

(5)当客人问话时,要及时答话或主动介绍本餐厅的经营特色和菜肴的风味特点,同时要耐心听取来宾的意见和要求,及时向有关方面传达,以便更好地安排各项工作活动。

(6)来宾就座后,主动协助礼宾人员加撤餐具、椅子等,一切就绪后要把桌号、名签撤下。

(二)送别客人

(1)客人离席后,要热情送别,使客人高兴而来,满意而去。

(2)主动取递衣帽。

(3)耐心听取客人的意见和要求,以便研究和改进工作。

(4)做好结算工作。

(5)对餐厅进行打扫、整理工作。

有人说,自迎接客人到服务客人就餐,再到送别客人,就像一个"三明治",两边的"面包"就是客人进入餐厅的迎接和客人离开时的送客,中间夹的"馅"便是服务客人就餐。服务客人就餐固然重要,但若没有迎接与礼貌送客作铺垫配合就会显得过于直露和美中不足。所以餐厅在高度重视就餐服务的同时,不要忽视两边"面包"的作用,这样你做出的"三明治"才会完美,令人回味。

七、西餐服务递接物品礼仪

在服务工作中,服务人员经常需要为客人递接物品,在递接物品时我们应该注意以下几个事项:

(一)双手为宜

一般情况下,递接物品时,应该是双手递接,这是一种礼貌。在特殊情况下,无法采用双手递接的,应该使用右手为宜,用左手被视为是失礼的行为。

(二)物品要递于客人手中

给客人递送物品的时候,一定要直接交到对方的手中。不要把物品放于其他位置,除非客人要求,服务人员也应配合相应的语言,如"根据您的要求,我已把物品放在桌子上了"。

（三）主动上前

如果与客人距离较远,服务人员应主动起身将物品递给对方,如果自己是坐着的,应该主动起身走到客人面前,或者站立着把物品递给对方。

（四）方便接拿

把物品递给对方时,应该考虑到对方接拿的方便,能够让对方顺利接拿。当递送有文字的物品时,应该使文字的正面朝向对方。

（五）尖刃向内

当递送带尖、带刃等易于伤人的物品给他人时,应该将尖刃朝向自己,或者朝向其他地方,千万不能朝向对方,如果朝向客人,则是非常失礼的。

八、西餐疑难问题服务礼仪

（一）处理客人同订一个位置服务礼仪

（1）根据先来后到的原则,按预定时间,先订先安排。

（2）按订单的联络电话或房号迅速与对方取得联系,向对方讲明原因,诚恳地向客人道歉,以得到客人的谅解,并向客人介绍另一布局类似的宴会厅,征得客人同意后确定下来。

（3）客人到来时,可免费赠送一道菜或一份果盘。

（二）接待年幼客人服务礼仪

（1）对年幼的小客人要耐心、愉快地照应,要搬一张儿童椅子让孩子入座,并尽量不要把他安排在过道边上。

（2）在不明显的情况下,把料瓶等易碎的物品移到小孩够不着的地方,更不应在小孩面前摆放刀叉、热水,以防不测。

（3）介绍给客人孩子愿意吃的小吃等,先让小孩吃着,再进行常规服务。如有儿童菜单,请小孩的父母为他点菜。

（4）不要把小朋友用的玻璃杯斟得太满,最好用短小的甜食餐具,并配备吸管。

（5）如果小朋友在过道上玩耍或者打扰其他客人,要向他的父母建议,让他们坐在桌边以免发生意外。

（6）若非很熟,不要抱逗小孩或抚摸小孩的头,没征得其父母同意,不要随便给小孩吃东西。

（三）处理醉酒客人的服务礼仪

（1）先要确定该客人是否确已喝醉,然后决定是否继续供应含酒精的饮料。

（2）如果客人的确喝醉,应礼貌地告诉客人不可以再向他提供含酒精饮料,同时要上点清口、醒酒的食品或饮品,更加耐心细致地做好服务。

（3）如果客人呕吐或带来其他麻烦,服务员要及时送上漱口水、湿毛巾,并耐心地迅速清理污物,不可表示出厌恶的情绪。

(4)如果该客人住在本酒店,而没有人搀扶又不能够回房间,通知保安部陪同客人回去;该客人不住在酒店时,也应交由保安部门陪同他离去。

(5)如有损坏餐厅物品时,应对同桌的清醒者讲明要求赔偿。

(6)事故处理结果应记录在工作日记上。

(四)处理客人损坏餐具时的服务礼仪

(1)要马上收拾干净破损的餐具。

(2)对客人的失误表示同情,关切地询问客人有无碰伤并采取相应措施。

(3)不要指责或批评客人,使客人难堪。

(4)要在合适的时机用合适的方式告诉客人需要赔偿,并通知吧台结账时一起计算收款。

(五)接待着急用餐客人服务礼仪

(1)给客人介绍烹饪简单、快捷的菜式品种,或多推荐套餐,少推荐点菜。在此情况下"快吃、吃饱"比"细吃、吃好"重要。

(2)亲自到厨房(或通知领班、主管)和厨师长联系安排厨师先做,同时在菜单上写上"加快"字样,要求传菜的人员配合工作。

(3)服务要快捷、灵敏,同时询问客人是否还有事情需要帮助,尽量满足客人的要求。

(4)预先备好账单,缩短客人结账时间。

(六)接待较晚就餐客人服务礼仪

(1)要更加热情,不得有任何不耐烦、不高兴的表示。

(2)先请客人入座,然后和厨房联系,联系后再为客人介绍简单、快捷的菜品。

(3)自始至终热情服务,不得以关门、清洁卫生等方式催促客人。

(七)处理客人未付款服务礼仪

(1)服务员应马上追上前有礼貌地告诉客人,如:"先生,您是要买单吗?这边请。"如客人仍不配合,可把他领离他的朋友并小声地把情况说明,请客人补付餐费。

(2)要注意礼貌,不能粗声粗气地质问客人,以免使客人反感而不承认,给工作带来更大麻烦。

(八)处理上错菜服务礼仪

(1)应先表示歉意,若客人还没动筷,应及时撤掉,端厨房核实,及时上客人点的菜。

(2)若客人已开始吃,则不必再撤,同时不能收费,也可视情况,婉转地说服客人买下,若客人执意不肯,上报主管后作为赠送菜。

(九)其他问题服务礼仪

1.处理欠缺礼貌客人服务礼仪

(1)以友好的态度对客人表示歉意。

（2）以婉转的语言劝导提醒客人。

（3）切忌与客人争论。

2. 接待心情不佳客人服务礼仪

（1）服务员要态度温柔,热情和蔼,耐心周到。

（2）注意语言精练,尽量满足客人,操作敏捷。

3. 接待伤残人士服务礼仪

（1）尽量为他们提供方便。

（2）不要感到奇怪和投以异样的眼光。

（3）灵活适当地帮助他们,使其感到是帮助而不是同情。

4. 处理客人要敬酒服务礼仪

（1）表示致谢,并婉言谢绝,向客人说明工作时间不允许喝酒。

（2）要主动地为其服务,如撤餐具、加茶水等避开客人的注意力,不使客人难堪,或借故为其他客人服务。

（3）如确实难以推辞,应先接过来,告知客人工作结束后再饮,然后换个酒杯斟满后给客人,同时表示谢意。

5. 处理客人擅拿餐具服务礼仪

（1）马上向领班汇报,由领班礼貌地解释。

（2）设法使客人自觉交还,或可介绍他们到酒店购买。

（3）如客人还不承认,应请示领导解决或按规定价格酌情收费。

6. 处理米饭供应不上时服务礼仪

（1）向客人道歉,说明原因,请客人稍等。

（2）也可征求客人意见是否以面食等代替。

7. 处理台面位置摆菜服务礼仪

（1）把台面上现有的碟移好位置,留出空位。

（2）如台面没有空位,应拿去剩下最少菜的碟,但要征求客人意见,切忌将碟重叠放置。

（3）征求客人意见后,将最少菜的碟中的菜分给客人。

8. 处理客人争吵服务礼仪

（1）服务员应立刻上前制止。

（2）在可能的情况下,给其中一方客人调换到距离较远的另一张台用膳,但要征得本人同意。

（3）给他们热情周到的服务,主动送上香巾茶水。

9. 处理客人自带酒水服务礼仪

（1）给客人摆好相应的酒杯。

（2）如是威士忌一类的酒,应送上冰块。

（3）向客人讲清楚，要收取一定的服务费。

10．处理弄脏客人衣服服务礼仪

（1）诚恳地向客人道歉。

（2）设法替客人清洁。

（3）在可能的情况下，免费为客人把衣服洗干净。

任务三　西餐用餐礼仪

俗话说："民以食为天"，吃是人类一个永恒的话题，但对于怎么享用西餐，可能有些人并不了解，以得体的用餐礼仪进食，让别人在享受美食的同时，也能欣赏到你优雅高尚的进餐举止，这不失是提升你个人魅力的一个方法。

一、餐前礼仪

（一）预约

预约，越高档的餐厅越需要预约，这无论是对餐厅来说还是对自己来说，都能让用餐进行得更加顺畅。预约的几大要素为：就餐人数、时间、有无特别要求等。提前一周或三天预约会比较适合，当然，对于一些非常受欢迎、很难预约到的餐厅，那会需要提前更早的时间来预约，特别是节假日。当然，如果预约用餐因故不能准时到，请告知餐厅会延迟到达，否则餐厅可能会把预留座位转给他人。如果要取消预约，请务必给餐厅打电话告知。

（二）抵达餐厅

到达餐厅后，不要自行往里走找位置，应是到接待区告知你预约的名字，试想，待你报上姓名后，服务员恭敬地说："您好，X 先生，为您预留的座位是 XX，请跟我来"——这会使您和您所宴请的客人都很有面子。有一些餐厅会准备等候室，专门用来让顾客等候未到的友人。若是附设有吧台的等待室，可以在友人到来之前，边饮用餐前酒边等待。

（三）领位和入座

不要自行就座，请等待服务员带位。带位时应请年长者或宾客、女性先行起步前往座位。一般来说，应由年长者和宾客坐主位；若用性别来区分，则一般由女性坐主位。主位是指背对墙壁，能够清楚地看到全店的座位或是能见度最佳的座位，或是较少人通过且安静的座位等。

（四）点餐

西餐的菜单主要由这几部分构成：头盘（即前菜）、汤、副菜、主菜、蔬菜类菜肴（配菜）、甜点、咖啡或茶、酒类。而进餐程序除酒类外也是如此排列。但不是每道菜我们都要点到，点多了吃不完会被认为是失礼。副菜、主菜（鱼、肉选择一样）加甜点是不太正式、不太豪华的日常场合中最适合的组合,点菜并非由副菜开始,而是先选择自己想吃的主菜,再选择搭配的汤、开胃菜和酒。

二、用餐礼仪

(一) 刀叉礼仪

1. 正确拿法

刀子的拿法是将食指伸直按住叉子柄部的背部,也可以用拇指与食指紧紧夹住刀柄与刀刃的接合处。叉子的拿法是将食指伸直按住叉子柄部的背部(见图3-1)。如果以全部手指握住的话,在享用食物的时候可能会显得吃力,很不雅观。

图3-1　正确的刀叉拿法

2. 左叉右刀

左叉右刀是吃西餐的基本姿势,我们可能不习惯在切完食物后用左手拿叉吃,但在这种地方将叉子换到右手再进餐,也一样是不合时宜的。不过,如果副菜或甜点是可以直接用叉子叉起食用的料理,那么就没有必要刻意地使用刀子。

3. 刀叉信息

在享用西餐时,刀叉的摆放也是有含义的,您的用餐意愿均可通过刀叉的摆放来传达:

(1) 我尚未用完餐:盘子没空,如果你还想继续用餐,把刀叉分开放,大约呈三角形,那么服务员就不会把你的盘收走。如图3-2所示。

(2) 我已经用完餐:可以将刀叉交叉放在餐盘的同一侧。这时,即便你盘里还有东西,服务员也会明白你已经用完餐了,会在适当时候把盘子收走。如图3-3所示。

图3-2　刀叉摆放成八字,这表示宾客尚未吃完。

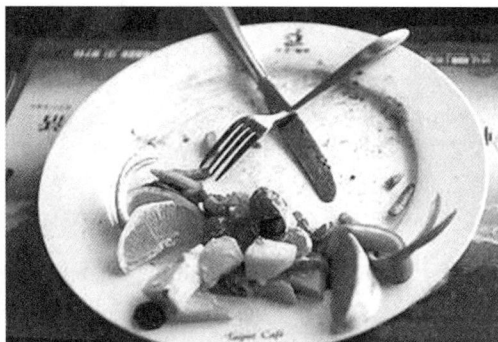

图3-3　刀叉交叉,则表示用餐完毕。

（二）使用餐巾礼仪

1. 正确使用餐巾的方法。

（1）在点完餐点，第一道菜尚未被端上桌之前，先将餐巾展开。在餐厅，通常是在点完料理后才将餐巾打开。在决定点餐之前，只点了开胃酒，由于没必要担心会滴到衣服上，所以一开始就将餐巾打开是违反餐桌礼仪的。

（2）餐巾对折后放于膝盖上，餐巾折痕对着自己，开边朝外。如图 3-4 和图 3-5 所示。

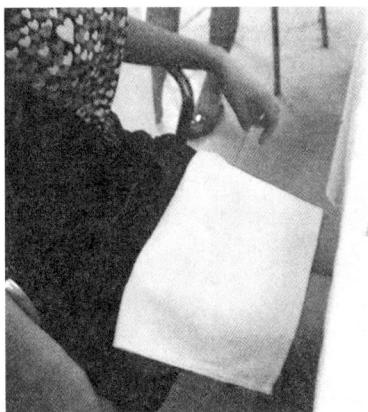

图 3-4　正确使用餐巾(1)

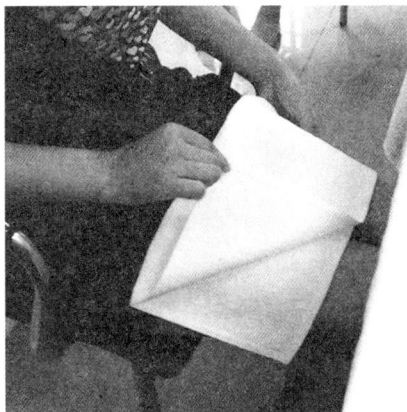

图 3-5　正确使用餐巾(2)

（3）就餐期间，除非你站起来，否则餐巾应该随时盖在你的膝盖上，如果暂时离开座位，你可以将餐巾折叠一下放在椅子上或椅背上。用餐完毕，只需将餐巾折好放在桌上即可。

2. 使用餐巾的错误做法。

（1）不要用餐巾擦口红。

（2）不要将餐巾别在领口上、皮带上或夹在衬衣的扣子上。如图 3-6 所示。

（3）餐巾不经对折，平铺于膝上是不规范的。如图 3-7 所示。

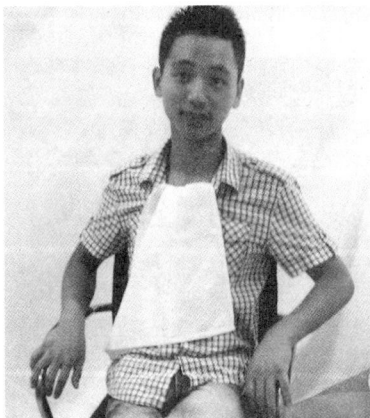

图 3-6　错误使用餐巾(1)

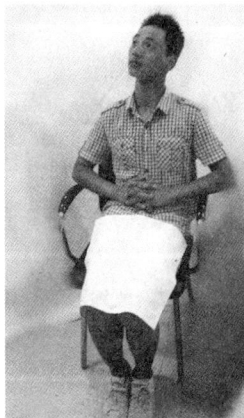

图 3-7　错误使用餐巾(2)

（三）喝汤礼仪

喝汤时，以握笔杆的姿势握持汤匙柄会让你看起来更优雅得体。可先以左手拇指指尖接触汤盘的边缘，再将食指与中指伸入汤盘的下方托住，再由内往外舀起汤送入口中。喝完汤后去舔汤匙的动作绝对难登大雅之堂。把汤匙直接放在汤盘内或放在汤盘下的餐盘内都是可以的，但要注意凹面朝上。千万不要把汤匙放在桌布上，这样会把桌布弄脏。如果汤只剩下一点点，可以将盘子稍微倾斜，用汤匙轻轻地舀起来喝，但要注意不要让汤匙刮到盘底而发出声音。

图 3-8 得体享用面包的方式

（四）享用面包礼仪

（1）食用时可用左手拿面包，再用右手把面包撕成小块享用。如图 3-8 所示。

（2）面包切忌直接整个拿起来吃。如图 3-9 所示。

（3）面包切忌用刀子切割。如图 3-10 所示。

（4）小的三明治和烤面包是用手拿着吃的，大点的吃前先切开。配卤汁吃的热三明治需要用刀和叉。

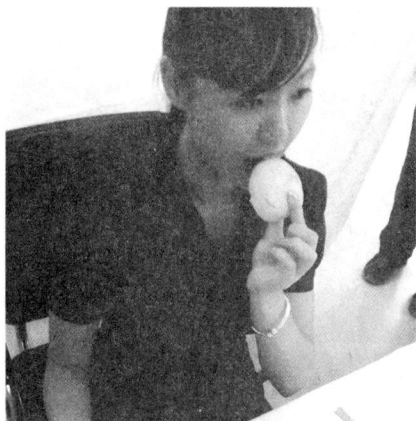

图 3-9 忌直接整个拿起吃

图 3-10 忌用刀子切割

（五）享用牛排礼仪

点牛排时，服务员会询问你要的烧烤程度，你可以依自己的喜好选七八成熟或是三五成熟的。若酱汁未事先淋上，可以自行动手依喜好添加。倒酱汁时，请将酱汁壶靠近盘子，以不滴出来为准，并用汤匙将酱汁淋在牛排的上方。

1. 切取牛排的正确方法

放松肩膀，用叉子把肉叉到底，刀紧贴着叉背切下去。肉要从左边切起，切的大小以一口为宜，吃一口切一口，不宜切大块拿起来一口一口吃。如图 3-11 和图 3-12 所示。

图 3-11　正确切取牛排方法(1)

图 3-12　正确切取牛排方法(2)

2. 切牛排的不恰当方法

（1）如果未沿着叉背下刀,切取牛肉会很吃力。图 3-14 所示。

（2）从右面开始切,且肩膀过度紧张,都是错误的。如图 3-13 所示。

（3）从牛排的中间下刀也是不合礼仪的。

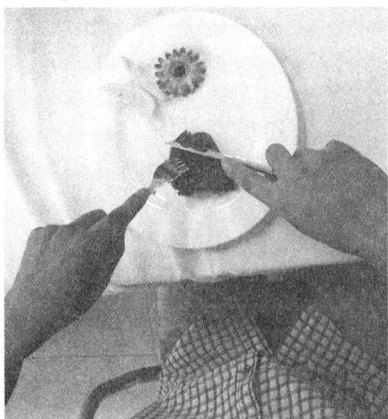

图 3-13　不恰当切牛排方法(1)

图 3-14　不恰当切牛排方法(2)

（六）享用沙拉礼仪

（1）如果沙拉是一大盘端上来,就使用沙拉叉。如果和主菜放在一起则要使用主菜叉来吃。

（2）如果沙拉配有沙拉酱,可以先把沙拉酱浇在一部分沙拉上,吃完这部分后再加酱。直到加到碗底的生菜叶部分,这样浇汁就容易了。

（3）沙拉习惯的吃法应该是:将大片的生菜叶用叉子切成小块,如果不好切可以刀叉并用。一次只切一块,吃完再切。

（七）享用水果礼仪

（1）吃水果时如果水果是大块的,一口吃不完,那可用刀切成一口可食用的大小,然后叉起来一小块一小块地放入口中。如图 3-15 所示。

（2）将大块的水果直接拿起一口一口地放入口中是不雅观的。如图 3-16 所示。

图 3-15　得体享用水果方法

图 3-16　不雅享用水果方法

（八）享用咖啡礼仪

（1）咖啡要趁热喝（冷饮除外），如果太热，可以用咖啡勺轻轻搅拌或等其自然凉再饮用。

（2）饮用咖啡时可以不加糖、牛奶或咖啡伴侣，直接饮用。如果加糖和牛奶，应先加糖再加牛奶，糖可以缓和咖啡的苦味，牛奶可缓和咖啡的酸味，能使咖啡更香醇。

（3）咖啡勺是专门用来搅拌咖啡的，饮用时应把它取出来，用咖啡勺舀着咖啡一勺一勺喝是不合乎礼仪的。

（4）饮用咖啡时，应用右手持咖啡杯柄，也可以用左手持咖啡杯盘，右手持杯柄。

三、西餐用餐礼仪小细节

（1）忌交换菜盘来吃。在正式场合与他人交换菜盘来吃，是一大禁忌。如果想吃对方的菜，可以叫服务员拿来预备盘，盛在里面交换菜肴。

（2）用餐时手肘撑在桌面上是不雅观的。如图 3-17 所示。

（3）在交谈中躺靠在椅背上不太符合礼仪。如图 3-18 所示。

图 3-17　不雅用餐姿势

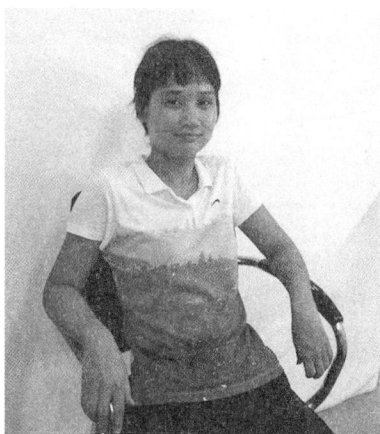

图 3-18　不符合礼仪交谈姿势

（4）忌边喝汤边吃面包。点全餐时,喝完汤才能吃面包,不要因为面包已经端来,就边喝汤边吃面包。

（5）忌把提包放在桌上。即使是小型提包,放在桌上也是失礼的,应该放在背和椅背之间或脚边。

（6）在递送刀叉时,刀刃最好朝向自己,而且要双手奉上(如图3-19所示)。用尖锐面朝向对方是有失礼仪的(如图3-20所示)

（7）忌大声叫服务员。一流餐厅的服务人员会时常留意客人的举动,因此不必大声叫服务员。只要轻轻举起一只手,就会有服务员过来。

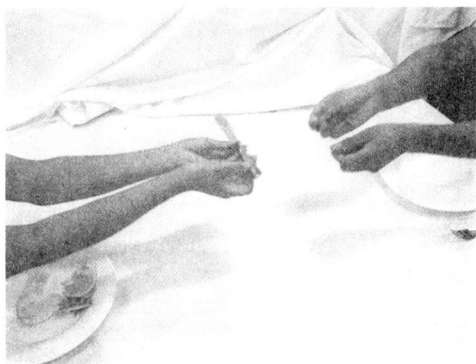

图3-19　正确的递送刀叉姿势　　　　图3-20　错误的递送刀叉姿势

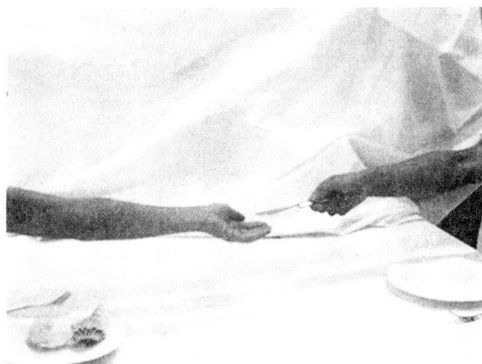

（8）忌在用餐时吸烟。在用餐席上吸烟是禁忌。如果想吸烟,就等吃完再吸,但不要忘记向周围的人打声招呼。

（9）刀叉掉在地上。刀叉掉在地上不算出丑,但是自己弯下腰去捡就很不适合了,最好请服务员过来帮你捡起。

四、结账礼仪

用餐完毕后,一般约会由男士来结账,即使这次是由女士请客,或大家AA消费,女士也应将钱交给男士,由男士来结账。这样的结账礼仪不仅给你的同伴而且也会给服务人员留下好的印象。

西餐不仅仅是美食,而且会让淑女更加优雅,让男士更加绅士,不管是西餐服务礼仪也好,还是享用西餐礼仪也好,这是在享受一种优雅的生活,一种快乐的生活。

【思考题】

（1）在服务工作中,站姿有几种姿势?

（2）头发的基本要求。

（3）微笑的礼仪要领。

（4）鞠躬礼的注意事项。

（5）西餐服务礼仪的基本要求。

（6）怎样享用牛排？

【案例分析题】

被拒绝的生日蛋糕

有一位先生为一位外国朋友订做生日蛋糕。他来到一家酒店的餐厅，对服务小姐说："小姐，您好，我要为我的一位外国朋友订一份生日蛋糕，同时打一份贺卡，你看可以吗？"小姐接过订单一看，忙说："对不起，请问先生，您的朋友是小姐还是太太？"这位先生也不清楚这位外国朋友结婚没有，从来没有打听过，他为难地抓了抓后脑勺想了想说："小姐？太太？一大把岁数了，太太。"生日蛋糕做好后，服务员小姐按地址到酒店客房送生日蛋糕，敲门，一女子开门，服务员小姐有礼貌地说："请问，您是怀特太太吗？"女子愣了愣，不高兴地说："错了！"服务员小姐丈二和尚摸不着头脑，抬头看看门牌号，再回去打个电话问那位先生，没错，房间号码没错。再敲一遍，开门，"没错，怀特太太，这是您的蛋糕。"那女子大声说："告诉你错了，这里只有怀特小姐，没有怀特太太。"啪一声，门被大力关上，蛋糕掉地。

问题：为什么案例中的客人如此生气？在服务过程中我们应注意哪些问题？

【实训项目】

实训项目名称	西餐服务项目礼仪
实训时间	2课时
实训目的	通过实训，使学生掌握西餐电话预定礼仪、西餐迎宾礼仪、结账礼仪及送客礼仪
实训方法	分组角色模拟训练
实训内容	西餐电话预定礼仪、西餐迎宾礼仪、结账礼仪及送客礼仪

项目四　西餐服务基本技能

📖 学习目标

● 能力目标

　　（1）具备餐巾折花的基本技能；

　　（2）能熟练运用各种餐具用品进行西餐摆台；

　　（3）具备各类酒水的斟倒技能。

● 知识要点

　　（1）餐巾花的种类和特点；

　　（2）餐巾折花的基本技法和要领；

　　（3）西餐餐具用品的基本用法；

　　（4）西餐摆台的方法；

　　（5）西餐斟酒服务的内容。

【案例导入】

　　2001年6月，上海浦东某外方管理的大酒店内，中国与中亚五国多边签字仪式结束。六国首脑手握装满香槟酒的商用香槟杯相互碰杯祝贺，细心的电视观众会发现，他们碰杯时动作显得有些拘谨，杯与杯相接触时，首脑们显得格外小心翼翼。

　　试分析这是为什么？如果您是这场宴会的主管，该怎么做？

任务一　餐巾折花

　　餐巾，又称口布，英文"Napkin"，是用餐时餐厅供给客人擦嘴及防止汤汁溅在衣服上的保洁方巾。摆台时，餐巾最早是叠成方形，平放在宾客的盘中，以后渐渐发展为折叠成各种形状放在水杯处或装饰盘中，供宾客餐前欣赏。餐巾不仅实用，其绚丽的色彩、逼真的造型起着衬托用餐环境、增加用餐气氛的作用，已经成为宴会桌面综合艺术的一部分。

一、餐巾的种类及特点

（一）全棉和棉麻混纺的正餐餐巾

全棉和棉麻混纺的正餐餐巾吸水性强、触感好、色彩丰富，但易褪色，不够挺括，每次洗涤需上浆，平均寿命 4～6 个月。其规格为 50～65cm 边长的正方形。

（二）化纤餐巾

一般化纤餐巾价格适中，其薄型餐巾边长规格一般只有 35cm。

（三）维萨餐巾

维萨餐巾的特点是色彩鲜艳丰富、挺括、方便洗涤、不褪色并且经久耐用，可用 2～3 年，但吸水性差，价格较高。

（四）纸质餐巾

纸质餐巾的特点是一次性使用，规格为 35cm 边长的正方形，成本较低，一般用在快餐厅和团队餐厅。规格为 50～60cm 边长的正方形纸质餐巾可以代替全棉或化纤餐巾使用，但价格稍高。

二、餐巾折花的作用

（一）宾客就餐时的一种保洁用品

餐巾是宾客在用餐时用来擦嘴，或插在衣襟上、摊在腿膝上，避免汤汁、油污及酒水滴洒沾污衣服。

（二）烘托餐台布置气氛

将餐巾折叠成各种不同的餐巾花型，不仅能美化餐台，还能渲染与烘托宴席的气氛，使宾客充分得到精神上的享受。

（三）标出同一餐桌上宾主的席位

运用不同餐巾花型的摆放可以标出同一餐桌上宾主的席位。在折叠餐巾花时选择好主人、主宾的花型，主人、副主人的花型应高于其他宾客的花型的高度。

三、餐巾花的种类及特点

（一）按造型外观分类

按造型分类，可分为动物类、植物类和其他类。

（1）动物类造型。包括鱼虫鸟兽造型，如鸽子、海鸥、金鱼、蝴蝶、孔雀和燕子等，有的取其特征，形态逼真，生动活泼。

（2）植物类造型。包括各种花草和果实造型，如月季、荷花、水仙花、竹笋和玉米等。其造型美观，变化多。

（3）其他类造型。包括模仿自然界和日常生活中的各种形态的实物造型,如挪威冰川、折扇、水晶鞋、和服、花篮等。

（二）按折叠方法与放置用具的不同分类

（1）杯花。将折好的餐巾插入饮料杯或葡萄酒杯中,特点是立体感强、造型逼真,但常用推折、捏和卷等复杂手法,容易污染杯具,不易提前折叠储存,从杯中取出后即散形,并且褶皱感强。

（2）盘花。将折叠花的餐巾花直接放在餐盘中或台面上,特点是卫生简捷,可以提前折叠便于储存,打开后平整,目前被中西餐厅广泛使用。

（3）环花。将餐巾平整卷好或折叠成造型,套在餐巾环内。餐巾环也称为餐巾扣。有瓷制、银制、象牙、塑料、骨制的等。此外餐巾环也可以用色彩鲜明、对比感较强的丝带或丝穗带代替,将餐巾卷成造型,中央系成蝴蝶结状,然后配以鲜花;餐巾环花通常放置在装饰盘或餐盘上,特点是传统、简洁和雅致。

西餐厅一般以简洁的盘花或餐巾环花为主。将餐巾花摆放在展示盘上,通常会使用白色餐巾来摆设。将餐巾折叠出特别造型或花样,可为餐桌摆设增添色彩,是增加立体美感的一种有效方法。在摆放餐巾时,不要弄乱其他已经摆放好的餐具。

需要注意的是,如果有用左手进餐的客人,餐具位置应全部调换方向,从中体现对这些客人的尊重和关心。总而言之,摆设的规定应以桌上整体的和谐与舒适为宗旨,不应让客人有不悦之感。

四、餐巾折花的基本技法和要领

餐巾折花的基本技法包括折叠、推折、卷、翻拉、捏、穿六大部分,下面予以一一介绍。

（一）折叠

折叠是最基本的餐巾折花手法,几乎所有折花都会用到。如将餐巾一折二、二折四等,折叠时要看准折缝和角度,一次折成,避免反复而影响造型挺括美观。

（二）推折

推折是打折时应用的一种手法。推折时应在干净光滑的台面或干净托盘上,折时拇指、食指紧握折叠处向前推,用中指控制间距,不能向后拉折,一般应从中间分别向两边推折。推折分为直推和斜推,直褶的两头大小一样、平行,用直推法即可;斜褶一头大一头小,形似扇状,推折时用斜面推折。斜面推折时,用一手固定所折餐巾的中点不动,另一手按直推法围绕中心点沿圆弧形推折,其指法基本与直推相同。

（三）卷

卷是将餐巾卷成圆筒形并制出各种花型的指法,分为平行卷（直卷）和斜角卷（螺旋卷）两种。平行卷要求两手用力均匀,同时平行卷动,餐巾两头形状一样。斜角卷要求两手能按所卷角度的大小,互相配合卷。

（四）翻拉

翻拉是在折制的过程中,将餐巾折、卷后的部位翻或拉成所需花样,如将餐巾的巾角从下端翻拉至上端、前面向后面翻拉等。

（五）捏

捏主要是做鸟或其他动物的头时所使用的方法。要求用拇指和食指将餐巾巾角的上端拉挺做头颈,然后用食指将尖端向里压下,再用中指与拇指将压下的巾角捏紧成造型。

（六）穿

穿是指用工具从餐巾的夹层折缝中边穿边收,形成皱褶,使造型更加逼真美观的一种方法。穿时左手握住折好的餐巾;右手拿筷子,将筷子的一头穿进餐巾的夹层折缝中;另一头顶在自己身上,然后用右手的拇指和食指将筷子上的餐巾一点一点往里拉,直到把筷子穿过去。皱褶要求拉得均匀,穿好后,要先将折花插进杯子,再把筷子抽掉,否则皱褶易松散。

五、餐巾折花的基本要求及摆放

（一）基本要求

（1）操作前要洗手消毒,在干净卫生的托盘或餐盘中操作。

（2）操作时不允许用嘴叼、口咬。

（3）折叠尽量简便,减少反复折叠的次数。

（4）餐巾花造型要与气氛和谐,尽量多用盘花。

（二）餐巾折花的摆放

餐巾是餐桌上的普通用品,餐巾折花则是一项艺术创作,它可以烘托宴会的气氛,增添宴会艺术效果,因此餐厅服务员要掌握餐巾折花摆放的基本要求。

餐巾折花在台面上具有抽象性和形象性,要每个花型都发挥其作用,餐厅服务员就要了解每个花型的最佳观赏位置,在摆放时应注意以下几点:

（1）主花摆插在主人位,突出主人座位,和其他餐巾花一起要高低均匀,错落有致。

（2）一般的餐巾花则摆插在其他宾客席上。

（3）不同品种的花型同桌摆放时要位置适当,将形成相似的花型错开并对称摆放。

（4）摆插餐巾花时,要将其观赏面朝向宾客席位,适合正面观赏的,要将头部朝向宾客,如孔雀开屏、和平鸽等花型。适合侧面观赏的,要选择一个最佳观赏角度摆放。

（5）各种餐巾之间的距离要均匀,整齐一致。

（6）餐巾花不能遮挡台上用品,不要影响服务操作。

（7）插摆好餐巾花后,要仔细检查一遍,发现问题及时给予纠正。

六、餐巾折花的运用原则

（1）根据宴会的性质来选择花型。如以欢迎答谢表示友好为目的的宴会餐巾花可设计成友谊花篮及和平鸽等。

（2）根据宴会的规模来选择花型。一般大型宴会可选用简单、快捷、挺拔、美观的花型。小型宴会可以同一桌上使用各种不同的花型，形成既多样、又协调的布局。

（3）根据花式冷拼选用与之相配的花型。

（4）根据时令季节选择花型。用台面上的花型反映季节特色，使之富有时令感。

（5）根据客人身份、宗教信仰、风俗习惯和爱好来选择花型。

（6）根据宾主席位的安排来选择花型。宴会主人座位上餐巾花称为主花，主花要选择美观而醒目的花型，其目的是使宴会的主位更加突出。

七、餐巾折花发展新趋势

（一）线条简洁明快挺括

因为这类花型折叠所需要的时间短，速度快，而且这种花型散开后，餐巾褶皱少，实用方便。

（二）趋向盘花

因为杯花是用手将花插入杯中，所以折花之前手要严格消毒。用盘花可减少手握杯的环节，满足宾客清洁卫生的心理。因此，逐渐向盘花方向发展。

知·识·链·接·

餐巾的由来

餐巾的使用源于古代的那些富人，他们用昂贵的亚麻或丝绸褶皱幔子布置他们餐厅的餐桌，那时的餐桌又长大窄，餐布一般都是长方形的，为使餐桌更具有吸引力，餐布通常沿着桌子的对角铺放，布角沿着桌边在每位客人的面前垂下，当时，人们的用餐习惯和文明程度与现在大不相同，用餐的时候，用自己的衣服擦手，把食物减到衣服上，也是司空见惯的事。后来，人们发现在亚麻布上擦手很方便，因此这种布料很适合铺在桌面上。人们后来把餐巾的一角塞进自己的衣领内，以防止食物减到自己的衣服上。女主人们开始让侍者把餐巾做得与台布相一致，餐巾就是这样发明的。现在的餐馆更是把餐巾折叠成各种漂亮的花型，来美化餐桌，增添用餐的气氛。

任务二　西餐摆台

摆台,主要是指餐桌席位的安排和台面的摆设。服务员摆出一桌造型美观的台面,不仅能为客人提供一个舒适的就餐环境和一套整洁的就餐用具,而且还可以为其带来赏心悦目的艺术享受。摆台,出自法语词 Convert,是指桌子上用来进餐的所有物品,具体来讲就是指餐具、杯、餐巾、垫盘,其他辅助餐具也可算在内。

一、餐具用品的简介

"工欲善其事,必先利其器",服务员要想做好每日的服务工作,就必须对自己每天所接触的东西了如指掌。西餐餐具品种繁多,主要分为金属餐具、玻璃类餐具、瓷器类餐具和其他用具等。每种餐具用途各异,下面就各种餐具作简要介绍。

（一）金属餐具

金属餐具种类繁多。根据材料质地,主要有银和不锈钢之分。银器又分为纯银和镀银,常用于高档的西餐厅,如刀、叉、匙、咖啡壶、冰桶、烛台等;纯银和镀银餐具的特点是美观、气派,但支出费用高,且需要定期抛光和妥善保管。

不锈钢餐具分普通不锈钢和改良成玻璃镜面的不锈钢,后者光洁明亮且平滑,效果与银器一样,价格却比银器便宜很多,而且不留任何指纹,更能防划,并且不会生锈。有些餐厅根据自己的特点选择用不锈钢餐具代替银质金属餐具。

1. 西餐厅常见的金属餐具

（1）正餐刀:又称主菜刀,配合正餐叉一起使用,用于食用主菜时切割菜肴。

（2）沙拉刀:食用开胃菜、沙拉、甜点、水果时使用,配合小叉使用。

（3）牛排刀:比餐刀锋利,有明显的锯齿状刀刃,主要作为切割牛肉之用。

（4）黄油刀:用于吃面包时涂抹黄油、果酱。

（5）起司刀/干酪刀:切起司(干酪)用。

（6）正餐叉:配合正餐刀一起使用,主要用于食用主菜。

（7）沙拉叉:又称小餐叉或沙拉叉,食用开胃菜、沙拉、甜点、水果时使用,配合沙拉刀用,也作儿童用餐叉。

（8）点心叉:也称作中叉,食和甜点、水果。

（9）鱼叉:比正餐叉稍小,叉齿薄而尖,与鱼刀共同使用,食用鱼、海鲜等。

（10）服务叉:又称派餐叉、分菜叉。与服务匙搭配使用,用于桌边分菜服务。

（11）切肉叉:叉取现场切割的肉类,与切肉刀搭配使用。

（12）田螺叉/蜗牛叉：作挑出蜗牛肉、田螺肉用，与蜗牛夹、田螺夹搭配使用。

（13）龙虾叉：挑出龙虾肉或螃蟹肉之用，与龙虾钳搭配使用。

（14）生蚝叉：吃生蚝时用的辅助工具。

（15）圆汤匙：食用浓汤类使用。

（16）大餐匙：食用清汤类，可当服务匙用。

（17）小圆汤匙：食用汤类使用。

（18）汤勺：在边桌服务时舀汤专用。

（19）服务匙：又称派餐匙、分菜匙，与服务叉搭配使用，用于桌边分菜服务。

（20）点心匙：食用甜点或面食类。

（21）茶/咖啡匙：搅拌茶、咖啡及杯装甜点，与糖匙搭配使用。

（22）冰淇淋匙：前端平齐的小勺，吃冰淇淋的专用匙。

（23）长匙：又称冰茶匙，搅拌冰茶、冰咖啡或取食冰淇淋之用。

（24）小咖啡匙：用于搅拌浓缩咖啡。

（25）酱料匙：用于舀取调味佐酱。

（26）鸡尾酒勺/宾治勺：舀取鸡尾酒之用。

（27）田螺夹/蜗牛夹：固定蜗牛壳、田螺壳，与蜗牛叉、田螺叉搭配使用。

（28）甜点夹：用于夹取甜点。

（29）冰夹：用于夹取冰块。

（30）龙虾钳：压碎龙虾壳或螃蟹壳之用，与龙虾叉搭配使用。

（31）蛋糕铲：铲取蛋糕、派之用。

2. 西餐厅常见的金属服务用具及用途

（1）冰水壶：装冰水用。

（2）咖啡壶：装咖啡用。

（3）茶壶：装茶水用。

（4）奶盅：装鲜奶用。

（5）糖盅：装食糖用。

（6）鸡尾酒缸/宾治盆：装调配的混合酒用。

（7）冰桶：装冰块用。

（8）冰酒桶架：放冰酒桶用。

（9）冰酒桶：用于冰镇须保持低温饮用的葡萄酒。

（10）酒篮/酒架：用于摆放及服务葡萄酒。

（11）托盘：用来盛装各式甜点、蛋糕及水果。

（12）胡椒研磨器：将胡椒粒研磨成细小的颗粒，以供调味食用。

（13）温杯架：用于爱尔兰咖啡或白兰地杯温杯。

（14）烛台：用于插放蜡烛，以增进用餐气氛。

（15）蛋糕架：自助餐或酒会中，放置蛋糕、甜点用。

（16）面包屑斗：刮除餐桌上的面包屑或残渣用。

（17）保温锅：摆放及展示需加热保温的各类热食菜肴用。

（18）保温电盘：利用通电加热的电盘，保温盛装热食的餐盘之用。

（19）调味汁盅：用于盛放沙拉酱汁等。

（20）摇酒器：是调制各式鸡尾酒的调酒器皿。

（二）玻璃器皿

常用的玻璃器皿以用途各异的酒杯居多，其特点是晶莹剔透，美观且价格便宜，但是长期使用易造成杯身磨损，失去明亮光泽。

西餐厅使用的玻璃器皿主要有。

（1）水杯：用于盛装饮用水。杯口及容量都属特大号，所以常被称为大肚杯，在西餐场合常与红酒杯款式相同。

（2）红葡萄酒杯：用于盛装红葡萄酒和用红葡萄酒制成的鸡尾酒。高脚杯形状，既可避免手的温度接触杯身影响酒的品质，又便于品酒时进行嗅觉及视觉的鉴赏。

（3）白葡萄酒杯：高脚杯，杯身细而长，用于盛装白葡萄酒、玫瑰红葡萄酒和白葡萄酒制成的鸡尾酒。

（4）香槟酒杯：用于盛装香槟酒、葡萄汽酒和香槟配制的鸡尾酒。香槟酒杯有三种形状，即碟形（Saucer）、笛形（Flute）和郁金香莆（Tulip）。

（5）雪莉酒杯/波特酒杯：是容量较小的高脚杯，杯身细而窄，有时呈圆锥形。

（6）威士忌酒杯：还称为吉格杯（Jigger），杯口宽，它不仅盛装威士忌酒，还作为烈性酒的纯饮杯。

（7）白兰地酒杯：是专业销售白兰地的杯子。它是高脚杯，杯身较大，杯口较小，利于集中白兰地的香气，使饮酒人更好地欣赏酒中香气。白兰地杯还称为干邑杯（Cognac）和嗅杯（Snifter）。欧美人在饮用前，习惯用鼻子嗅一嗅，欣赏酒中香气。

（8）鸡尾酒杯：用于盛装鸡尾酒，具有多种造型，可以多变的鸡尾酒调酒艺术相配合，既美观又吸引人。

（9）利口酒杯：也称甜酒杯和考地亚杯（Cordial），是小型的高脚杯或平底杯。

（10）果汁杯：是平底玻璃杯，与海波杯形状相同。用于盛装各式果汁、冰红茶、可乐、汽水等清凉饮料。

（11）热饮杯：盛装热饮饮料的杯子，带柄，有平底和高脚两种形状。

（12）海波杯：用于盛装各类碳酸饮料及鸡尾酒。海波是英语"High-ball"的音译，海波杯还常被称作高球杯。

（13）啤酒杯：用于盛装啤酒。它主要有两种类型，平底玻璃杯和带脚的杯子。目前啤酒杯的造型和名称越来越多。

（14）古典酒杯：也称作洛各杯（Rocks）或老式杯（Old-Fashioned）。杯身宽而短，杯口大，在盛装加冰块的威士忌酒或特殊鸡尾酒时使用。

（15）酸酒杯：用于调制鸡尾酒时盛装用。

（16）爱尔兰咖啡杯：是调制爱尔兰咖啡的专用杯。从下至上第一道线内是爱尔兰威士忌，第二道线内为热咖啡，第二道线上倒入鲜奶油。

（17）马克杯：用于盛装生啤酒。

（三）瓷器餐具

瓷器的种类繁多，大致可分为一般瓷器、强化瓷和骨瓷三类。西餐厅使用的瓷器主要有。

（1）展示盘：可作摆设餐巾或展示用，不可用于盛菜。若是较大型盘子，则用来做服务盘或底盘使用。

（2）主菜盘：用于盛放主菜，有时椭圆盘代替圆盘。

（3）开胃菜盘：盛放开胃菜用，同时也适用盛装沙拉、点心、乳酪、水果。

（4）面包盘：盛装面包、奶油、果酱、小面包卷、乳酪、水果和蛋糕。

（5）汤盆：用于盛放浓汤及流汁食物。

（6）汤盅：用于盛放冷汤和或麦片粥，也可用于热汤。

（7）甜品盘：用于盛放各种甜品糕点、水果、奶酪，或作为儿童用餐盘。

（8）汤碗：盛放奶油浓汤、燕麦、粥盅、早晚谷类及意大利面用。

（9）黄油碟：用于盛放黄油。

（10）咖啡杯及咖啡碟：服务咖啡时与咖啡匙配套使用。

（11）小型咖啡杯及垫碟：装不加糖的咖啡、土耳其咖啡及意式浓缩咖啡用。

（12）茶杯及垫碟：装茶用，通常比咖啡杯尺寸大。

（13）咖啡壶：盛装咖啡用。另有可娜壶、摩卡壶均可盛装咖啡。

（14）茶壶：装茶用，其中红茶、特调茶、茶果茶使用较多。

（15）布丁盅：用来盛装烘烤的蛋类、布丁及蛋奶酥。

（16）奶盅：盛装蛋奶或鲜奶的用具。

（17）蛋盅：用于盛装白煮蛋用。

（18）糖罐：装砂糖或糖包用，有白糖、黄糖和袋糖。

（19）胡椒瓶和盐瓶：装胡椒、盐用，通常为调味瓶组。盐瓶上有一个或三个小孔，胡椒瓶上有三个或更多孔，以便将胡椒均匀撒在菜肴上。

（20）餐巾环：呈环状，套住已卷成圆筒形的餐巾。

（21）烟灰缸：盛放烟灰及烟蒂用。

（22）花瓶：插花用，以增加美观及用餐气氛。

（四）其他用品

西餐厅常见的其他用品有：

（1）服务手推车：用于菜肴分派、传送菜肴、餐具等。

（2）客前烹制车：又称"燃焰车"，常用液化气作燃料，用于客前燃焰和烹制表演。

（3）切割车：又称"肉车"，常用于自助餐服务，保温和切割大块肉制品使用。

（4）沙拉车：用于摆放供客人选择的各种沙拉。

（5）甜品车：用于展示各种蛋糕、甜食。

（6）餐后酒车：用于陈列和销售各种餐后甜酒和白兰地等，备有相应的酒杯和冰块等。相当于餐厅的流动酒吧。

（7）各种布巾：主要是台布、餐巾、装饰布和桌裙等。

二、西餐摆台

西餐摆台分为便餐摆台和宴会摆台两种。这两种摆台的程序和方法大致相同，其基本要领是：餐盘摆在席位正中，左叉右刀，叉齿朝上，刀口朝盘，各种餐具横竖成一直线，餐具与菜肴配套。摆台要求做到清洁卫生、整齐有序、各就各位、放置得当、方便就餐、配套齐全。在西餐厅中，一般使用正方形或长方形餐台，根据需要，也可以是由它们拼成的各式大型餐台。

（一）西餐便餐摆台

便餐包括集体用餐和个人用具。一般用长台、方台或圆台。吃什么菜摆什么餐具，喝什么饮料摆什么饮具。座位一般无主次之分。

便餐摆台分为早餐摆台和午、晚餐摆台。其做法如下。

1. 铺台布

铺台布前，先在餐台上铺一块用毛毡或泡沫做的台垫，以避免餐具与台面碰撞，再在台垫上铺台布，台布的中线折缝与餐台中线吻合，四周下垂均匀。

2. 摆餐具

（1）早餐摆台。西餐早餐有美式早餐及欧陆式早餐，摆台一般都是前一天晚上布置好的，摆台方法略有差异，要求餐具清洁，无指纹，无污痕，如图 4-1 所示。

①摆餐盘（直径为 24cm）：餐盘摆在席位正中，对准椅子中线，盘边距桌边 1cm，折好的餐巾花摆在餐盘上。

②摆餐刀、餐叉、汤匙：餐盘右侧依次摆餐刀、汤匙，刀口朝盘，匙口朝上。餐盘左侧摆

餐叉,叉齿朝上。刀叉距餐盘 1cm,刀、叉、匙后端距桌边 1cm。

③摆面包盘(直径为 15cm)、黄油刀:面包盘摆在餐叉左侧,距餐叉和桌边各 1cm。黄油刀刀口朝盘心,竖放在面包盘右侧。

④摆水杯:餐刀前方摆水杯,距刀尖 3cm。

⑤摆咖啡杯具:咖啡碟摆在汤匙右侧,咖啡碟上摆咖啡杯和咖啡匙,杯把、匙把朝右。

⑥其他:调味盅、牙签筒、烟灰缸等摆在餐台靠中心的位置上。

1. 面包碟　2. 黄油刀　3. 黄油碟　4. 沙拉叉　5. 鱼叉　6. 主餐叉
7. 展示盘　8. 餐巾　9. 主餐刀　10. 鱼刀　11. 汤勺　12. 沙拉刀
13. 白酒杯　14. 红酒杯　15. 水杯　16. 甜品勺　17. 甜品叉

图 4－1　西餐厅摆台

(2)午、晚餐摆台。西餐午餐和晚餐的摆台方法一样。

①摆餐盘:餐盘摆在席位正中,对准椅子中线,盘边距桌边 1.5cm。

②摆餐刀、餐叉、汤匙:从餐盘右侧由里向外依次摆餐刀、汤匙,刀口朝盘,匙口朝上。在餐盘左侧摆餐叉,叉齿朝上。

③摆面包盘、黄油刀:面包盘摆的餐叉左侧,黄油刀竖放在面包盘上右侧。

④摆茶匙、甜点叉:餐盘正上方平行横行茶匙和甜点叉。茶匙把朝右,叉把朝左。

⑤摆水杯:餐刀正上方 3cm 处摆水杯。

⑥摆餐巾:餐巾叠好后放在餐盘中。

⑦摆胡椒盅、盐盅、烟灰缸:烟灰缸放在茶匙上方,胡椒盅、盐盅放在烟灰缸左侧。

(二)西餐宴会摆台

西餐宴会一般使用长台,台型设计要根据厅堂大小、形状和参加宴会的人数来进行。一般摆成一字形、T 字形、口字形、TT 字形、山字形等。不论何种台形都要求餐台两边椅子对称,椅间距离不少于 20cm,出入方便,既整齐、美观、大方,又突出主宾台。

1. 座次安排

确定台型后,要按就餐人数安排座位。主人的座位应正对厅堂入口处,其视线能纵观全厅。

一盘家庭式西餐宴会习惯是:长台的两端分别为主要座位和女主人或副主人座位。长台两边按顺序交叉安排其他客人。

一些国家和地区,特别是在较为正式的宴会,更喜欢将主人和副主人安排在长台中央位置相对而坐。其余客人按重要次序交叉安排在长台两边。

2. 铺台布

宴会长方台的台布需用数张台布拼铺而成,铺时一般由两人一组合作进行,顺序是从餐厅由里往外进行,要让每张台布的接缝朝里,避免步入餐厅的客人看见。铺好的台布中线相连,成一条直线。台布下垂部分的四边平行相等,下沿长度以接触到餐椅边沿为准。

3. 摆台程序和要领

西餐宴会的餐具是按照菜单摆放的,品种较多,一般摆法如图 4-2 所示。

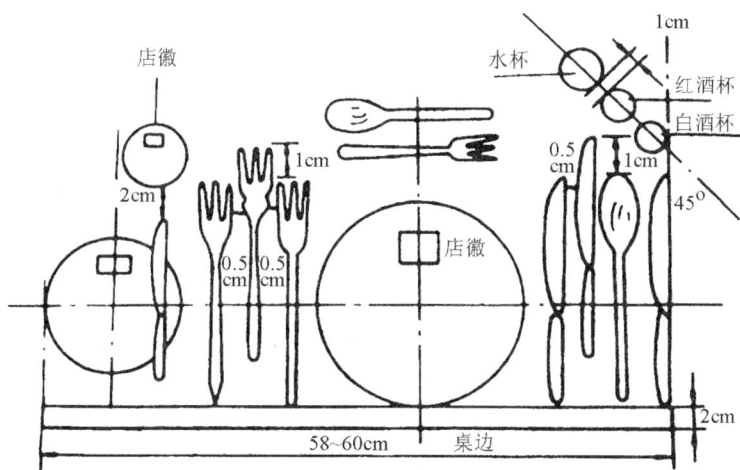

图 4-2　西餐宴会摆台平面示意

(1) 摆餐盘。从主位开始按顺时针方向依次在每个席位上摆放餐盘。盘的图案或店徽要正对餐位,盘边距桌边 2cm,盘间距离相等。

(2) 摆刀叉。在餐盘的右侧从左向右依法摆正餐刀、鱼刀、汤匙、开胃品刀,刀口朝盘,刀把距桌边 2cm。再在餐盘的左侧从右到左依次摆放正餐叉、鱼叉、开胃口叉,叉齿向上,叉把距桌边 1cm,鱼刀、鱼叉向上突出 1cm。

(3) 摆水果刀叉、点心匙。在餐盘正前方横放水果叉,叉把朝左。水果叉前方横放点心匙,匙把朝右。

(4) 摆面包盘、黄油刀和黄油盘。在席位左侧餐叉外摆面包盘。面包盘中心与餐盘中心对齐,盘边距离叉 1cm。面包盘的右方竖放黄油刀,刀口朝盘中心。黄油盘摆在面包盘右上方,距黄油刀 2cm。

(5)摆酒具。摆酒具时要拿酒具下端。杯子的大小,一般来说以水杯较大、红葡萄酒杯次之、白葡萄酒杯最小。酒具一律摆在餐刀上方位置,在餐刀尖延长线上摆放白葡萄酒杯,以白葡萄酒杯为基准,在左上方 45°的位置依次摆放红葡萄酒杯和冰水杯,三个杯子排成一行,杯身相距 1cm。此顺序可以体现出杯子的大小,西餐进餐时,一般以饮用白葡萄酒开始,一般来讲,先使用的杯子应放在右侧最外端,顾客取用酒杯及服务员服务酒水时都比较方便面,而且比较整齐美观。

(6)摆餐巾花。将叠花的盘花摆在餐盘正中。注意把不同式样、不同高度的餐巾花搭配摆放。

(7)摆放公用用具。盐瓶、胡椒瓶、牙签筒按四人一套摆放在餐台中线位置上。烟灰缸从主人右侧摆起,每两人摆一个,烟灰缺的上端与酒具平行。如图 4-3 所示。

(8)摆菜单。参加宴会人数少时,每人摆一份菜单。人数较多时,可两个席位摆一份菜单,间隔摆放,但每桌不得少于两份。

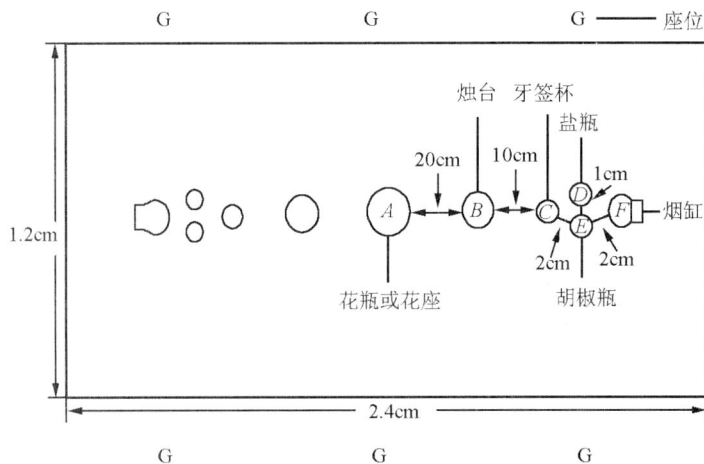

图 4-3 西餐宴会公用用具摆放示意

(9)复查摆台。摆台结束后要进行全面检查。仔细观察是否有漏项或错摆,如发现问题,应及时纠正,弥补不足。

(三)摆台注意事项

(1)摆台前要洗手。台面上摆上蜡烛台。

(2)摆放刀、叉、勺餐具时,应持柄端。

(3)摆台时,要及时检查餐、酒具,发现有不清洁或有破损的餐具要立即更换。

知·识·链·接

国际饮酒礼仪

1. 手持酒杯的姿势

在正式宴请场合,饮酒时拿酒杯的姿势非常重要。通常平底杯拿中下部,高脚杯拿杯中上部。持杯时应以手指捏着酒杯柄。千万不要用手把持高脚杯的杯子部分,这样会使酒变温热。饮纯白兰地酒时要用手掌接触杯子的底部,利用手掌温度将白兰地酒温热,使酒香味挥发出来。饮用红葡萄酒时应用手指轻轻握住杯柄,然后转动杯中的酒液,让酒与空气充分接触。如果手掌接触酒杯,手的温度反而影响葡萄酒的风味。

2. 饮酒次序

在国际宴请中,饮用两种以上相同的酒,从较低级别的酒开始。如果是饮用两种以上葡萄酒,应由味道淡的酒开始。饮用相同种类烈性酒,先由年代较近的酒开始,渐至陈年老酒。

3. 斟酒礼节

为他人倒酒时要谨慎,如葡萄酒会有沉淀物,尤其是红葡萄酒。通常红葡萄酒瓶底都有凹下的部分,使沉淀物沉于其间。斟酒时不必端起酒杯。依照餐饮礼节,服务员或他人为自己斟酒时,在没有例外的情况下,不可端起酒杯,按照国际惯例将杯子凑近对方是不礼貌的。

4. 敬酒的礼仪

按照国际大多数国家的礼仪,饮酒时只敬不干,也不拼酒,绝不斗酒。敬酒时必须由自己身边的人开始,女士优先,然后由近而远,直至敬完全桌人为止。喝酒时只以唇部碰酒杯,然后饮下少量的酒,不必大口喝,女士或有其他原因不饮酒可用饮料代替。女士除女主人外,不要主动敬酒。为了感谢主人的邀请,大家一起举杯敬酒并说一些祝贺语。如果距离较远,可以点头,用举杯方式敬酒,不可以隔桌敬酒,宴会时不要大声喧哗、划拳猜拳。

【思考题】

1. 餐巾折花运用的原则?

2. 西餐摆台的注意事项有哪些?

【案例分析题】

老张的儿子留学归国,还带了位洋媳妇回来。这位洋媳妇有一天请老张一家到当地最好的五星级饭店吃西餐。用餐开始了,老张用桌上一块"很精致的布"仔细地擦了自己的刀、叉。吃的时候,学着其他人的样子使用刀叉,既费劲又辛苦。用餐快结束了,吃饭时喝惯了汤的的老张盛了几勺精致小盆里的"汤"放到自己碗里,然后喝下。洋媳妇先一愣,紧跟着也盛着喝了。

问题:西餐餐台上的各种餐具该如何正确使用?老张的做法有哪些不妥?

【实训项目】

西餐服务基本技能实训

实训项目名称	西餐服务基本技能
实训时间	8 课时
实训目的	通过实训,使能够掌握熟练掌握餐巾折花、摆台、斟酒等基本服务技能
实训方法	先按 10 人一组由老师进行示范,然后每人分别进行实际操作
实训内容	餐巾折花、早餐摆台、午晚餐摆台、宴会摆台

项目五　西餐酒水服务

- **能力目标**
  - (1) 能够深刻辨别餐前酒、佐餐酒、甜食酒和餐后酒及其特性；
  - (2) 具备提供红葡萄酒、白葡萄酒、香槟酒、啤酒、咖啡和茶的基本服务技能。
- **知识要点**
  - (1) 西餐餐酒的种类；
  - (2) 葡萄酒的服务程序和开瓶步骤；
  - (3) 香槟酒的开瓶步骤；
  - (4) 啤酒的分类和服务方式；
  - (5) 普通咖啡服务和特种咖啡服务；
  - (6) 红茶的服务。

【案例导入】

一天晚上，几位外国客人到深圳某四星级酒店的西餐扒房点了一瓶香槟酒和牛排等食品。过了五六分钟，服务人员回来告诉客人这种香槟酒已经卖完。客人并不太介意，又点了另一种香槟酒。七八分钟过后，服务人员回来，带来了客人要的香槟酒，直接打开倒在客人的杯子里，客人看后有点不快。

问题：客人为什么感到不愉快？

任务一　西餐餐酒概述

一、餐前酒(开胃酒)

餐前酒是宴会未开始之前，客人随意选用的一些开胃酒或鸡尾酒，以增加客人的食欲。一般选择味道稍苦的酒作为餐前酒，据说这种苦味能够开胃，所以餐前酒也叫作开胃酒。

（一）味美思

味美思是最著名的餐前酒，味美思因为其原料以苦艾为主，所以又称苦艾酒。味美思是一种调味加强葡萄酒，以白葡萄酒为基酒加入苦艾、奎宁、龙胆草、大小茴香、豆蔻、肉豆蔻、丁香、肉桂、白芷、陈皮、杜松子等几种香料草药浸制而成的。酒精含量在 16%～18%。味美思按其含糖量可分为干、半干、甜三种，干味美思含糖量在 4%以下，甜味美思含糖量在 15%以上，半干味美思含糖量为 10%～15%。按色泽有红、白之分：干味美思通常为无色透明或浅黄色，较干；甜味美思呈红色或玫瑰红色，较甜。糖分越高颜色越深。最为著名的是意大利和法国的味美思。

1. 意大利味美思

意大利酒类法律条文规定，意大利味美思须以 75%以上的干白葡萄酒为原料，且基酒不应带有明显的芳香，所用的芳香植物多达 40 种，但以苦艾为主，故成品酒具有特殊的芳香，略呈苦味，故又名苦艾酒。

（1）马天尼，主要有以下三种品种：

干马天尼：酒精度为 18%，无色透明，因该酒在制作蒸馏的过程中加入了柠檬皮及新鲜的小树莓，故果香浓郁。

半干马天尼：酒精度为 16%，呈浅黄色，含有天然香草籽等香味成分。

甜马天尼：酒精度为 16%，呈红色，具有明显的当归药香，含有草药味和焦糖香。

（2）卡帕诺，酒精度为 15%～18%，分为甜型和干型两种，甜型含糖量为 18%，干型含糖量为 2%。卡帕诺是以天然芳香植物等药材原料与加强葡萄酒调制后，在 −10℃的低温条件下冷冻 10 多天后，再经过蛙藻土过滤机过滤后储存 4～5 个月制成的。

2. 法国味美思

按法国酒类法律条文规定，法国味美思须以 80%的白葡萄酒为原料，所用的芳香植物也以苦艾为主，成品酒含糖量较低，为 4%左右，呈禾秆黄色，具有老酒香，口味淡雅，苦涩味明显，更具有刺激性。

（1）香百利，主要分两种：Hambery 为红苦艾酒，芳香浓郁，酒精含量稍高，为 18%；Xtra Sec Chambery 为白苦艾酒。

（2）杜瓦尔，制作过程是将植物香料切碎后，与基酒浸泡 5～6 天，静置澄清 14 天，再加入苦杏仁壳浸泡［1∶2 食用酒精（85%）浸泡两个月而成］，用白兰地混合后装瓶。

（二）比特酒

比特酒又称苦味酒、必打土，是从古代的药酒演变而来的，具有滋补、助消化和兴奋的功效。用于配制比特酒的药材主要是带有苦味的草本植物，如阿尔卑斯草、龙胆皮、苦橘皮等，具有一定的苦涩味和药味。以葡萄酒、蒸馏酒或食用酒精为基酒。酒精含量一般在 16%～45%。世界上著名的比特酒主要产自意大利、法国、荷兰、英国、德国、美国等地。

1. 金巴利

金巴利产自意大利的米兰，著名的比特酒之一。其配料为橘皮等草药，苦味主要来自金鸡纳霜。酒精含量为26%,色泽鲜红,药香浓郁,口味略苦而可口。可加入柠檬皮和苏打水饮用,也可与意大利味美思混饮。

2. 杜本纳

杜本纳产于法国巴黎。以白葡萄酒、金鸡纳树皮(奎宁树皮)及其他草药为原料配制而成,以橡木桶陈化。酒精含量为16%,通常呈暗红色,药香明显,苦中带甜,具有独特的风格。有红白两种,以红色最为著名。美国也有杜本纳的生产。

3. 醒胃酒/安德卜格

安德卜格产自德国,酒精含量49%,呈殷红色,具有解酒的作用,这是一种用40多种药材、香料浸制而成的烈酒,在德国每天可售出100万瓶。通常采用20mL的小瓶包装。

(三)茴香酒

茴香酒是用茴香油与食用酒精或蒸馏酒配制而成的酒。茴香油中含有较多的苦艾素,通常自八角茴香或青茴香中提取,有浓郁的茴香味,饮用时一般需要兑水或加冰块,酒精含量一般在40%~45%。茴香酒以法国的最为著名,它有无色和染色之分,色泽因品种而异,通常具有明亮的光泽。

1. 潘诺

潘诺产于法国,酒精含量为40%,含糖量为10%。使用了茴香等15种药材。呈浅青色,半透明状,具有浓烈的茴香味,饮用时加冰呈乳白色。该酒具有一股浓烈的草药气味,既香又甜,很吸引人,可作为上等的烹饪调味料。

2. 巴斯特51

巴斯特51为染色茴香酒,在调配时为使成品酒口味更为柔顺,加有甘草油。

3. 卡德

卡德为染色茴香酒,这是全世界销量第一的大茴香酒,也是全球销量第三的烈性酒,酒精含量为45%。

作餐前饮用的酒水除味美思和比特酒外,干型利口酒、干型葡萄酒、干型强化葡萄酒、香槟酒都具有一定的开胃作用。

常见餐前酒如图5-1所示。

味美思　　比特酒　　茴香酒

图5-1　餐前酒

二、佐餐酒

(一)佐餐白葡萄酒

佐餐白葡萄酒的种类很多,颜色深浅不一,有的清澈无色,有的微黄,有的深黄,颜色越深则越好,大多是酸的。滋味由绝干和酸到微甜和醇厚。这种酒适于配合白肉、鸡、兔肉、野禽和海鲜共用,起到相辅相成的作用,其味道更加鲜美可口。

(二)佐餐红葡萄酒

红葡萄酒大多为干型葡萄酒(糖分含量不超过 4g/L),味芳醇厚实,有时辛酸甚至发涩(涩味产生于果皮及葡萄籽中所含的草宁酸,能助消化)。名贵的红葡萄酒需用酒篮盛装后再进行服务,有些年代久远的陈酒会出现较多的沉淀物,还需要先进行滗酒(佐餐红葡萄酒服务详见本章任务二)。佐餐红葡萄酒配合红肉,如牛、羊肉、加油脂的面团以及浓调味的食品饮用,其味更为丰美。

(三)葡萄汽酒和香槟酒

葡萄汽酒是一种以葡萄为原料,通过香槟工艺酿制而成的含二氧化碳气体的葡萄酒。这种酒的酒精度和佐餐葡萄酒相似,为 10%～14%。

香槟酒一般呈金黄色、黄绿色,也有玫瑰色。

三、甜食酒

(一)砵酒

根据葡萄牙和英国的法律规定,只有葡萄牙多罗河谷的锡那-科尔戈和拜索-科尔戈两地区产的,用白兰地强化的,在加亚新镇陈酿的葡萄酒才能称为砵酒。砵酒是世界上最优秀的甜食酒。砵酒和葡萄酒一样受收获年成的影响。好年成酿制的砵酒质量高、风味好。砵酒的好年成一般四五年一次,大致有如下年份:1927、1934、1935、1942、1945、1947、1948、1950、1955、1960、1963、1966、1967、1970、1975、1980、1983、1985。其中最好的年份是 1945、1963、1970、1983。

(二)雪利酒

雪利酒也是世界著名的甜食酒,以加的斯所产的葡萄酒为基酒,勾兑以当地的葡萄酒馏酒,采用十分特殊的"叠桶法"的方法陈酿,逐年换桶,陈酿 10～20 年的质地最好。

在西班牙,依据具体酿造工艺的不同,雪利酒主要有以下几种类型:菲奴、曼萨尼较淡,也不甜;欧罗索的颜色很深,味道很丰富,有一点甜;而安曼提那多的颜色和味道介于它们之间。

(三)玛德拉酒

玛德拉酒产于葡萄牙属地玛德拉岛,酒精含量为 16%～18%。其干型强化葡萄酒是优质的开胃酒;甜型强化葡萄酒是著名的甜食酒,其中长年陈酿的酒是世界上最长寿的酒品之一，至今仍能找到 200 年酒龄的仍然生气勃勃的酒品。

常见甜食酒如图 5-2 所示。

砵酒　　　　　雪利酒　　　　玛德拉酒

图 5-2　甜食酒

四、餐后酒

（一）白兰地

欧洲人常把果实蒸馏酒统称为白兰地，葡萄蒸馏酒在果实蒸馏酒中占有重要的地位，白兰地几乎成为葡萄蒸馏酒的代名词，人们交往时常用白兰地泛指葡萄蒸馏酒，其他果实蒸馏酒需在白兰地前注明果实的名称，以免引起误解，例如苹果白兰地、樱桃白兰地等。

法国是世界最著名的白兰地产地，无论是产量还是数量都居世界领先地位，而在法国所有的白兰地产地中，以科涅克（Cognac）和阿尔马涅克（Armagnac）白兰地最负盛名，并且在产品上冠上了两地的地名。因此，法国人基本上不用白兰地来称这两种酒，而是直接称为"科涅克"和"阿尔马涅克"，同时"科涅克"和"阿尔马涅克"也代表了世界高品质的白兰地酒。

白兰地的贮存年份的长短代表了白兰地的品质等级，人们一般用星号和缩写字母来标示白兰地的不同年份。

优质白兰地质量分以下几个级别：

★　　　　　　　　　　　　　　　代表贮存时间为 3 年

★★　　　　　　　　　　　　　代表贮存时间为 4 年

★★★　　　　　　　　　　　　代表贮存时间为 5 年

★★★★　　　　　　　　　　　代表贮存时间为 6 年

★★★★★　　　　　　　　　　代表贮存时间为 7～8 年

V.O.（Very Old）　　　　　　　代表贮存时间为 10～12 年

V.S.O.（Very Superior Old）　代表贮存时间为 12～30 年

V.S.O.P.（Very Superior Old Pale）　代表贮存时间为 20～30 年

X.O.(Extra Old)   代表贮存时间为 50 年

X(Extra)   代表贮存时间为 70 年

（二）威士忌

威士忌是一种用谷类作物为原料的蒸馏酒,酒精度数一般在 40 度左右,所用谷物有燕麦、黑麦、大麦、小麦、玉米等,如果只用大麦为原料就叫作纯麦威士忌。一般要经过两次蒸馏后注入橡木桶内贮存 7 年以上,贮存 7～8 年为成品酒,贮存 10～20 年者为最优质成品酒,当贮存 20 年以上时酒质反而会下降,但在装瓶后酒质就可以保持不变,所以威士忌最多贮存 20 年。市场上常见的是标以 8 年或 12 年。威士忌主要产于英语国家。按国家分为苏格兰威士忌、爱尔兰威士忌、加拿大威士忌、美国波本威士忌,这四大类威士忌各具特色,品种繁多,风味不一。苏格兰威士忌是最有名的威士忌,它色泽棕红、清澈透明,带有明显的焦香口味。

（三）朗姆酒

朗姆酒是采用甘蔗或糖浆酿制而成的一种甜酒,是将甘蔗榨汁后熬成糖浆再经过发酵蒸馏注入橡木桶中贮存而成的。朗姆酒依其风格大致可分为五类:白朗姆酒、淡朗姆酒、朗姆老酒、传统朗姆酒、浓香朗姆酒等。这些不同品种其酒精度数为 40～75 度。由于糖分含量高,所以一般作为鸡尾酒的基酒,也可以作为餐后酒单饮。

（四）利口酒

利口酒是一种含酒精的饮料,由中性酒如白兰地、威士忌、朗姆、金酒、伏特加或葡萄酒中加入一定的加味材料(树根、果皮、香料等),经过蒸馏、浸泡、熬煮等过程而制成。由于它的口味甚甜,故而也称为甜酒。

利口酒的香气很复杂,少数是用较单一的香原料配置,多数是用数十种甚至一百多种香原料配置。利口酒具有各种各样的色彩,因此,是配制鸡尾酒很重要的加色和加味成分,酒精度数为 17～30。利口酒单饮是最好的餐后酒。

常见餐后酒如图 5－3 所示。

白兰地   威士忌   朗姆酒   利口酒

图 5－3　餐后酒

知·识·链·接·

关于西餐餐酒

1. 国际上最风行的佐餐酒主要品种

（1）佐餐白葡萄酒有莱宝、莎藤，其他白葡萄酒有摩赛尔、霞多丽和西万尼，酒精度数为 10～14 度。

（2）佐餐红葡萄酒有勃根地、克拉瑞，其他红葡萄酒有波尔多开安特、解百纳等，酒精度数为 10～14 度。

（3）葡萄汽酒和香槟酒：出产在法国香槟地区的带气泡葡萄酒被称为香槟酒。其他国家和地区包括法国其他地区生产的葡萄汽酒，尽管口味相同，风格近似，也不能使用"香槟"这个名称，只能写葡萄汽酒。酒精度数和佐餐葡萄酒相似，为 10～14 度。

2. 餐后酒主要品牌

（1）白兰地著名品牌有：人头马、路易十三、轩尼诗、马爹利等。

（2）威士忌的著名品牌有：格兰威特、皇家芝华士、黑方、红方、皇家礼炮等。

（3）朗姆酒依其风格大致可分为五类：白朗姆酒、淡朗姆酒、朗姆老酒、传统朗姆酒、浓香朗姆酒等。

（4）利口酒较著名品牌有：君度、口立沙、可可乳酒、咖啡利口酒、金万利、石榴利口酒等。

任务二　服务葡萄酒

一、葡萄酒的分类

（一）按颜色分

按颜色可分为：红葡萄酒、白葡萄酒和粉葡萄酒。

（二）按酿造方式分

按酿造方式可分为：无发泡型、发泡型和强化型。

葡萄酒的最佳饮用温度和冷藏方法如表 5-1 所示。

表5-1 葡萄酒最佳饮用温度和冷藏方法

酒水	适饮温度	一般冷藏方法
白葡萄酒	8～12℃	放进冰箱2h或放在冰桶内冰镇30min左右。
红葡萄酒	15～18℃	一般在常温下即可,如餐厅的温度过高,可暂时将红葡萄酒放进冰箱1h,以降低10℃左右。
葡萄汽酒(香槟酒)	6～10℃	放进冰箱3h或放在冰桶内冰镇45min左右。
玫瑰红葡萄酒	10～12℃	放进冰箱2h或放在冰桶内冰镇30min左右。

二、葡萄酒的服务程序

葡萄酒的服务程序如图5-4所示。

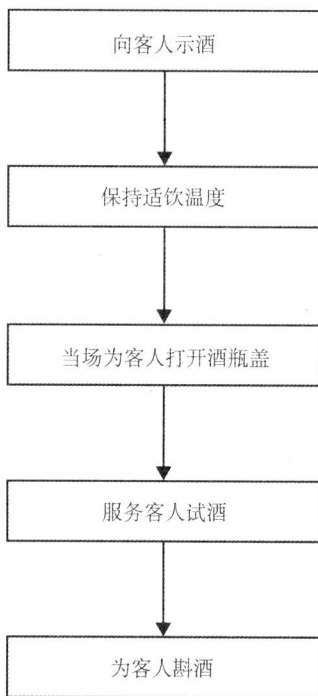

图5-4 葡萄酒的服务程序

（一）向客人示酒

站在客人的右前方进行验酒,用右手握住瓶颈部靠近瓶口部分,左手以服务巾托住瓶底,抓住酒瓶成45°角,将酒标正面朝向客人,供顾客确认酒标是否完整,酒名、产区、年份、品种是否正确,瓶口是否完好。

（二）保持适饮温度

如果客人点的是白葡萄酒或香槟酒,应准备好冰桶,放入1/3冰桶的冰块,并注水到冰桶的2/3处,将酒瓶放入冰桶内,酒标向上,冰桶边架放置在客人的桌边或餐桌上。并将服务餐巾折成长条形状盖在冰桶上或挂在桶边的扣环上,方便开瓶时使用。

如客人点的是红葡萄酒,则应将酒瓶放进垫有托巾的酒篮中,酒标向上,使客人能看清。红葡萄酒需在饮用之前提前开启,开启后安置在酒篮中放在餐台上,等上菜时间再进行斟倒,行话称这个过程为醒酒。

（三）当场为客人打开酒瓶盖

1.红白葡萄酒的开瓶步骤

步骤一：用开酒刀沿瓶口第一条线切开铅封的箔纸,如图5-5所示。

步骤二：揭去封口顶部的箔纸,如图5-6所示。

图5-5　开封

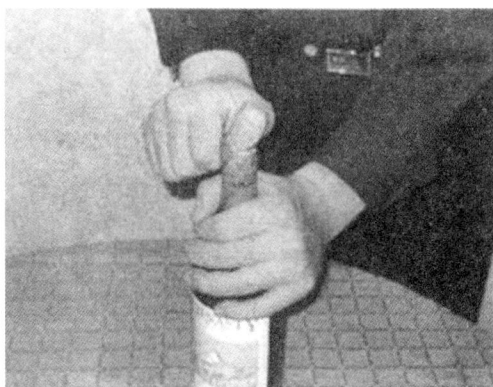

图5-6　揭去箔纸

步骤三：用服务餐巾将瓶口擦拭干净,如图5-7所示。

步骤四：用酒钻螺旋钻尖轻轻垂直插入木塞表面的正中部分,固定好以后,垂直旋转钻柄直至钻头的螺纹全部进入软木塞为止,注意不要旋转酒瓶,如图5-8所示。

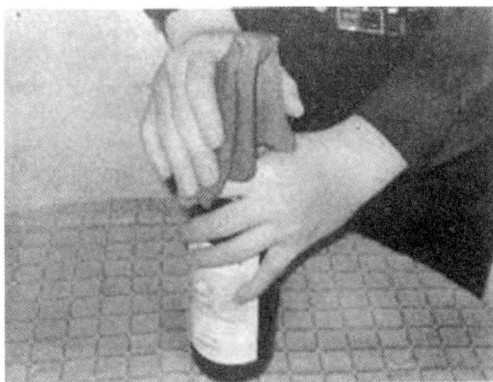

图5-7　擦干净瓶口

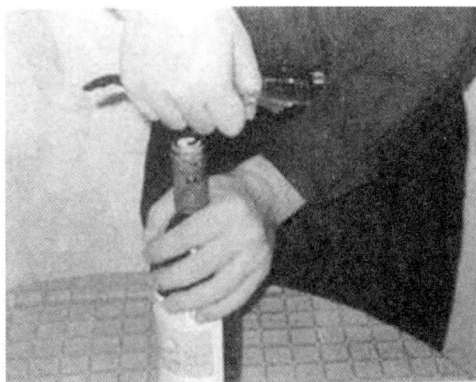

图5-8　将酒钻旋入软木塞

步骤五:按下开瓶器的支撑杆,小心地扣住瓶口的边缘,如图5-9所示。

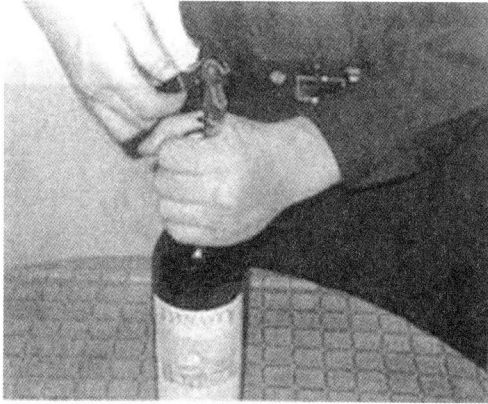

图5-9 使用开瓶器(1)

步骤六:垂直提起开瓶器,将软木塞轻轻地往上拉,如图5-10所示。

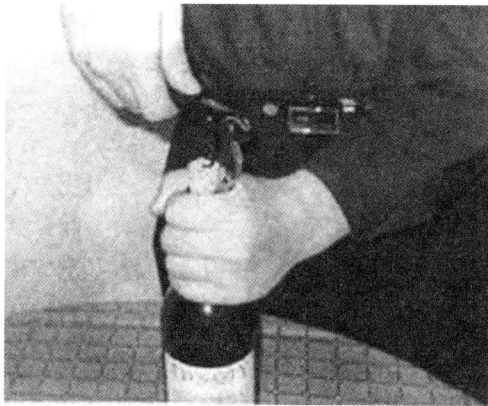

图5-10 使用开瓶器(2)

步骤七:用手指捏住软木塞下端部分,轻轻地左右摇松已上拉的软木塞;然后将软木塞拔出瓶口;将软木塞以反方向旋转退出开瓶器,如图5-11所示。

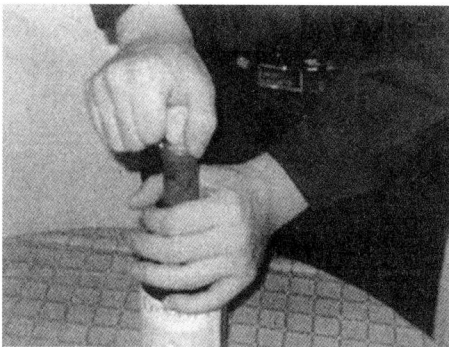

图5-11 取出软木塞

步骤八：用服务餐巾将瓶口擦拭干净，如图 5 – 12 所示。

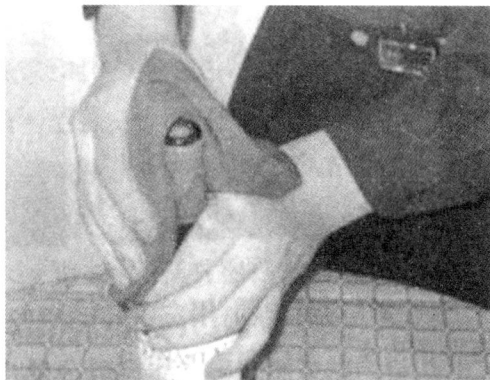

图 5 – 12　擦干净瓶口

步骤九：检查软木塞是否有异味，将软木塞放入事先准备好的盆上，摆放在客人的右侧的餐台上，供客人检测，如图 5 – 13 所示。

图 5 – 13　供客人检测的摆放方式

2. 香槟酒的开瓶步骤

步骤一：用手剥去瓶口的箔纸。

步骤二：左手握住瓶颈，酒瓶成 45°的斜角度，同时用大拇指压住瓶塞，用右手转动软木塞外的金属丝帽上的金属小环至其完全松动，取掉金属丝帽。如图 5 – 14 所示。

图 5 – 14　开瓶步骤一、二

步骤三：用干净的服务餐巾包住瓶塞顶部，用左手转动酒瓶，动作要轻要慢，使瓶内的气压逐渐增大，慢慢将瓶塞顶出来。当瓶塞离开瓶口时会发出清脆的响声，瓶塞拔出后，要继续使酒瓶保持45°，以防酒从瓶内喷出，如图 5-15 所示。

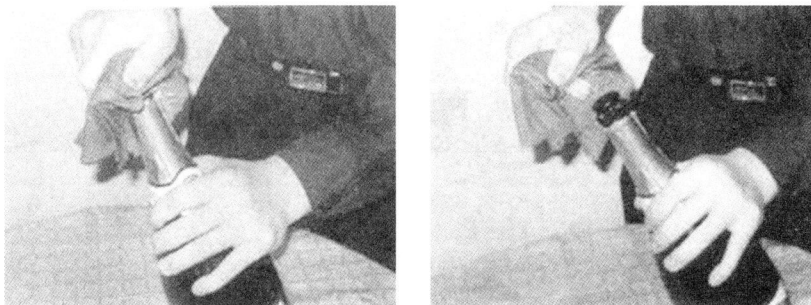

图 5-15　开瓶步骤三

步骤四：用服务餐巾将瓶口擦拭干净，将软木塞放入事先准备好的盆上，摆放在客人的右侧的餐台上，供客人检测，如图 5-16 所示。

图 5-16　开瓶步骤四

（四）服务客人试酒

开瓶后，接着是为客人提供试酒服务。具体方法：先用一块干净的餐巾擦净瓶口，并用餐巾包住食指擦净瓶口的内部。然后服务员在主人的杯中倒 1/5 的酒，让其品尝："请您试一下酒好吗？"待主人满意点头认可之后，服务员才可为其他客人斟倒。

（五）为客人斟酒

在斟倒白葡萄酒、香槟酒时，须用服务餐巾交叉包裹酒瓶的瓶颈或包裹酒瓶，可避免体温影响酒质或酒瓶内的酒由于温度变化造成酒瓶冒汗出现水珠外滴的现象。红葡萄酒在斟倒时则提篮扣酒瓶或采用徒手斟倒的方法即可。

斟倒酒时，应女士及年长者优先，最后才为点酒主人倒酒。在斟倒红白葡萄酒时，一般瓶口高于杯口 2～4cm，斟倒有泡白葡萄酒时，要高于杯口 10cm。

红葡萄酒通常注入酒杯 1/2，白葡萄酒斟倒 2/3 即可，香槟酒或汽酒要分两次斟倒，斟倒时要掌握好速度，不宜太快，以免泡沫溢出杯子，先斟倒 1/3，待泡沫消退后，再续斟至七分满。酒斟倒完后有剩余的酒,如是白葡萄酒应放回冰桶内,红葡萄酒则放回点酒主人的餐桌左侧。

在服务过程中要注意观察,发现客人杯中的酒只剩 1/3 时应及时斟添;为客人斟完红葡萄酒后,将酒篮放在客人可以看见的接手桌上,将叠好的餐巾放在瓶口下以防酒滴出;为客人续白葡萄酒时应将瓶身擦干净,加酒后,将酒瓶放入冰桶,将叠成条状的餐巾搭在冰桶上;如已将酒倒完,红葡萄酒的操作方法是将酒瓶放在服务桌上,并礼貌地询问客人是否还需要点酒:"您是否再多加一瓶葡萄酒?"如是白葡萄酒、香槟酒,则可将冰桶架移到服务桌边,如果酒全部喝完,且酒杯内的酒也喝完不再加点时,可以将酒杯和酒瓶收去。

知·识·链·接

关于葡萄酒

1. 服务员将酒从酒吧或酒窖取出后,拿上桌前应注意些什么?

顾客点完酒后,服务员将酒从酒吧或酒窖中取出后应小心送到客人面前,要保持平稳,避免摇晃。展示酒前,首先应擦净酒瓶外表的灰尘,并检查酒标是否清洁完整,尽量不要把酒标已霉变的葡萄酒拿上桌。

2. 如何提供冰镇过的酒的服务?

经过冰镇的酒瓶外会有凝露,为了不让水珠滴下来,可以用餐巾包裹酒瓶进行服务,但是要注意露出酒瓶标签。

3. 葡萄酒的贮存方式

再好的葡萄酒若缺乏妥善的保存,都容易失去应有的品质。葡萄酒是唯一一种装瓶后仍继续成熟、变化的酒,它像有生命的东西一样,经受不了过多的折磨,贮存时必须注意以下几点:

(1)温度对葡萄酒的保质影响很大,通常要求保持在 11～14℃,并需恒长稳定。

(2)湿度是影响葡萄酒质量的另一重要因素。一般应将相对湿度保持在 70% 左右,以避免湿度过大使软木塞及酒的标签腐烂。湿度过低会使软木塞变得干燥而失去弹性,无法紧封瓶口。

(3)光度也会对葡萄酒质量产生影响,应避免长时间的光照,平时无须照明时,则将灯光熄灭,一些刺目的灯,如日光灯、霓虹灯,极易使酒变质。白葡萄酒被阳光直射后,往往会变成棕色。香槟酒和白酒对光线最敏感,要特别小心。

(4)避免振动,应远离马路、电梯、车库等振动源。尤其是年份长的酒,不要常移动,最好放在地窖或能控制温湿度且隔离光线的酒柜中。

(5) 不能和白酒、洋葱、大蒜等味道重的食物放在一起,也不能接触、靠近有腐蚀或易发霉、发潮的物品,这些东西会污染损坏葡萄酒。即使葡萄酒瓶外只有微量污染残迹,到开瓶时也容易败坏酒的风味。至于葡萄酒为何不能与蒸馏酒(如白酒、白兰地)一起存放,主要原因是蒸馏酒的酒度高,易挥发,其香气易感染葡萄酒,而这种香气是葡萄酒所忌讳的。

(6) 横放在酒架上,使葡萄酒和软木塞接触以保持其湿度,以防软木塞干燥皱缩未能安全紧闭瓶口,引起酒精挥发,空气入侵而使酒质变坏。

任务三　服务啤酒

一、啤酒的分类

(一) 按灭菌工艺分类

1. 生啤

生啤,有散装生啤、纯生啤酒、作坊生啤。

(1) 散装生啤,指啤酒酿造合格后,不经过巴氏灭菌处理,用特种车或其他的盛器进行装运,销售前压入二氧化碳。生啤口味鲜爽,是夏季消暑的佳品,但由于这类啤酒中有大量的活酵母菌,稳定性差,一般保存时间不宜太长,在低温下一般为一周。只宜当地销售。

(2) 纯生啤酒,是采用现代灭菌设备经过 4 次过滤除菌后密封装入不锈钢啤酒桶内,销售时专门配有一台生啤机,边降温边补充二氧化碳。此酒口味鲜美,气体充足,营养丰富,是具有一定生物稳定性的啤酒,在 0~8℃ 条件下可保质 20~30 天,是国际上酒质、保鲜、营养三个方面综合评价最为理想的啤酒。

(3) 作坊生啤。此酒在国外较早出现,我国自 1994 年起在北京、上海、广州等城市先后开设了几家作坊生啤酒吧(又称啤酒)。其最大的特点是将一套迷你型酿酒设备搬进店堂,在店堂内营造古朴优雅的气氛,吸引广大消费者。作坊生啤的优点是自产自销,现酿现喝,无须灭菌处理及降温保质,酒中保留了全部活体酵母菌,酒液绝对新鲜。缺点是小作坊式生产,缺乏大工业生产所具备的先进设备、优良水质、科学工艺和标准检测等条件,难于酿出一流的美酒。

2. 熟啤

此类啤酒在酿造合格后,须采用巴氏灭菌处理工艺,以杀掉大量新鲜的酵母菌。这种啤酒多为瓶装或罐装,口味较其他类啤酒稍差,营养价值较低,一般保质期在 4~6 个月,保存时间过长会出现老熟、氧化。尽管如此,熟啤仍是大众消费的主要品种。

3.鲜啤

啤酒酿造合格后,经过板式热交换器,在 72℃ 时作瞬时杀菌处理,即可在常温下保鲜 2～3个月。其酒质、营养介于生啤和熟啤之间。

（二）按啤酒颜色分类

1.淡色啤酒

这类啤酒色泽浅黄,又叫黄啤。用大麦芽和啤酒花作为原料,口味较清爽,酒花香气突出。根据其颜色的深浅不同,又将淡色啤酒分为三类:

（1）淡黄色啤酒。酒液呈淡黄色,香气突出,口味淡雅,清亮透明。

（2）金黄色啤酒。呈金黄色,口味清爽,香气突出。

（3）棕黄色啤酒。酒液大多是褐黄、草黄,口味稍苦,略带焦香。

2.深色啤酒

这类啤酒酒液呈咖啡色,富有光泽,也称黑啤。用一部分高温烘烤的焦香麦芽和啤酒花为原料,麦芽汁浓度比较高,发酵度较低。口味比较醇厚,有明显的麦芽香味,氨基酸含量也高一些。

（三）按麦汁浓度划分

1.低浓度啤酒

原麦汁浓度为 7%～8%,酒精含量在 2% 左右。

2.中浓度啤酒

原麦汁浓度为 11%～12%,酒精含量在 3.1%～3.8%,是我国各大型啤酒生产商的主要产品。

3.高浓度啤酒

原麦汁浓度为 14%～20%,酒精含量在 4.9%～5.6%,属于高级啤酒。

二、啤酒服务方式

（一）斟倒技巧

啤酒斟倒服务过程必须注意掌握方法与技巧,将一杯啤酒分两次斟倒,第一次倒至杯的 3/4 处,使泡沫不至于溢出(这时你可以先服务其他客人)。过一会儿,再对原先的杯斟酒,使其保持泡沫层,这样既可避免啤酒溢出杯子,又使每杯啤酒都有一层漂亮的泡沫层,应该注意,泡沫层不宜太多也不宜太少,通常泡沫层在杯沿下 2cm 为宜。

（二）斟倒方式

斟倒方式通常有两种:一种是使用托盘进行斟倒,将已开启的啤酒放于托盘上,站在客人的右侧,左手托住托盘,右手进行斟倒;另一种是不使用托盘,如果是餐桌服务则站在客人的右侧,如果是吧台服务则当场打开啤酒,用右手拿啤酒,左手拿啤酒杯的底部,杯身以 45°角倾斜进行斟倒,约倒满酒杯 1/2 时,将酒杯直立。

知·识·链·接·

关于啤酒的饮用

1. 饮用啤酒的杯具要求

用于啤酒饮用的杯具种类较多,有敦厚结实、直筒带把的玻璃马克杯,通常用来盛装生啤酒,可盛装半升至一升。也有很多酒吧现在普遍使用的无把平底啤酒杯或各种异型特色啤酒杯等。西餐厅服务中通常是将啤酒斟倒在饮料杯中。

2. 饮用啤酒的温度要求

啤酒适宜低温饮用,一般上桌服务前要进行冷冻,温度取决于季节,夏天冷冻温度为 6~8℃,冬天为 10~12℃。斟豪华啤酒时温度要略高些。但如果是鲜啤酒,则应温度低些,温度过高会失去其独特的风味。啤酒冷冻的温度不宜太低,太凉了会使啤酒淡而无味失去泡沫,饮用的温度过高又会产生过多的泡沫,甚至味苦太浓。

任务四　服务咖啡和红茶

一、普通咖啡的服务

提供普通咖啡的服务时,先要准备好咖啡杯、碟、茶匙,还要准备好糖缸、奶盅,奶盅里面要倒半杯牛奶(可以应客人的要求换成淡奶或是脱脂牛奶),牛奶要用咖啡机上的蒸汽头打热,准备工作做好后注入一杯咖啡(在咖啡机上选择普通咖啡键),连同其他物品一起托到客人面前。先放奶盅和糖,再放咖啡杯。在放咖啡杯时,咖啡杯的柄和茶匙柄要朝客人右手边以方便客人拿。

二、特种咖啡的服务

(一)特浓咖啡的服务

特浓咖啡是一种浓度极高的咖啡,咖啡因含量很高,许多西方人喜欢在早餐后来一杯特浓咖啡提神醒脑。要准备特浓咖啡专用咖啡杯、碟和茶匙,同样也要准备糖和奶。在咖啡机上选择特浓咖啡键就可以了。如果客人需要双倍特浓咖啡,则在咖啡机上按两次键,放在一个杯子里就可以了。

（二）卡普奇诺的服务

准备工作除了准备好普通咖啡、碟、茶匙之外,只要再准备糖就可以了,先将牛奶打出奶泡注入杯底,再将咖啡注入至满杯,最后按客人要求撒上可可粉或肉桂粉。

（三）拿铁的服务

同卡普奇诺的准备工作及做法的区别只是最后不放可可粉或肉桂粉。

（四）冰咖啡的服务

冰咖啡是在玻璃冰水杯内放冰块,冲入事先冷却好的咖啡,放上搅拌棒和吸管,准备好奶盅(奶不用打热)和糖油(一种经过熬制的糖水,用于冷的饮料,也装在奶盅里)。

（五）低因咖啡

这是一种经过处理后咖啡因含量极低的咖啡,需用专用的咖啡粉,其服务方式同普通咖啡。

三、红茶的服务

当客人点了红茶且没有做其他要求时,我们应准备茶壶(里面泡一个茶包),准备茶杯、茶碟、茶匙、糖缸和奶盅。给客人上茶时,先放糖缸和奶盅,再放茶壶,最后放茶杯。

知·识·链·接

关于咖啡的服务

1. 咖啡用糖的选择

与咖啡搭配的糖要准备不同的品种供客人选择,一般有三种:普通白糖、黄糖和适用于糖尿病及控制体重者用的健康糖。

2. 咖啡杯的选用

咖啡杯有多种,不同款式的咖啡其配用的咖啡杯也有所不同。特浓咖啡选择小的咖啡杯,冰咖啡选择玻璃的咖啡杯,而一般都用带底垫的瓷质咖啡杯。在酒店,普通咖啡杯和红茶杯通常是通用的。花式咖啡通常用于咖啡厅单独点用,客人用餐前后通常饮用普通咖啡或红茶。

【思考题】

1. 西餐餐酒的种类有哪些?

2. 简述红白葡萄酒的开瓶及倒酒服务。

3. 简述特种咖啡的服务。

【案例分析题】

红酒配西餐

红酒与西餐,无论是从形式上看,还是从口味上看,都是最好的搭配。高脚杯的纤瘦及玻璃折射出的通透,与西餐的餐具、摆放相得益彰。而西餐的口味、配料,也能与红酒独有的香醇交融得恰到好处。

通常,红酒与奶酪、火腿、蛋类、牛羊排、禽类、野味、内脏类等食物搭配都是相得益彰的。

下面以部分法国菜式和食物为例,为其搭配合适的酒供您参考。红酒烩煮鳗鱼,这是波尔多人习惯吃的一道美食。该菜的口味较重,除了浓厚的红酒外,大概也找不到其他更加合适的搭配了。

鸡肉或小牛肉的最佳搭配是细致的黑比诺葡萄酿成的布根地红酒。

羊排的绝配是波尔多口味中最雄壮的波雅克红酒(Pauillac)。小羊排取材于羊羔,嫩滑鲜美,最适合与该酒搭配。法式烤牛排,可以与席拉(Syrah)酿造的红酒搭配。该红酒常带点胡椒味,是烤羊排的绝配。

炖肉(指像烧蹄髈一样带着油花的炖肉),最好的搭配就是来自地中海气候区的丰满肥润的红酒。如烧乳鸽、海鲜、烧乳猪等,则可以搭配佳美或黑比诺等品种酿成的红酒。

如果我们在就餐时,要交替饮用红白葡萄酒,那么,在交替饮用前,应先喝一杯柠檬水,以帮助彻底清除上一道菜在口中留下的余味。

在正式的西餐宴会里,酒水是主角,它不仅最贵,而且与菜肴的搭配也十分严格。一般来讲,吃西餐时,每道不同的菜肴要配不同的酒水,吃一道菜便要换上一种新的酒水。

问题:您会根据食物种类搭配适当的西餐餐酒吗?

【实训项目】

实训项目名称	斟酒
实训时间	2课时
实训目的	通过实训,使学生了解斟酒的全过程,包括斟酒前准备,斟酒时的注意事项;掌握斟酒要领
实训方法	先按8人一组由老师进行示范,然后每人分别进行实际操作
实训内容	西餐斟酒

项目六 西餐零餐服务与管理

学习目标

● **能力目标**

　　(1) 学生能够按照咖啡厅西餐早餐和午、晚餐服务程序规范操作；

　　(2) 学生能够明确扒房的含义，按照扒房服务标准和程序规范操作；

　　(3) 学生能够熟悉送餐员应具备的业务知识及注意事项，按照西餐厅送餐服务标准规范操作。

● **知识要点**

　　(1) 西餐早餐和午、晚餐服务程序；

　　(2) 扒房服务程序；

　　(3) 送餐服务程序。

【案例导入】

　　某天早上，餐厅吃早餐的客人很多，服务员都在紧张地进行服务工作。这时，走来一对夫妇，丈夫是外国人，妻子是中国人。由于客人很多，服务员为这对夫妇找到了一张桌子，但是这张桌子还没有来得及收拾，服务员建议这对夫妇先回房间把行李取下来，然后再来吃早餐，这样避免等待又能节约客人的时间，客人觉得建议很好，于是就上楼去了。但是当这对夫妇取了行李再次回到餐厅的时候，刚才那个位置已经坐下其他客人了。服务员很快又给他们安排了另一个位子。位子是解决了，但是，从开始吃饭到结束始终没有一位服务员来询问他们要喝咖啡还是茶，这是不符合五星级酒店餐厅服务程序的。中午他们来到西餐厅吃午餐。但他们发现点的蘑菇汤不对，被换成了番茄汤。晚上，这对夫妇写了一封书面的投诉信交给大堂副理。大堂副理在第一时间通知了餐饮部的经理，经理马上了解情况，带着一个果篮到了该夫妇住的房间。首先表示了歉意，然后表示要立即加大服务质量管理力度，保证避免此类事件的发生。

　　以上案例说明了什么？我们应该怎样避免西餐厅出现类似事件？

任务一　咖啡厅西餐早餐和午、晚餐服务程序

一、餐前准备

（一）员工仪容、仪表

穿着干净、平整的全套制服，穿的鞋子干净、符合酒店标准，佩带名牌，仪容整洁。

（二）员工工作要求

（1）清楚了解当天的订餐情况、推介项目、缺销品种。

（2）工作时要做到有组织、有条理、有配合，与客人保持眼神交流，微笑服务，态度亲切友好，对工作常用英语熟练、流利，在服务过程中，使用礼貌用语和服务规范用语，如果需要与其他同事交涉时，要顾及客人的存在，随时照顾客人的需求。

（三）餐台摆设及物品

（1）餐厅里每张餐台的摆设均一致；盆栽植物要符合要求。

（2）餐巾、台布干净、熨烫平整、没有任何污迹或破损。

（3）根据需要摆放合适的刀叉。刀叉干净、擦亮、款式相配。刀叉上的徽饰、图案无任何褪色。

（4）玻璃杯、瓷器餐具干净、无破损、款式相配。

（5）冰桶干净、擦拭亮净。

（6）盐瓶和胡椒瓶干净、装满，瓶口无堵塞。

（7）干净的糖盅内装有白糖、黄糖和代糖。

（8）调味品抹净、无变质。

（9）工作台整齐放置足够的餐具、用品。

二、餐位预订

（1）在三声电话铃响之内接听。

（2）接电话时，使用恰当的问候语，报部门名称、接听电话人姓名并表示提供协助（先英文，后中文），说话时声音要轻柔清晰、声调愉快，语气要平和、自然，使用礼貌用语：

"Good afternoon/evening. This is coffee shop. (XXX speaking.) May I help you?"

您好，咖啡厅，请问有什么可以帮忙吗？

（3）接受订座时，先询问客人姓名，并至少一次在订餐过程中使用。然后询问用餐人数、就餐时间、房间号码或联系电话、吸烟区还是非吸烟区。最后复述并确认客人订台的有

关细节要求,多谢客人:

①May I have your name, please? Under what name is this booking made, please?

请问您的姓名是什么? /请问您以什么名义订位?

②For how many people? / How many people will be in your party?

请问多少人用餐?

③For what date and what time, Mrs. Smith?

史密斯太太,请问哪一天和几点钟来用餐呢?

④Would you like the smoking area or Non Smoking area?

请问您喜欢吸烟区还是非吸烟区?

⑤Any more request?

还有什么要求吗?

⑥May I have your room number or telephone number, please? (So that we can contact you easily.)

请问您的房间号码或联系电话是多少? (这样我们可以方便联系您)

⑦Mrs. Smith. May I repeat it? A table for two and Non smoking area,At 7:30 this evening for Mrs. Smith. Your telephone number is….Is that right?

史密斯太太,我重复一下您的订台:史密斯太太订两位、非吸烟区的餐台,时间是今晚七点半,电话号码是……,对吗?

⑧Thank you,Mrs. Smith. Usually, the reservation will be hold for 15 minutes. We are looking forward to seeing you on time!

谢谢,史密斯太太,餐厅的订位将会保留15分钟,我们将恭候您的准时到来。

(四)在订台簿上清楚、准确地记下客人订台有关细节及特别要求(如客人要求留座的位置、台数、台形等)。

三、客人抵达餐厅

(1)客人到达餐厅后15秒内招呼客人。迎送员面带笑容,手持餐牌、酒水牌,鞠躬、亲切、友善地问候客人:

Good morning/ afternoon / evening. Welcome to coffee shop. How many people are there in your party? / Table for one (two)?

早上好/中午好/晚上好,欢迎光临,请问几位呢?

(2)询问客人是否已订座,如客人已订座,迎送员应马上查看订台记录并告知客人已安排了座位:

Did you make a reservation?

请问您订座了吗?

Yes，Mrs. Smith. We have arranged a table（by the window）for you.

史密斯太太,我们已经为您安排了餐台。

（3）如客人没有订座,应询问客人几位和喜欢吸烟区还是非吸烟区

A table for how many sir?

请问先生几位呢?

Would you like smoking area or non smoking area?

请问先生喜欢禁烟区还是吸烟区?

（4）应在客人抵达后1分钟内安排客人就座。

（5）为客人安排已摆设好的餐台,如台还没有收拾好,告知客人待台收拾、摆设好后马上入座:

Would you mind waiting for a while? The table was occupied，and we're cleaning the table now，but I assure we'll take your seat as soon as it's cleaned.

请稍等一会,那张台的客人刚离开,我们正在收拾,我保证,一旦收拾好,马上让您入座。

（6）如餐厅已满座,应请客人稍等:

I'm sorry. It's full now. Would you like to wait a moment? We'll arrange a table for you as soon as possible.

很抱歉,餐厅现在已经满座,请稍等一会儿,如果有台,我们马上为您安排。

（7）客人提出需要江边台时,而餐厅江边台已满时,不要一口回绝客人,要先帮客人查看一下再答复客人:

Would you mind to waiting for a moment? Let me have a check the table by the window if it's possible now.

请稍等一下,让我看一看现在是否还有江边台。

（8）在确实没有江边台后,应先向客人解释江边台已订满,建议客人坐其他座位,及欢迎客人下次提早预订,并向客人表示,如有江边台再为他转台:

I'm sorry, sir. The table by the window is full now. How about this table? You can also enjoy the nice view of the river. （You can enjoy the waterfall and golden fish.）

对不起,先生,现在江边位确实已订满了,坐这张台好吗? 你同样可以欣赏到江景的。

We'll change the table by the window for you as soon as possible.

如果有江边台,我们将马上为您转台。

Would you please book the table by the window at next time? And it's the booking number. Thank you.

请您下次提早预订江边位,这是订座电话号码,谢谢。

（9）凡在门口看餐牌的客人，迎送员要热情向客人问好，向客人介绍餐厅，推介餐厅品种给客人：

Good afternoon / evening，sir / madam. Our coffee shop offers various sorts styles of a la carte & Buffet. Please come in and have a look. Our Buffet is very delicious and famous.Would you like to have a try?

下午/晚上好，先生 / 小姐，我们咖啡厅供应各式散点美食，以及荟萃中西美食的自助餐，您可以进来看一看，我们的自助餐美味无比，值得一试。

四、带位

（1）询问客人是否使用旅行团餐券：

Do you have breakfast coupon / ticket?

请问您是否有早餐券吗？

如客人出示旅行团餐券的，迎送员应马上查看手上所持的团号座位，请客人跟随她到已安排的座位，并收取餐券。

This way please.

这边请。

如有台阶，迎送员必须提醒客人：

Mind the steps，please.

请小心台阶。

告诉客人到自助餐台取食物和看管好自己的物品：

We have prepared the rich breakfast buffet for you. Please feel free / help yourself to take it. I hope you'll enjoy it. Please take care of you luggage when you are moving around.

我们餐厅已经为您准备好了丰富的自助餐，请您到自助餐台随意选取食品，离座时，请保管好你的物品，请慢用（指示动作）。

如旅行团客人不愿按所安排的座位坐，可根据客人意愿安排就座。

（2）如客人不是旅行团，迎送员应询问客人喜欢吸烟或禁烟区：

Would you like smoking area or non smoking area?

请问您喜欢吸烟区还是非吸烟区？

迎送员请客人跟随她到餐桌旁：

This way please.

这边请。

途中询问客人的姓名，并在服务过程中使用：

May I have your name，please?

请问先生,怎样称呼您呢?

如有台阶,迎送员必须提醒客人:

Mind the steps,please.

请小心台阶。

到餐台旁后,询问客人对餐台的意见:

How about this table? / Is this table all right? Mrs. Smith.

请问史密斯太太,这张台好吗?

(3) 拉椅、让座、铺餐巾、递上酒水牌:

Take a seat,Please!

请坐!

Here is the drink list. Mrs. Smith.

史密斯太太,这是酒水牌。

请客人出示住房卡,查核是否包早餐:

May I have a look your hotel passport please.

如客人住房卡上印有"COAC"或"Including breakfast in coffee shop"的字样,或客人住 21~23 楼商务楼层(有另行通知的房号除外),告知客人房间是包自助早餐。请慢用。

Mrs. Smith. Your room is including buffet breakfast. We have prepared the rich breakfast buffet for you. Please feel free / help yourself to take it. I hope you'll enjoy it.

先生/小姐,您的房间包括免费自助早餐的,我们餐厅已经为您准备好了丰富的自助餐,请您到自助餐台随意选取食品,请慢用(指示动作)。

(4) 如客人房卡上无包早餐的字样,询问客人喜欢散点还是享用自助早餐:

Would you like to have a la carte or buffet?

请问你喜欢散点还是自助餐呢?

告诉用自助餐的客人到自助餐台取食物和看管好自己的物品:

We have prepared the rich breakfast buffet for you.Please feel free / help yourself to take it. I hope you'll enjoy it.

我们餐厅已经为您准备好了丰富的自助餐,请您到自助餐台随意选取食品,请慢用(指示动作)。

(5) 如客人用散点,在客人右边为客人递上餐牌:

Here is our menu. Mrs Smith.

史密斯太太,这是我们的餐牌。

（6）迎送员应提醒客人保管好携带的物品

Please take care of your luggage.

请保管好您随身携带的物品。

Please enjoy your lunch/dinner.

祝您用餐愉快！

（7）迎送员把客情填写在客情纸上，包括台号、时间、人数、客人姓名（座号）。如 VIP 客人，则要特别关照所在区域的班长、组长做好服务，并告知餐厅经理。然后马上回迎送台（保证迎送台不空岗），途中应留意有哪些空台，做好记录，并与其他迎送沟通好。应该将客人平均带到各组，尽量避免同时几张台一起安排到同一组，以免影响服务质量。

（8）服务员要检查客情表，并用规定的代号填写客人所带的物品。

五、服务

（1）迎客：服务员主动上前向客人问好，协助迎送员拉餐椅，铺餐巾。服务中与客人保持眼神交流，称呼客人姓氏，按先女后男，先宾后主，右上右撤的顺序进行服务：

Good morning/afternoon/evening，sir/madam.

早上好/中午好/晚上好（您好），欢迎光临。

（2）如客人有手袋、西装放在餐椅上，要在 1 分钟内盖上西装套：

May I put this cover on your coat?

请问我可以为您套上衣服/袋子吗？

（3）如是服务早餐，在 1 分钟内，向前询问客人需要咖啡或茶：

Would you like some coffee or tea?

请问喜欢喝咖啡还是茶？

1 分钟内在客人右边上咖啡、3 分钟内上茶，咖啡、奶茶要同时配上鲜奶，咖啡、茶斟至八分满，撤走空位上的餐具，整理台面，请客人用早餐：

Mr. Li. Here is your coffee. Enjoy your breakfast!

李先生，这是您的咖啡，请慢用！

如是服务午餐或晚餐，服务员在客人就座 1 分钟内即上前询问客人是否需要一杯餐前饮料，或主动建议客人点餐前饮料，并准确记录在台图上：

Mrs. Smith. Would you like something to drink before your lunch / dinner?

史密斯太太，请问您餐前需要一杯饮料吗？

How about to try a glass of white wine?

要一杯白葡萄酒，好吗？

（4）向每位客人复述所点的饮料名称，马上入饮料单，瓶装酒要输入杯数。

（5）如客人自带酒水在餐厅饮用,应婉转地向客人解释说:

I am sorry，sir. According to our hotel's regulation，we don't accept that the guests bring their own drinks. The same kinds of drinks are available in our restaurant. Would you like to try?

对不起,先生,根据我们宾馆的规定,我们不接受客人自带的酒水的。我们餐厅有同款的酒水提供,请问您是否需要点用呢?

（6）撤走空位上的餐具,整理台面摆设

（7）上饮料

①在客人下单后 3 分钟内上饮料。

②使用托盘,按先女后男,先宾后主的顺序,从客人右边进行服务。

③根据台图正确地按客人所点的上饮料,报上饮料名称(如客人不点饮料,为客人上冰水)。

④玻璃杯应拿杯脚或杯座,如果是罐装、瓶装或混合饮料,应为客人倒到杯子里。

Mrs. Smith. Here is your...Please enjoy your self.

史密斯太太,这是您的……请慢用。

六、点菜

（1）点菜前,应清楚了解菜式的用料、分量、特色、烹调时间、配料等。

（2）服务员在客人就座 5 分钟内即上前至客人的右边为客人点菜。

Good evening! Mrs. Smith. May I take your order?

晚上好! 史密斯太太,请问可以为您点菜吗?

（3）向客人介绍当天的例汤和特选菜式。先请女士点菜,点菜时,服务员应与客人保持眼神交流:

The soup of the day is...would you like to try it?

今天的例汤是……请问要一份吗?

（4）点菜时

如果是早餐点菜:

①要了解和照顾客人的需求,介绍相应的食品,先建议客人点套餐,可介绍中式早餐、美式早餐:

May I suggest the American breakfast / Chinese breakfast to you?

②点菜时,要快而准地引导客人进行选择,询问所有的细节,如鸡蛋的做法,配烟肉还是香肠,面包是在主食前上或与主食一起上等,节省客人的点菜时间。

当客人点美式早餐时,问:

What kind of juice would you like? We have orange juice, apple juice, pineapple juice, tomato juice，and grapefruit juice. Which one would you prefer?

客人点完果汁后，问：

What kind of cereal would you like? We have corn flake，honey nuto's，all bran or shredded wheat. Which one would you prefer?

客人点完谷麦类后，问：

How would you like your egg? Fried egg，scrambled egg，poached egg or boiled egg?

如客人点 Boiled egg，还要问：

How would you like your boiled egg?

点完蛋后，问：

With ham，bacon or sausage？ / Would you like ham，bacon or sausage to go with your egg?

点完后，问：

What kind of bread would you like? We have toast，croissant，Danish pastries or muffin. Which one would you prefer?

问面包几时上：

Would you like your bread served now or go with your egg?

点完后，重复所点菜单：

May I repeat your order now? You have order....Is it right?

③如客人只是点一份食品，应询问客人要不要配面包、果汁等：

Would you like some...to go with your...?

请问您要不要些……来配您的……呢？

④如其中一客人只点了一份主菜（如煎蛋、通心粉、粥），询问客人所点的主菜是跟其他客人的主盘一起上还是先上：

Would you like your fried egg served with their eggs or before?

请问您的鸡蛋是跟其他客人的主盘一起上还是先上呢？

⑤如客人点了一些需较长时间烹制的菜时，要提醒客人该菜需要等候的时间：

Would you mind your pancake will be take about 15 minutes?

您的薄煎饼需要制作 15 分钟，请问您是否介意等呢？

It takes some time for this dish. Would you mind to wait a little bit longer?

您的菜需要花一些时间，请问您是否介意等呢？

⑥如果客人不从餐牌上点菜，应请客人稍等，马上询问厨师能否满足客人要求，尽快回复客人，如不能满足客人要求时，应介绍类似的品种：

I'm afraid it is not on our menu. But I'll ask my chef if it is available.

这道菜餐牌上没有,但我可以问一下厨师能否做。

I'm sorry. That dish is not available now. May I suggest you to try our...

对不起,我们不能提供这道菜,我可以建议……给您吗?

⑦准确记录客人的点菜,并向每位客人复述他们所点的菜,多谢客人:

So your order is...Is that all right? Thank you! Mr. Li.

李先生,你们点了……对吗? 谢谢!

⑧如点了散点的客人吃自助餐食品时,应上前礼貌地对客人建议说:

Excuse me, sir. How would you like our buffet food? It looks delicious? If you do want to take buffet. We can cancel the a la cart for you.

先生,打扰一下,请问您是否觉得我们的自助餐食品看起来很吸引人,您是否想转用自助餐呢? 我们可以帮您取消之前的散点的。

如果是午、晚餐点菜:

①主动向客人推介餐厅的特色菜。先推荐一款菜式,并向客人指示该菜式在餐牌上的位置,引起客人注意,然后简明、清晰地描述菜式的用料及特点,观察客人是否产生兴趣,在介绍过程中及时了解客人的喜好,如客人需另作选择,再根据客人的喜好介绍适合的菜式。

②对于客人提出关于菜式及烹调原料的问题,能清楚解答。

③询问所有细节(如烹调要求、调料、拌菜、在何时上菜等)。

先建议客人点一份头盘:

Would you like a...salad first? It made with...It is very good.

请问先要一份……沙拉,好吗? 它里面有……挺不错的。

We have...dressing,What kind of dressing would you like?

我们有……沙拉汁,请问您喜欢配哪一种?

点主菜:

May I recommend the steak...? We have really good beef here.

我可以介绍……牛排吗? 我们这里的牛肉很好。

How would you like your steak? Medium or medium well?

请问您的牛肉要几成熟? 五成还是七成?

What kind of sauce would you like with your steak? We have...

请问您要什么汁配您的牛排? 我们有……

We have cream potatoes, baked potatoes and fried potatoes. What potatoes will you take with your meat?

我们有忌廉薯、焗薯、炸薯条,请问您喜欢哪一种?

如果客人点两道头盘/主菜,要问客人是一起上,还是哪一道先上:

You have ordered two appetizers / main dishes. Would you like to served together or one after another?

您点了两道主菜,请问需要一起上,还是分开上?

询问没有点头盘的客人,主菜是跟其他客人的头盘一起上还是在头盘后上:

Would you like your main dish will be served with their salad together or after the salad?

请问您的主菜是跟他们的沙拉一起上还是在沙拉后上?

④主动建议客人除主菜以外再点其他品种,如头盘、甜品,如客人没有点甜品,应推荐其他的品种(芝士)。

It will takes some time for this dish. Would you like some salad first?

这道菜需要花一些时间,请问您先要份沙拉吗?

Would you like some dessert after your main dish?

请问您要一些餐后甜品吗?

⑤如果客人不从餐牌上点菜,应请客人稍等一会儿,马上询问厨师能否满足客人要求,尽快回复客人,如不能提供客人要求的菜式,应介绍类似的品种。

I'm afraid it is not on our menu. But I'll ask about my chef if it is available.

这道菜餐牌上没有,但我可以问一下厨师能否做。

I'm sorry，That dish is not available now. May I suggest you to try...

对不起,我们不能提供那道菜,我可以建议……给您吗?

⑥向客人推介相应的佐餐餐酒(先推高级,再到普通酒,最后是特价酒):

Would you like a bottle of red wine to go with your steak?

请问要一瓶红葡萄酒配您的牛排吗?

May I suggest...It is a famous wine and is produced in France. It is quite good to go with your dish.

我建议您要一瓶……酒,它很有名,产于法国,配您的菜味道不错。

How about to try our house red wine? It is produced in France too and reaches to the AOC level. It is very popular.

何不试一下我们的宾馆特选红葡萄酒,它也产于法国,达到 AOC 等级,很受欢迎。

⑦迅速、准确记录客人的点菜,并向每位客人复述,向客人致谢:

So your order is...Is that all right? Thank you! Mrs. Smith.

七、将点菜输入电脑

迅速、正确地按出菜顺序将点菜输入电脑

八、午、晚餐中的酒水服务

（一）在客人右边上酒杯

为客人所点的红、白酒摆上相应的酒杯，放于餐布的右上角（餐刀上方），白酒杯应放在红酒杯的右方，使用杯脚或杯座来拿握玻璃杯。

（二）上酒

白酒准备一盛有冰粒的冰桶，加少量的水，让冰粒稍溶，把客人所点的白酒斜放进去（红酒需配备酒篮，商标向上）；服务员左手搭上折好的白餐巾，口袋放好开酒刀；把冰桶连支架一同放在点酒的客人旁边（最好右边）；红酒篮放台面空挡位置上（或台边放置服务车）。

（三）展示牌子给客人

把餐巾折成小条，并把白酒从冰桶中取出，用餐巾托住瓶底，把酒的牌子对着点酒的客人，等他认可后，再把酒放回冰桶。红酒连同酒篮一起展示给客人。

"Here is your...wine, sir/madam！"

先生/小姐，这是你点的……酒！

（四）开酒

当着客人的面打开酒瓶，先沿边界用酒刀打开包着的锡箔；用正确的手法在酒塞中心转下酒钻，注意保持垂直；左手按瓶，右手用均匀的力度把酒塞抽起，把酒钻用逆时针方向钻起酒塞；放好酒刀，把酒塞放在点酒的客人面前；用餐巾抹净瓶口。

（五）试酒

白酒用餐巾把酒包好，露出牌子，用右手斟约1/6杯给点酒的客人试酒。（红酒则将餐巾放于左手腕上，提起酒蓝斟酒约1/6杯，将酒轻摇后，让点酒的客人试酒。）

"Please taste it, sir/madam！Is it all right？"

先生/小姐，请先品尝一下，可以吗？

（六）倒酒

待点酒客人点头后，按先女后男、先宾后主的顺序在客人右边为客人倒酒，每杯倒至2/3杯，最后把酒放回冰桶（红酒放回原处，注意招纸向着主客）；不论红酒、白酒开瓶后，酒塞不能塞住瓶口，除非客人自己要求。

Enjoy your wine, sir/madam！

请慢用！

九、上菜

（1）根据客人的点菜摆上相应的刀叉。

（2）客人的点菜配面包时，提供两种面包和黄油供客人选择，并在客人左边派上。客人

吃完后,要问客人是否添加:

Would you like soft roll or French roll? Which butter would you prefer?

请问喜欢软包还是法包? 喜欢哪一种黄油?

(3) 上菜前,要准备好所配的调味品。

(4) 在点菜后 10 分钟内上头盘,在撤走头盘后 15 分钟内上主盘,如果没有点头盘,主盘在点菜后 20 分钟内上菜。

(5) 上菜时。

①食品与餐牌上的描述应相符,食品的温度要合适,外观和色泽要让人接受,分量要让人接受,要按客人要求烹制。

②按先女后男、先宾后主、右上右撤、顺时针方向进行服务,按台图正确地给每一位客人上菜而无需任何提示,餐碟边沿上的徽饰呈六时或十二时角度正对客人摆放,为客人报上菜名,餐碟较烫,应提醒客人,提供适合的调料(薄荷酱、辣根酱、芥末、茄汁等等),配菜的沙拉汁、芝士粉、芥末等,从客人左边派上,最后请客人慢用:

Mrs. Smith. Here is your...With...sauce. This dish is very hot. Please be careful. Enjoy your meal!

史密斯太太,这是您的……配……汁,餐碟很烫,请小心,请慢用!

十、巡台

(一) 在早餐巡台服务中

(1) 在客人喝完杯中的咖啡、茶后 2 分钟内即为客人重新添加,并留意糖、奶是否要添加:

Mr. Li. Would you like some more coffee?

李先生,请问要加咖啡吗?

(2) 客人离开餐台时,服务员应主动上前为客人叠好餐巾(叠成长方形),摆在牛油碟上,并把餐椅推正。如发现客人有贵重物品留在餐台上或餐台附近,应注意看管,并提醒客人:

Please take care of your luggage when you are moving around.

离座时,请保管好您的随身携带的物品。

(3) 客人回来时,服务员必须为客人拉餐椅、铺餐巾。

(4) 每次客人掐灭一个烟头,都要更换烟灰缸,撤走空杯、空碟:

Mr. Li. May I take it away?

李先生,我可以把它拿走吗?

(5) 在客人用餐过程中,到餐桌旁询问客人对服务满意与否:

How about your food and our service?

（6）在客人用完餐后 3 分钟内清走餐碟、刀叉，把咖啡杯摆在客人正前面

（二）在午、晚餐巡台服务中

（1）在客人喝掉 1/3 的酒时即为客人添酒，在客人用完饮料后 2 分钟内即主动问客人是否需要添加饮料，在客人的冰水剩下半杯时即为客人添加：

Would you like some more wine？／Would you like another...？

请问要加点酒吗？／请问再要一杯……吗？

（2）在客人用餐过程中，到餐桌旁询问客人对服务和食品满意与否：

Mrs. Smith. How about your food and our service?

史密斯太太，请问觉得您的菜和我们的服务怎么样呢？

（3）客人每次掐灭一个烟头，都应更换烟灰缸，在客人用完餐后 3 分钟内清走所有的空碟子、刀叉，并摆好下一道菜的餐具，在客人用完主盘后即清走面包碟、牛油刀，并抹去餐桌上的碎屑。

May I take it away?

请问这碟子可以撤走吗？

十一、午、晚餐服务中，主动请客人点餐后甜品、饮料

Would you like some dessert?

请问要些餐后甜品吗？

And would you like a cup of coffee or tea? We have...coffee，Which one would you like?

请问要一杯咖啡或茶，好吗？我们有……咖啡，请问您喜欢哪一种？

十二、午、晚餐服务中，上甜品，咖啡、茶

（1）为客人摆上所需餐具、咖啡杯。

（2）甜品在客人下单后 10 分钟内端上来，咖啡在客人下单后或用完甜品后 5 分钟内端上来。上咖啡、奶茶时一并提供热奶，服务员应主动为客人倒和添咖啡、茶。

十三、准备账单

服务员应在客人结账前预先准备好账单，账单要清晰、正确地列出各项明细，放在干净、完好的账单夹里，并附上酒店专用笔。

十四、结账

（1）在客人提出结账后 1 分钟内在客人右边呈上账单。

（2）客人付现金时：

①要当面点清并向客人报数、致谢。

Mrs. Smith. Here is your bill. Totally is...yuan at all, thank you.

先生，这是你的账单……元，多谢。

Thank you so mush. Wait a minute please. I'll be right back to take your change and receipt.

谢谢，共……元，请稍等，我马上把零钱送来。

②结账后，将客人的收据或发票以及找零用账单夹夹好，送回给客人。如客人要求取发票，服务员核对发票数据准确后，将发票装入发票袋里，连同白单、零钱一同送回给客人。

Here is you change and receipt. thank you.

这是您的找零和收据，谢谢。

客人结账时没有要求取发票，但过后持白单要求开发票的，如客人是当天结账的，由领班以上签名确认后发给客人；如不是当天结账的，则要有部门经理以上人员同意，并签名确认后才发给客人。

（3）如客人使用信用卡结账，让客人在账单上签名，然后连同信用卡及身份证（外币卡及有照片的卡除外）一起拿到收款处，再将认购单交客人签名，客人签名后，核对账单、签购单、信用卡的签名相符后，将账单第一联或发票（用发票袋装好）、征询单"客户存根"、信用卡交给客人并致谢，将账单第二、三联及征询单其他联交还收款员。

（4）如客人签单入房账，请客人签上姓名、签署和房号，请客人出示房卡并核对房号、客人姓名、签署、离馆日期后，将房卡交还客人，向客人致谢，马上把账单交收款员。如客人没有房卡，请客人出示房匙，并请客人稍等，将房匙交收款员在电脑上拉匙输房账后，把房匙交还客人并致谢：

Would you sign your name and room number on your bill?

请签上姓名和房号。

Could you show me your hotel passport? Thank you!

能让我看一下您的房卡吗？

（5）如客人签房账后索取发票或收据，告诉客人在前台结账时统一由前台发出，如客人有异议，可复印白单给客人。

（6）如客人用支票结账，服务员在收取支票时请客人在支票背面方格的上方写上单位地址、联系人姓名、联系人身份证号码和联系电话，字体不得写入格内，并同时请联系人出示身份证明，服务员马上将支票和身份证明一同交收款员，要注意支票不得折叠或有污迹，待收款员处理好支票付账后，要将账单（白色）、发票和客人的身份证明一同交回给客人，并表示感谢。

十五、送客

客人离开时,服务员应上前为客人拉餐椅,感谢客人,请客人再次光临,提醒客人带齐随身物品,并协助检查餐台上、下、左、右是否有遗留物品,如拾获应马上交还给客人,将客人送至该组以外,第一组应送至门口。客人离开后,马上揭开西装套,检查台上、台下及周围是否有遗留物品,如有则交给迎送员转交有关部门,并做好登记。贵重物品须即时告知餐厅经理。

Thank you for coming. We all look forward to serving you again. Good-bye.

谢谢您的光临,我们期待再为您服务,再见。

Please remember to have all your belongs with you. Good-bye.

请带齐您的物品,再见。

任务二　扒房服务

一、扒房简介

"扒房"是饭店为体现自己餐饮菜肴与服务的水准,满足高消费宾客需求,以增加经济收入而开设的高级西餐厅。

扒房的布置要求高雅、富丽、神秘并具有独特风格,一般的设计主题以欧洲文化艺术为背景。

扒房的色彩多以暖色为基调。地毯、餐椅、墙壁要求色调协调。灯光较暗淡,吸顶灯、吊灯、壁灯高度均能调节。开餐时所有灯光调得很暗,以餐桌上的蜡烛光照明为主。背景音乐主要播放世界古典名曲,有时是安排钢琴现场演奏或小提琴桌边表演。演奏可由宾客点曲,从而形成一种浪漫、典雅的气氛。

在扒房入口处或中央设置的展示台,是用水果、蔬菜、酒品、服务器具等精心设计装饰而成。其目的是为了突出餐厅的特色和主题。

扒房所使用的餐具、服务器具既高档又专业化。如银质或镀银的餐叉、餐刀、水晶杯,贵重的烹制车、酒车、甜品车、手推车,精致的瓷器等。

扒房的家具也较豪华,如羊皮扶手沙发,精制方形或长方形餐桌,法兰绒桌垫,全棉桌布等等。

扒房服务员以男性为主,着紧身西装,佩戴领结,或穿燕尾服佩戴领结。

女领位员一般着西式拖地长裙,长裙以黑、红等深色为多。所有服务员能熟练地用英语对话,有些扒房还要求服务员懂法语。

扒房的菜单、酒单印制得十分讲究,常常使用革皮封面。菜单中应包括该扒房所经营餐式(如法式、意式、俄式西餐)中的主要大菜和风味食品。

扒房的酒水品种齐全。特别注重配齐世界各地所产的著名红、白葡萄酒和其他名牌酒品。

二、扒房的午、晚餐服务程序

扒房以提供午、晚餐为主,有的只提供晚餐。在欧美,晚餐比午餐更正式、更受重视。一般来说,午餐时间有限而晚餐时间较长,因此,扒房的服务节奏较慢。

扒房服务应体现饭店餐饮与服务的最高水准。服务员应熟悉菜肴与酒水及其服务方式,掌握客前烹制技能,有娴熟的推销技巧。用外语对客服务,并应彬彬有礼,具有绅士风度。扒房服务专业性强,应经培训合格后才能上岗。员工搭配往往是一名领班带一名或两名服务员和一名助手负责服务一个区域。下面介绍扒房晚餐的服务程序。

(一)预订

扒房因进餐节奏慢、就餐时间长,所以座位的周转率很低。宾客为了保证到餐厅就有座位,往往需要提前预订。扒房一般由领位员或餐厅预订部负责接受宾客的电话预订或面订。

电话预订服务程序:

要求在电话铃响三声之内拿起电话听筒。

××Western restaurant,can I help you?

××西餐厅,我可以为您服务吗?

How many people please?(sir/miss)

请问宾客共有几位?(用先生或小姐称呼)

For what time,please?(sir/madam)

订何日几时的座位?

May I have your name please?(sir/madam)

请问,是以何名字订的位子?

重复宾客的预订,让宾客确认你所重复的是正确的,并道谢。"Thank you,Mr.×× / Mrs.××,goodbye!"

等宾客挂上电话后,预计员才挂电话。

将预订情况立即填写在预订簿上。预订登记表应一天占一页纸,以免弄混淆。

(二)餐厅台面布置

餐厅的台面应根据宾客的预订,要求摆台,并按照预订登记表所记人数选定餐桌,在餐桌上放置留座卡。每个餐位按西餐正餐所要求的规格摆放餐具。

（三）餐前会

开餐前半小时,每个服务员都要参加由餐厅经理或主管主持的餐前会。会上由经理宣布任务分工,介绍当日特别菜肴及其推销、服务,让员工了解当日客情,VIP接待注意事项,本餐厅典型事例的分析及处理,检查员工仪表仪容。

服务员接受任务后,到各自岗位作好开餐准备工作。

（四）宾客进餐厅

餐厅领位员或经理在餐厅门口迎候宾客。见到宾客先问候:

Good evening sir/madam.Do you have a reservation sir/madam?

May I have your name please?

如果宾客没有预订,则说:

How many people are there in your party?

This way please

领位员或餐厅经理将宾客引领到预留的或适当的餐桌。

（五）就座

先为女士拉椅,将其安排在面朝餐厅的最佳位置。此时,该服务区域的服务员应上前招呼宾客,帮助其就座,并向宾客介绍开胃酒或鸡尾酒,记下每位宾客所点的酒水。

（六）开出酒水订单

酒水订单一式三联,第一联交收款台以备结账,第二联到吧台取酒水,第三联自留备查。

在一桌有很多宾客的情况下,往往需要在草稿纸上画出餐位示意图,按图用缩写或符号记下宾客要求,以防止上错酒水。

（七）上酒水

开单后,应尽快将酒水送到客人桌上。没有点酒的宾客应为其倒上冰水。服务鸡尾酒时,应用托盘送上,并报出名称。

（八）递菜单

扒房领班为每位宾客呈递一份菜单,呈递按先女后男或先宾后主次序进行。呈递时要打开菜单的第一页,同时介绍当日厨师特选和当日特殊套菜。然后略退后,给宾客以看菜单的时间。

（九）接受点菜

扒房是由领班接受宾客点菜,在一般情况下服务员不能接受点菜。因西餐是分食制,人手一份菜单,每位宾客所点的菜式都可能不一样。点菜时就需事先在草稿纸座位示意图上将相应宾客所点的菜名写上。熟练运用推销技巧,确保记录无误。

在宾客点下列菜肴时,领班或接受点菜的服务员应注意下述事项:

（1）点牛排羊排问生熟程度：

How would you like your steak done sir?

Well done，medium well，medium，medium rare or rare?

请问您的牛排需烹制几成熟？是全熟、七成、五成、三成还是一成熟？

（2）点沙拉问选取何种沙拉汁：

What kind of salad dressing would you like to have? oil vinegar，french dressing，thousand sland dressing?

（3）点法国洋葱汤问清是否配帕尔玛奶酪：

Would you like to howe parmesan cheese with you onion soup.

（4）在客前制作沙拉时，要将装有各种调料的盆子端给宾客看，征询宾客是否要放全每种调料。

（十）呈递酒单

领班或酒吧调酒师根据宾客所点的菜肴，介绍、推销与其相配的佐餐酒，并留足宾客自己选择的时间。

（十一）重新安排餐桌

服务员根据订单和草稿纸上的示意图，给每位宾客按上菜顺序摆换刀、叉、勺。最先吃的菜肴用具放在最外侧，其余刀叉依次向中央摆放。如最后吃主菜牛排，则牛排刀、叉置于最里面靠垫盘两侧。

（十二）领班或调酒师订佐餐酒

征求宾客用什么葡萄酒（西餐的红、白葡萄酒一般是整瓶出售）。如果订红葡萄酒，要问清楚是现在喝还是配主菜喝？如果配主菜喝，现在是否要打开？红葡萄酒要盛放在酒架或酒篮里展示给宾客。开瓶要当着宾客进行，开启后将酒瓶连酒架或酒篮放在宾客餐桌上。

白葡萄酒则需立即服务，即将白葡萄酒瓶放在盛冰块与水的香槟酒桶里，连酒桶架一起端到主人身边。

根据订单摆放酒杯。有的餐厅摆位时已准备了红、白葡萄酒杯，如果只订一种葡萄酒，则将多余的葡萄酒杯撤下。

领班、调酒师服务佐餐酒，介绍白葡萄酒时，将准备好的冰桶架端至主人右手边：

（1）用餐巾托起瓶身，向主人展示酒的牌子，让主人确认是他所点的酒后。放回冰桶里。

（2）在宾客面前用开瓶器将木塞取出，木塞直接递给主人，主人闻闻木塞，待其确认酒品没有问题后再用餐巾擦拭瓶口。

（3）用餐巾包裹瓶身，但需露出牌子。先在主人杯子里倒入少许，让主人品尝，然后先女后男斟酒,最后再给主人斟至标准量。

（4）将斟后的酒瓶放回冰桶,上面覆盖餐巾,随时准备替客人添加。如果酒瓶空了,征求宾客意见是否再订一瓶:

Excuse me,sir.Would you like to have another one?

（十三）上黄油、面包

服务员检查黄油是否够量,形状是否完好。检查面包的数量、种类是否齐全。注意先给女士上黄油和面包。

（十四）服务头菜

根据订单和座位示意图,用餐厅严格规定的服务方式上菜。有的餐厅用手推车将在厨房分盘装好的菜推至桌边;有的餐厅则用银盘分派。

端上菜肴时,要告诉宾客菜名,如"Here is your smoked salmon。"一般情况下,上菜时服务员用右手从宾客右边端上,直接放入装饰盘内。上完菜后,要移走手推车。

（十五）检查桌面情况

（1）撤走空的饮料杯。

（2）换下有两个烟头的烟灰缸。

（3）一般红葡萄酒斟五成。白葡萄酒斟七成。即红酒斟 1/2 杯,白酒斟 2/3 杯。

（4）添加冰水、葡萄酒。

（5）添派面包及黄油。

（6）随时替客人点烟。

（十六）撤走头盘

头菜吃完后,撤盘前需征求宾客的意见,撤时按先女后男次序进行,将刀叉放在空盘里一同撤下。

西餐服务要求徒手撤盘,只有玻璃杯具、烟灰缸、面包盘、黄油盅等小件物品用托盘撤送。

收盘时,用右手从宾客的右边撤下,按逆时针方向依次撤下每位宾客的空盘。撤下的脏盘子直接送入洗碗间,分类摆放。

（十七）服务第二道菜

服务员用手推车或旁桌服务方式送上第二道菜,直接放在装饰盘内。

汤盅需垫上餐巾折成的小荷花,这样既美观又可保温。沙拉木碗与汤盅一样需垫小荷花,以使冷食品保持低温。沙拉汁、奶酪粉等调配料一律从宾客左手边分派。

第二道菜吃完后,空菜盘应连同装饰盘一起撤下。餐位上只留下吃主菜的刀叉用具、面包碟及刀等。

（十八）服务主菜

许多餐厅的主菜是在宾客面前烹制表演、切割装盘。服务员要提前做好准备工作,然后由领班进行操作表演。

将菜肴装盘时要注意布局,一般蔬菜等配菜放在大块肉上方,汁酱不要挂在盘边。服务员在宾客右侧上菜,上完后要报菜名,牛、羊排要告知几成熟。放盘时,让主菜、肉类靠近宾客面前,蔬菜则靠桌心方向。

（十九）撤主菜盘

当全部宾客吃完主菜后,服务员应按先女后男的次序撤走主菜盘刀叉,用服务巾和面包碟将桌上面包碎屑扫干净,并征求宾客对主菜的意见。

（二十）推销奶酪和甜点

先展示放有各式奶酪的木板或手推车,将宾客点的奶酪当场切割装盘、摆位,并配上胡椒、盐盅、黄油、面包、凉蔬菜。待宾客吃完奶酪后,将用具托盘撤下,只留下甜品叉、勺及有酒水的杯子、餐巾、烟缸、花瓶、蜡烛。展示甜品车,服务蛋糕、甜点、水果。有些扒房则呈递甜品单,甜品则在厨房里准备。但苏珊饼要在宾客面前烹制表演。

（二十一）服务咖啡或茶

先问清宾客喝咖啡还是茶。"Would you like to have coffee or tea?"随后送上糖缸、奶壶或柠檬片,准备咖啡具、茶具。咖啡配糖和淡奶,普通红茶配糖和淡奶,柠檬茶配糖和柠檬片。

（二十二）撤走甜点用具

服务员用托盘撤走盛甜点的用具,将咖啡或茶杯移到宾客面前,不等宾客呼叫,随时准备添加。在宾客离桌前,所有酒杯均应保持原位不动,待客离去后再撤。

（二十三）推销餐后酒和雪茄

展示餐后酒车,问宾客是否在餐后来点利口酒或干邑白兰地或雪茄烟。"Would you like to have liqueur or cognac,sir/madame?"用酒车上准备好的各式酒杯倒酒并随之记账。如果宾客点了雪茄,要帮助宾客点燃。

（二十四）结账

只有等宾客叫结账后,领班才去账台通知收款员汇总账单。领班要检查账单是否正确,然后用账夹或小银托盘递送账单,不需读出金额总数。现在国内涉外饭店餐厅常见的结账方式有:收取现金、信用卡、外汇支票、住店宾客记账。领班应核对检查宾客签名。

现金一般指人民币。

信用卡要检查真伪,查对其号码是否在"黑名单"上。核实宾客签名,只收饭店规定接纳的各种信用卡。

外汇支票一般指公司支票,不收个人外汇支票。由宾客自己填写金额、签名,在支票背面写上公司电话号码。

住店宾客需出示住店卡,在账单上签名,并填上房号及日期。

领班将现金、信用卡、支票或签过名字的账单交回收款台,由收款员办理结账手续,在账单第一、二联盖上"收讫"章。领班再用账夹将找的钱和回单交还宾客并道谢。

（二十五）送客

宾客起身离座时,要帮助拉椅、穿外套,并提醒宾客带上自己的物品。说:"希望您吃得愉快。""谢谢光临""欢迎下次再来"。送宾客出餐厅,鞠躬并道再见或晚安。

（二十六）清台

放好椅子,收理餐巾。用托盘、干抹布清理台面。换上干净台布,准备迎接下一批宾客或为下一餐铺台。

任务三　西餐厅送餐服务

一、送餐员应具备的业务知识及注意事项

（一）接听订餐电话应具备的业务知识

（1）熟悉送餐菜单上的各种食物价格及名称（英文）。（请参见本项目附录一）

（2）掌握酒店内客房分布、酒店各厨房电话。

（3）掌握基本的点餐英语,能准确记录外宾的送餐要求。

（4）夜间送餐时需提前和厨师沟通今晚能提供的菜品,方便推销。

（二）接听送餐电话注意事项

（1）送餐电话铃响三声内要接听,并按标准要求服务敬语。要求态度热情、音色优美、音量适中、用语准确。

（2）接听电话时应专心听取客人所说的内容,在记录本上写下客人的要求,在确认客人点菜完毕后要复述客人所点的食品名称、数量及是否有具体的其他要求。送餐电话虽有来电显示,但也要与客人核实一下房号是否正确。同时要告诉客人送餐大致所需的时间,使客人清楚,如一些食品的制作时间较长,则一定要向客人说明大致需要的时间,让客人心中有数。一般来说,早餐送餐服务时间为 20 分钟内,午、晚餐送餐时间为 30 分钟内。

（3）宾客订餐完毕后,向宾客表示感谢,等宾客放下电话以后,送餐餐员才可挂上电话。

二、送餐服务程序

（一）电话订餐

（1）电话响铃三声内接听。

（2）向客人问好并报部门（双语）。如："good morning（afternoon/evening），room service，may I help you？你好，送餐服务。"声音要清晰、柔和、自然。

（3）接订单前，应询问客人房间号及用餐人数，并记录在工作簿上。

（4）接受客人订单，应仔细聆听，并做好记录。

（5）询问客人食品的特殊要求，如：牛排几成熟，沙拉配哪种酱，面条类是否配辣椒酱等。

（6）主动向客人推销食品、饮品、甜品、咖啡、茶等（上夜班时可省去）。

（7）客人点餐单以外的食物时，先请客人稍等，询问厨师后再答复客人，如满足不了客人时，应表示歉意，并介绍相应的食物给客人（在夜班开始前提前和厨师沟通好哪些西餐是没有提供的）。

（8）复述客人所点的菜品名称、房间号，告知客人送餐需要的时间（根据食物制作时间而定），30分钟内必须送达客房。

（9）在客人放下电话后才挂电话，并向客人致谢。

（二）下单备餐

（1）根据刚才的订餐信息，准确无误地填写订餐单，包括时间、餐别、房间号、人数、送餐员姓名、菜品名称（特殊要求）、数量、价格、服务费（菜品总价×15％）、封单。

（2）确定订餐单信息准确无误后，交与收银盖章（上夜班，收银已经下班时，拿订餐单去前台询问该房间是否可以挂房账和准备找零。如送棋牌室，在送餐时直接把订餐单白联交给棋牌室服务员）。

（3）红联送到厨房并强调客人的特殊要求（如菜品出自其他厨房，则电话告知并强调客人特殊要求）。

①准备餐车、铺台布。

②根据菜品和用餐人数配备餐具（餐具的配备标准请参见表6-1）。

③从收银处取账单，核对账单打印是否完整准确，并询问收银员客人可否挂房账。

④准备好账单、找零零钱（如客人现金支付）、签字笔（如客人签单挂房账）

⑤填写房间送餐登记表。

⑥菜品出锅后，立即包上保鲜膜

（4）客人点叫的食物或饮品不多时，可以用长托盘完成送餐服务（切忌不能用圆托盘）。

（5）此时送餐车/长托盘上应该有客人点的菜品、账单（找零）、房间送餐登记表、餐具。

表6-1　送餐配备餐具标准表

序号	类别	分量	餐　具
1	面条/米粉	1份	骨碟1个、筷子1双(带筷套)、小瓷勺1把、6寸平盘1个、牙签1支、房间送餐登记表1张
2	炒饭	1份	正餐匙1把、小瓷勺1把、6寸平盘1个、米饭碗1个、牙签1支、房间送餐登记表1张
3	扒类	1份	牛排刀1把、牛排叉1把、6寸平盘1个、牙签1支、房间送餐登记表1张
4	牛奶/豆浆/果汁	1杯	直升杯1个、杯垫1张、吸管1支、白砂糖2包、搅棒1支、房间送餐登记表1张
5	面包类	1份	6寸平盘1个、黄油刀1把、黄油碟1个、黄油1个、果酱1个、房间送餐登记表1张
6	炒菜/汤	1份	骨碟1个、筷子(带筷套)1双、小瓷勺1个、大汤勺1个、米饭碗1个、牙签1个、6寸平盘1个、房间送餐登记表1张
7	咖啡/红茶	1杯	咖啡杯、咖啡碟、咖啡勺、糖盅、奶盅、房间送餐登记表1张

备注：1. 用长托盘送餐时,在托盘内垫上托盘垫或口布。
2. 根据用餐人数及菜品数量增加相应的餐具。
3. 根据菜品数量灵活使用长托盘和送餐车。

（三）客房送餐

（1）送餐时应按规定路线行走,尽快地把食物送到客房,以免食物在途中变凉。

（2）用餐车送餐进出电梯时,应避免电梯门槛卡到车轮发生意外。

（3）送餐到客人房门时必须核对房间号码是否正确,以免敲错房间而引起不必要的投诉。

（4）敲门三下,用适中的音量报"room service,送餐服务",后退半步,等候宾客开门（第二次敲门在三十秒以后）。

（5）服务员应微笑问候客人,并征询"您好,方便进来吗？"。

（6）用托盘送餐,取出食品后将托盘带走,如用送餐车送餐,应征询客人意见："是在餐车还是茶几上用餐？",如在送餐车用餐,将车两翼打开成圆桌,并踩下刹车,避免客人用餐时滑动。为客人报菜名,摆放好餐具,如有酒水,将酒水开启。

（7）询问客人"保鲜膜需要给您拆掉吗？"

（8）告知客人"麻烦您在房间送餐登记表上签字,方便我们回收餐具,谢谢！"

（9）提醒客人"如果您用餐结束,请拨打订餐服务电话××××,我们将在第一时间回收餐具,您也可以直接把餐具放在门外。"

（10）向客人致谢"祝您/二位用餐愉快。"退出房间，并轻轻地关门。

（四）结账

（1）进客人房间前，应根据客人所点菜品金额准备找零（避免二次打扰客人）。

（2）结账前服务员应核对账单，确定无误后用账夹双手送上账单，请客人付账。

（3）先征求客人如何付账（签单或付现金），根据客人情况结账。如客人签房账应看客人的房卡，核对房号及姓名；如客人付现金应当面点清付款金额并问客人是否开发票。

（五）餐具回收

（1）当客人来电要求收餐时，应迅速通知服务员收餐。（如客房没客人的情况下，服务员应通知楼层服务员开门，并一起进入房间收餐）

（2）如客人没有来电要求收餐，在送餐结束 40 分钟以后，主动打电话给客人。询问"您好，这里是送餐服务部，现在可以收餐具吗？"

（3）服务员已收餐具返回部门后，填写房间送餐登记表：已回收、收餐具时间、姓名。

（4）清洁工作车，更换脏布件。

（5）领取物品，做好再次送餐准备工作。

附录一（送房菜单）

西式餐单

Western A La carte Menu

服务时间：24 小时

Service Hours：24Hours

开胃菜　Appetizers

烟熏三文鱼卷　　58 元

Smoked salmon rose

烟熏三文鱼配蜂蜜芥末酱

Smoked Norwegian salmon rolls served with honey mustard sauce

传统恺撒沙拉　　48 元

Traditional Caesar salad

配烟肉、怕玛臣芝士粉、面包粒

Crisp lettuces with Caesar dressing & halves cherry tomatoes

厨师沙拉配千岛汁　　48 元

The gourmet salad

五香牛肉、熏鸡胸、火腿、芝士配生菜、番茄、黄瓜

Pastrami smoked chicken ham mozzarella cheese tomato cucumber served

with lettuces & thousand island dressing

汤品　flavor soups

意大利蔬菜浓汤　　36 元

Italian minestrone soup

奶油蘑菇汤配新鲜蒜蓉面包　　36 元

cream of mashroom soup with fresh garlic bread

三明治　sandwich　意大利面　pasta　比萨　pizza

俱乐部三明治　the S&N club sandwich　　48 元

烤土司配烟肉、鸡蛋、鸡胸、火腿、薯条

toasted white bread with mayonnaise salad turkey ham fried egg crisp bacon served with French fries

意大利粉/通心粉　　55 元

spaghetti & penne

那不勒斯茄汁　Neapolitan tomatoes sauce

肉酱汁　Bolognese

烟肉芝士烤　carbonara

茄汁海鲜　seafood tomato sauce

海鲜比萨　　68 元

seafood pizza

烤比萨配新鲜番茄汁、青口、鱿鱼、虾仁、蟹柳、奶油、洋葱、青红椒

Seafood pizza oren baked with tomato sauce /mussel /squids /shrimp /crab sticks /cream /onion and paprika

主菜类

铁扒澳洲牛柳　　128 元

Grilled Australian beef tenderloin

扒澳洲牛柳配时蔬、薯条、红酒汁　Grilled Australian beef　tenderloin with Vegetable Red wine sauce

炸鱼柳　　78 元

fish chips

炸龙利鱼柳配苹果沙拉、薯条、鞑靼汁　Deep—fried fish with　vegetable French fires tartar sauce

烤新西兰羊排　　128 元

roasted lamb chops

烤新西兰羊排配时蔬、薯条、香草汁　roasted lamb chops with　vegetable French fires tartar rosemary sauce

亚洲风味 asian　flavors

咖喱鸡饭　　58 元

curry chicken rice

咖喱鸡肉配香时蔬、米饭

curry chicken rice with vegetable and rice

红烧牛肉面　　46 元

beef braised in brown sauce with soup noodle

红烧仔排饭　　　48 元

braised short rib with vegetables and rice

水果盘　fruit　platter

新鲜时令水果盘　　中（mid）48 元

fresh fruit platter 大（big）78 元

【思考题】

1.简述西餐咖啡厅早餐和午、晚餐服务程序。

2.请比较西餐咖啡厅早餐和午、晚餐服务的异同。

3.什么是扒房服务？简述扒房服务程序。

4.如何做好西餐厅服务的巡台工作？

5.西餐送餐部点单员的点单标准是什么？

6.西餐送餐员的标准送餐程序是什么？

7.为客人撤换餐具时，应注意哪些问题？

8.如何准确、快速地为客人结账？

【案例分析题 1】

6 月 22 日下午 2：00 左右，咖啡厅的客人很多。外场都在不停地忙碌，有一桌客人点了五杯龙井茶，外场服务员卢玉萍在上茶时不小心把茶水杯打翻，倒在客人的身上，滚烫的开水让客人一下子从椅子上跳了起来，水也有一些洒在了客人的手机上，卢玉萍当时愣住了不知如何反应，领班与店长急忙过来向客人道歉帮客人擦拭并转台，客人的脾气很大，店长向他们一直道歉，倾听客人的诉苦并给客人重新换茶。赠送果盘，而且答应客人，如果事后手机发生故障由店里负责修理。这样客人才稍稍平息一些怒气，还在结账时给客人打了八八折的优惠，客人对这个处理很满意，结账离去。

这个案例给了我们什么启示？

【案例分析题 2】

小丽做事总是不太认真。有一次客人来用餐，她去点单，当她问客人用什么茶时，客人告诉她"不用茶"。她听成了"伯爵茶"，结果为客人点了一壶"伯爵茶"，点单后她没有复单，客人也不知道，当服务员上茶时客人很惊讶，并拒绝付款，她没有办法只好自己赔单。这也是给她粗心大意的一次教训。

问题：这个案例说明了什么？我们应该如何避免这种事情的发生？

【实训项目】

西餐零餐服务

实训项目名称	西餐咖啡厅早餐和午、晚餐服务、西餐扒房服务、西餐送餐服务
实训课时	6 课时
实训目的	通过实训,使学生掌握西餐咖啡厅早、午、晚餐零点、西餐扒房和西餐送餐服务标准和动作要领,学会正确操作整个西餐零点服务过程
实训方法	角色转化进行实训,6 名学生为一组,其中 2 人为服务员,另外 4 人为客人
实训内容	西餐咖啡厅早餐和午、晚餐服务、西餐扒房服务和西餐送餐服务

项目七　西餐宴会服务与管理

学习目标

- **能力目标**

  (1) 学生具备西餐宴会摆台的技能;

  (2) 能按照西餐礼仪安排西餐宴会座次;

  (3) 能按西餐宴会的服务规程管理宴会;

  (4) 能处理西餐宴会突发事件;

  (5) 能妥善处理客人的投诉。

- **知识要点**

  (1) 西餐宴会预定方法及注意事项;

  (2) 西餐宴会摆台标准及技巧;

  (3) 西餐宴会席位座次安排;

  (4) 西餐宴会服务规程;

  (5) 西餐宴会突发事件处理技巧;

  (6) 西餐客人投诉处理原则及策略。

【案例导入】

　　年轻人小李和小毛都爱追求时尚,经两人商量,准备把两人婚礼办成西式的,邀请亲朋好友来本市较为有名的酒店西餐厅举办婚宴。开始,小李告知经理是朋友介绍他到该酒店预订婚宴的,并要求适当给予优惠,经理当场答应,小李和小毛二人跟酒店西餐厅经理商谈好了关于宴会的细节,并根据酒店规定签了宴会协议书,并按合约要求缴纳了相应定金,小李和小毛为即将举办的婚宴充满了期待。

　　2012 年 12 月 22 日,婚宴如期开席,席间参加婚宴的亲朋好友反应菜肴不干净,搭配的圣女果都有开裂,而且面包很硬,主菜材料不新鲜。于是,小李的家人找服务员反映情况,要求接下来的菜品务必注重质量,并要更换面包,服务员表面答应,但没有任何行动,这样连续反映了三次服务员都没有任何实质性回应,只是声称值班经理不在,自己无权决定更换面包,小李家人感到气愤,向服务员索要经理电话,但服务员称自己不知道经理电话。亲朋好友对此宴会并不满意,甚至有朋友当场跟小李开玩笑地说这次宴会的菜不知道是让吃还是不让吃。小李对酒店不负责任的行为更为生气。但为了婚宴能顺利进行,小李的家人没有再与服务员交涉。

但宴会结束付账时,小李要求餐厅经理给予合理的解释,否则拒绝付账。此时,经理才匆忙赶到现场。听取了小李的要求后,经理表示歉意,但不愿意给予补偿,对此处理结果小李及家人不满意,经理以当时宴会预定时已经给过优惠为由不再给予赔偿。小李及家人认为优惠是经理自愿给予的,不能现在算。双方僵持不下,小李与家人准备先行回家,并告知服务员什么时候处理好给自己电话,自己再来结账,但服务员关上西餐厅大门不让走,并拨打110报警,致使小李和家人十分生气。

110警员到达后表示此事不在自己职责之内,但愿意为双方调解,提出让酒店方减掉主菜的价格,小李和家人考虑到毕竟是办喜事,愿意接受,但经理仍坚持不予补偿。小李及家人更加生气,随即要求除了减掉食材不新鲜的主菜价格,他们还认为,因为这次婚宴菜品不行,使自己在亲朋好友面前丢了面子,要求餐厅予以赔偿。

最终,警员告知经理,如果不接受客人的要求赔偿可以向法院申述,自己不再协调,并批评了酒店经理的做法。

最终,酒店经理衡量再三,做出同意赔偿的决定。但小李及家人表示对酒店处理本次事件的做法极为不满,以后有什么需求再也不会考虑该酒店,并表示会告知自己要结婚的朋友慎选该家酒店。

请思考:酒店服务员在接到客人反映的情况时该怎样处理?

作为酒店经理在处理此次事件上有哪些不足?

宴会是在普通用餐的基础上发展起来的高级用餐形式,也是人们交往中常见的礼仪活动,是因习俗或社交礼仪需要而举行的宴饮聚会。宴会又称作燕会、筵宴、酒会,是社交与饮食结合的一种形式。人们通过宴会,不仅获得饮食艺术的享受,而且可以增进人际的交往。随着酒店业的发展,宴会活动在酒店经营中越来越起着举足轻重的作用。宴会按照不同的标准可以分为不同的类型,一般有中餐宴会(中国传统的聚餐形式)、西餐宴会、国宴(国家元首或政府首脑为国家庆典或欢迎外国元首、政府首脑而举办的正式宴会)、正式宴会(通常是政府和团体等有关部门为欢迎应邀来访的客人或来访客人为答谢主人而举办的宴会)、便宴(也即是非正式宴会,常见的有午宴、晚宴,不拘于严格的宴会礼仪,宴会过程较为随便、亲切,菜肴也不是十分讲究)等几种形式。

任务一 西餐宴会的组织与管理

西餐宴会是一种按照西方国家宴会形式举办的一种宴会,特点是宴会上摆放西式餐台,提供西式菜点,采用西式餐具,提供西式服务,并按照西餐礼仪进行服务。一般而言,西餐宴会比较注重就餐环境和氛围,常有轻音乐作为就餐背景。

一、西餐宴会的特点

相对于中餐宴会而言,西餐宴会有其自身的特点,主要有以下几点:

(一)餐桌以长形台为主

西餐宴会一般使用长形桌或方形桌,必要时可进行组合,偶尔也使用圆形台,但以长形台为主。

(二)讲究分餐制

西餐宴会用餐时采用分餐制,一人一份餐盘,菜品以西式菜品为主。分餐制不仅有助于均衡营养,也有利于预防食源性传染疾病。

(三)讲究酒水搭配

在西餐宴会中,讲究酒水与菜品的搭配,同时讲究酒水与酒杯的搭配。如白葡萄酒适合配备小型且竖长形的酒杯,因为白葡萄酒受氧气的影响最直接也最强烈,这样可以减少酒在酒杯中的面积,使二氧化碳难以挥发从而保持白葡萄酒的香气。而红葡萄酒则适合配用容积大的酒杯,因为红葡萄酒接触氧气越多就会使香气越浓烈。

二、宴前组织准备工作

(一)掌握宴会情况与明确任务

1. 掌握宴会情况

宴会前,各岗位服务员应详细了解宴会的人数、标准、台形设计、宾主身份、举办单位或个人、付款方式、特殊要求、菜单内容和服务要求等。

2. 熟悉菜单

宴会菜品不同,所要准备的餐具及相应物品会有所差异,因此,宴会服务人员应事先了解宴会菜单,并根据菜单准备各种餐具及根据菜单上酒水类别准备相应的酒杯。

3. 明确任务

宴会服务人员要明确自己的岗位职责,熟悉宴会的服务规程。

(二)宴会场地布置

1. 休息室布置

西餐宴会休息室的布置与中餐宴会大致相同,必要时可以分设男宾休息室和女宾休息室,以方便不同性别客人的交谈。在中国,一般还有吸烟区和非吸烟区的分设。

2. 宴会厅布置

服务人员根据宴会通知单的要求提前布置好宴会厅。宴会厅内要有相适应的装饰品,如壁画、油画、书法作品、花草等;宴会厅内要有舒适的环境,要显示出高雅、豪华、协调、清洁、美观、大方、典雅，以便客人进入宴会厅既有优美、舒适、愉快的感觉，又有豪华、高雅之感。西餐宴会厅墙壁装饰的图案要有西方特色，一般有各种油画、水彩画，内容也应符合西方人的欣赏习惯和艺术特色。

（1）根据宴会的目的、性质和举办者的要求，在厅堂的上方悬挂会标，如"庆祝××公司成立""欢迎××代表团"等。

（2）在宴会厅四周摆放盆景花草以突出或渲染宴会隆重而热烈的气氛。

（3）如是国宴，应悬挂两国国旗。

（4）如是一般的婚宴或寿宴等，则在宴会厅的醒目位置（一般是主桌后的墙壁上）挂上"喜"字或"寿"字，也可根据客人要求挂贴对联等。

（5）可根据举办者要求，在主桌右后侧设置致辞台，台面铺台布，台侧围桌裙，台面用盆景、鲜花装饰，台上放两个麦克风，以便宾主致辞。

（6）宴会厅的温湿度应控制在规定的范围内，大型宴会更应注意，以防人多、菜热引起室温的突然升高。

（7）宴会中如安排有乐队伴奏或文艺演出，可合理利用宴会厅现有的表演舞台，如果没有舞台，则应设计出乐队或演出需占用的场地。

（三）准备工作台

1.选定工作台的位置

根据出席宴会的人数、宴会规模和菜单所需要的餐具、用具数量，确定工作台的大小和位置，并确保工作台的卫生清洁。

2.工作台用品的准备

在工作台上通常摆放咖啡具、茶具、冰水壶、托盘、干净的烟灰缸及服务用具如刀、叉、勺等；在备餐间内准备面包篮、黄油、各种调味品及酒水等。

（四）准备餐具、酒具和用具

西餐中使用的餐具种类繁多，每种菜肴都可能有其特殊餐具的要求，因此，必须先了解各式菜肴所需搭配的餐具。

1.金属器具的准备

西餐中的金属器具一般主要有头盘刀、头盘叉、汤匙、鱼刀、鱼叉、主餐刀、主餐叉、黄油刀、甜品叉、甜品勺、水果刀、水果叉、咖啡勺、服务叉、服务勺等。

2.瓷器餐用具

西餐中的瓷器餐用具一般有装饰盘、汤盘、面包盘、黄油碟、咖啡杯、咖啡碟、糖盅、奶盅、牙签盅、椒盐瓶、烟灰缸、花瓶等。

3.杯具

应根据宴会客人所选用的酒类而定。主要有水杯、红葡萄酒杯、白葡萄酒杯、香槟杯、鸡尾酒杯、白兰地杯、威士忌杯和利口酒杯等。

4. 棉织品

西餐中用到的棉织品主要有台布、桌裙、净布、服务餐巾和托盘垫巾等。

5. 服务用具

西餐服务用具主要有托盘、面包篮、席位卡、烛台、蜡烛、开瓶器、冰桶架和冰桶、洗手盅、餐巾纸等

6. 特殊菜品用具

蜗牛夹和蜗牛叉、通心面夹、龙虾夹、龙虾钳和龙虾叉、坚果捏碎器等。

另外，除了按照宴会订单人数准备齐全每个客人必用餐具外，还要准备一定数量的备用餐具和酒具，以备个别客人在特殊情况下使用。

（五）酒水、饮料、果品等的准备

（1）根据宴会菜单上酒水、茶和果品的要求领取相应的酒水、茶和果品。

（2）酒水要仔细检查，并根据酒水的供应温度提前降温，并备好酒篮、冰桶、开瓶器、开塞钻等用具。在开宴前半小时左右，值台员应擦净瓶（罐）身，将酒水整齐地码放在工作台上，并将开瓶器具也备好放在旁边。

（3）果品准备：挑选检查并清洗干净果品，需要去皮的要准备好去皮的工具，并及时去皮。

（4）备好菜品以及与菜品匹配的辅助材料和面包、黄油等。提前 10 分钟将面包、黄油摆放在面包碟和黄油碟中，所有客人的面包、黄油种类和数量都应是一致的，以便及时上桌。

（5）按要求调兑鸡尾酒、多色酒和其他饮料。

（六）西餐宴会摆台

摆台又称铺台，是将餐具、酒具等辅助用品按照一定的规格程序整齐美观地铺设在餐桌上的操作过程。西餐宴会摆台和西餐零点摆台有规格上不同的，但总的来说，均要求清洁卫生、整齐有序、放置得当、方便就餐以及配套齐全。

西餐宴会摆台是指根据宴会菜单和规格铺上台布，按列出的宴会菜单摆上相应的餐具，餐具的摆放要符合规格要求。根据通知单上的酒水要求摆放酒水杯。台面中央放鲜花、烛灯、胡椒瓶、盐瓶、牙签盅、烟灰缸、火柴等。西餐宴会在台面上一定要有蜡烛，特别是晚宴。另外，在举办西餐高级宴会时，在铺好台布后，还要在长台的纵方向摆上一条装饰性的宽彩带，这样可以把台面衬托得更加华丽。在铺放台布前先检查主副椅子是否位于短边的中心以及其他四只椅子是否两两相对，为了后续操作方面，切忌拉椅后在椅子和桌子之间操作。具体操作顺序和标准见本章知识链接——西餐宴会摆台评分表。

（七）宴会开始前的准备

（1）服务人员各司其职，提前 30 分钟做好一切准备工作。

（2）服务人员整理仪容仪表，做好服务准备。

（3）提前5分钟斟倒冰水或矿泉水，有蜡烛的可以将蜡烛点燃（小型宴会也可在客人入席后提供此项服务）

三、宴会组织管理

（一）工作安排与人员分工

接到宴会任务通知书后，宴会管理人员制定宴会接待工作计划，召开服务人员餐前会议，提出具体的要求和注意事项，管理人员应该根据宴会规模和要求明确各项工作任务，然后向参与宴会服务的服务人员布置工作任务，明确分工，责任到人。

（二）准备工作的组织与检查

督促服务人员完成准备工作，包括宴会厅的布置要求、餐台的式样、餐酒用具的领用、酒水的准备、摆台的标准、冷菜摆放的要求等。管理人员应将所有准备工作考虑周详，桌面餐用具的检查、卫生检查、设备检查、安全检查等进行详细的检查，保证万无一失。

（三）与厨房的沟通协调

宴会管理人员必须事先做好与厨房的沟通，如冷菜的特色、热菜的上菜顺序、所用的餐具、菜肴所跟的调配料等。在宴会进行过程中，管理人员必须根据宴会进程及时与厨房协调，控制出菜的速度。

（四）宴会过程的控制

（1）按宴会主办单位的要求来控制掌握整个宴会的时间。

（2）根据客人的进餐速度来控制上菜的速度。一般来说，每道菜的间隔时间在10分钟左右。

（3）加强巡时，随时控制服务质量，确保宴会服务规格。

（4）及时解决宴会过程中出现的问题。

（五）宴会后的总结提高

（1）每次宴会结束后都应总结本次宴会的成功经验，然后加以推广。

（2）在总结经验的同时，找出本次宴会的不足，分析产生问题的原因，提出解决办法，以便在下次宴会时改进。

任务二　西餐宴会餐桌布局

宴会餐桌布局是整个宴会策划的一项非常重要的内容。宴会餐台设计不仅仅是一门技术，同时更是一门艺术，其技术性表现在设计人员根据宴会的性质、规模、宴会厅的场地特点等因素来进行台型的合理设计和餐台的合理摆设,做到台型设计合理、席面摆设清洁整齐。其艺术性体现在餐台设计时要综合运用美学、几何学等综合学科知识,力求突出餐台设计高雅、新颖,突出主题的视觉效果。

一、西餐宴会餐桌布局的原则

宴会的餐桌布局应根据宴会的性质、形式、桌数、宴会厅的面积和形状以及主办单位的具体要求等灵活进行,但应遵循以下原则。

(一)突出主桌

在宴会厅举办的西餐宴会,首先要确定主桌位置,原则上,主桌应放在最显眼的位置,以所有宾客都能看到为原则。一般而言,主桌大部分安排在面对正门口的宴会厅上方,面向众席,背向厅壁纵观全厅,其他桌次由上至下依次排列,也可将其置于宴会厅的中心位置,其他桌次向其四周辐射排列。

(二)统一规格

西餐宴会使用的桌椅、台裙、台布等要求型号颜色一致,表面清洁、光滑、平整,在整个宴会餐桌的布局上要求整齐划一。

(三)布局合理

整个宴会餐桌的布局要充分利用宴会厅的场地条件,做到合理布局,讲究美观、适用。总的要求是餐桌左右对称、客人出入方便。

二、西餐宴会台型设计

由于受民族饮食风俗、饮食习惯的影响,西餐宴会在我国并不是十分流行,但近几年,随着人们生活水平的提高及消费观念的转变,西餐宴会在我国开始受到一部分人,尤其是年轻人的欢迎。

西餐宴会一般以中型和小型宴会居多,较为大型的通常采用自助餐形式。西餐宴会一般使用长形餐桌或小方桌,必要时可以拼接使用。餐台的大小和餐桌的安排通常根据宴会的人数、宴会厅的场地条件、宾客的要求等来进行,通常做到尺寸对称、出入方便、图案新颖,餐台两边的椅子对称排放,椅子与椅子之间的距离不少于 20cm。总体来看,西餐宴会台型设计大致有以下几种形式

(一)"一"字形长台

"一"字形长台通常设在宴会厅的正中央,与宴会厅四周的距离大致相等,但应留有较充分的位置,以便于服务员操作。"一"字形台型的两头有两种排列方式,其一是正方形,其二是圆弧形。"一"字形长台是适用于人数不多的西餐宴会台型设计,一般 20 人以下的西餐宴会比较适合选用此种台型。如图 7-1 所示。

（a）"一"字形长台(1)

（b）"一"字形长台(2)

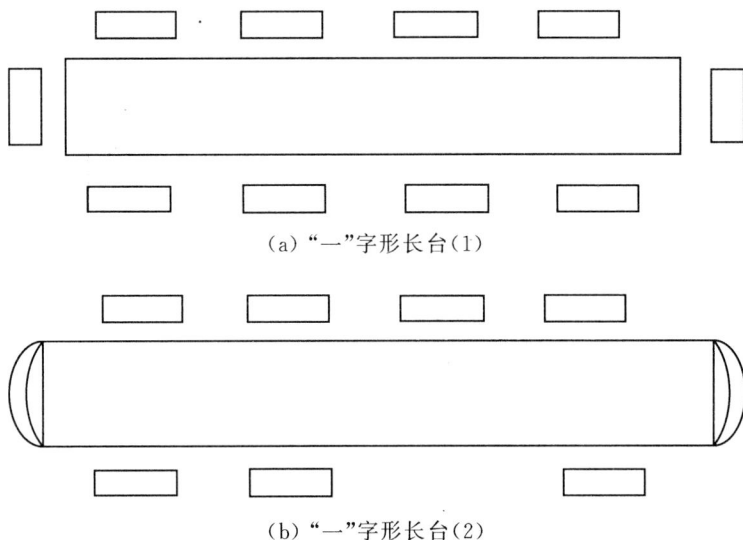

图 7 - 1 两种"一"字形长台

（二）"U"字形台

"U"字形台又称马蹄形台,一般要求横向长度应比竖向长度短一些。餐台的凹口处或用作法式服务的现场表演处,或者中间布置花草、冰雕等装饰物,便于主客观赏。一般而言,40 人左右的西餐宴会适合采用"U"字形台。如图 7 - 2 所示。

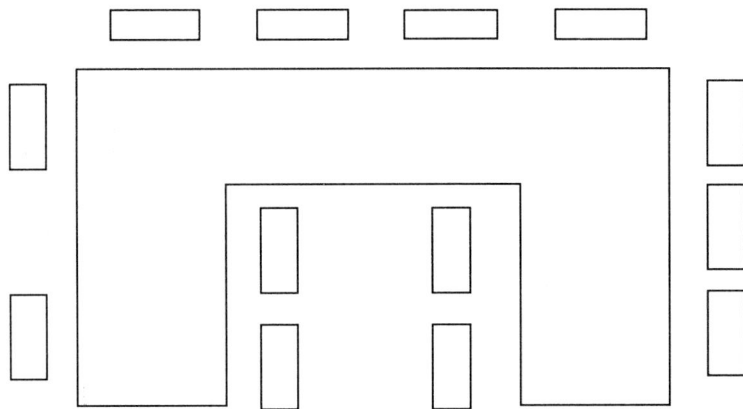

图 7 - 2 "U"字形台

（三）"E"字形台

"E"字形台的三翼长度应相等,一般而言,60 人左右规模的西餐宴会适合选用此种台型。如图 7 - 3 所示。

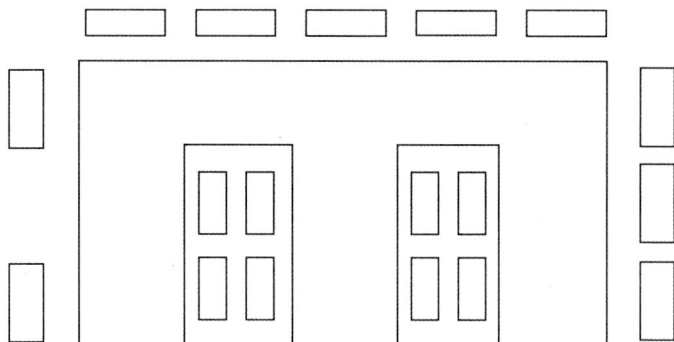

图 7 - 3 "E"字形台

（四）"T"字形台

这类台型主要是为了迎合宴会厅的形状与宴会来宾的人数而设计的，一般而言，60 人以上规模的西餐宴会比较适宜选用此种台型。如图 7 - 4 所示。

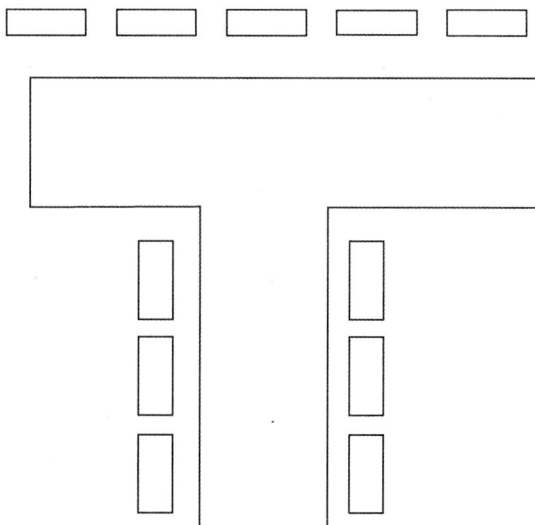

图 7 - 4 "T"字形台

除以上几种常用的图形外，西餐宴会根据宴会规模大小还有教室形台、星形台等。人多时，也可以采用多种台形进行组合。现在许多西餐宴会也使用中餐的圆桌来设计台形。总之，西餐宴会的台形应根据宴会规模、宴会厅形状及宴会主办者的要求灵活设计。

三、西餐宴会席位安排

席位安排是指根据宾、主的身份、地位来安排每位客人的座位。在进行席位安排时，餐厅必须与宴会举办者联络，了解其要求。

（一）西餐宴会席位安排的原则

1. "高近低远"的原则

西餐宴会的席位安排也应遵循"高近低远"的原则。高近低远中的高低是指客人的身份和地位,而近远则是指客人与正、副主人(或主桌)的距离。主人大都坐在餐台中央,主宾在主人右侧,他们面对其他来宾而坐,其他来宾距主人越近,则表示其身份地位越高。

2."右高左低"原则

另外,西餐宴会还讲究"右高左低"原则,同一桌上席位高低以距离主人座位远近而定。如果男、女主人并肩坐于一桌,则男左女右;如果男、女主人各居一桌,则尊女主人坐于右桌;如果男主人或女主人居于中央之席,面门而坐,则以其右方之桌为尊,右手旁的客人为尊;如果男、女主人一桌对坐,则女主之右为首席,男主人之右为次席,女主之左为第三席,男主人之左为第四席,其余位次依序而分。

3. 恭敬主宾

在西餐礼仪里,主宾极受尊重。即使用餐的来宾中有人在地位、身份、年纪方面高于主宾,但主宾仍然是主人关注的中心。在排定位次时,应请男、女主宾分别紧靠女主人和男主人就座,以便受到较多照顾。

4. 交叉排列

用中餐时,用餐者经常可能与熟人,尤其是与其恋人、配偶在一起就座。但在用西餐时,这种情景便不复存在了。正式一些的西餐宴会一向被视为交际场合,所以在排列位次时,男女应当交叉排列,生人与熟人也应当交叉排列。因此,一个用餐者的对面和两侧往往是异性,而且还有可能不熟悉或者不认识。这样做的最大好处是可以广交新朋友,同时也要求参加餐会者最好是双数,并且男女人数各半。

西式宴会的席次一般根据宾客地位进行安排,女宾席次依据丈夫地位而定。

(二)西餐宴会席位安排

1."一"字形长台席位安排

"一"字形长台席位安排有两种方式。其一是法国式(也称欧陆式),特点是餐桌横向摆放,主人坐中间,女主人面向门,男主人背对门。主宾位置依据右高左低原则排列,男女交叉而坐。女主人右面为第一男主宾,左边为第二男主宾。男主人右边为第一女主宾,左边则为第二女主宾。座位安排应由较长的桌缘开始,空间不够时可以将余座安排在较短的桌缘。上菜时遵循女士优先原则,从第一女主宾开始,依序服务。如图 7-5 所示。

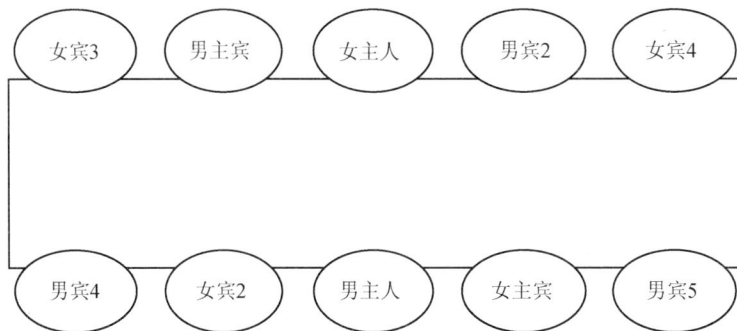

图 7-5　法式长形台席位座次安排

其二是英美式长形台座次席位安排,特点男女主人分坐两头,女主人面向门,男主人背对门,男主人右手边是女主宾,女主人右手边是男主宾,其余依序排列。上菜时同样遵循女士优先原则,从第一女主宾开始,依序服务。如图 7-6 所示。

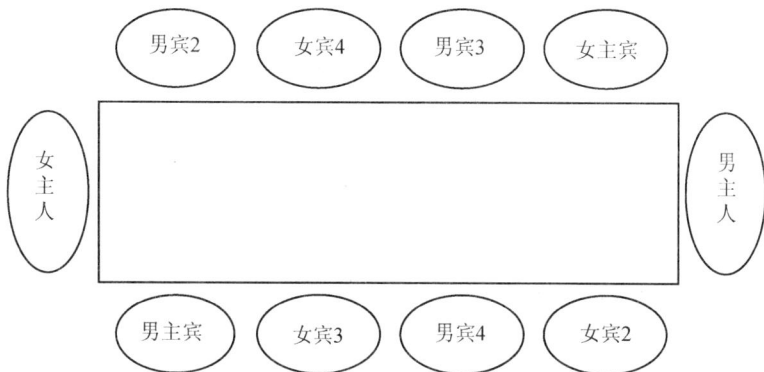

图 7-6　英美式长形台席位座次安排

2. "T"字形或"U"字形台席位座次安排

"T"字形或"U"字形台排列时,横排中央位置是男女主人位,身旁两边分别位男女主宾座位,其余依序排列。如图 7-7 所示。

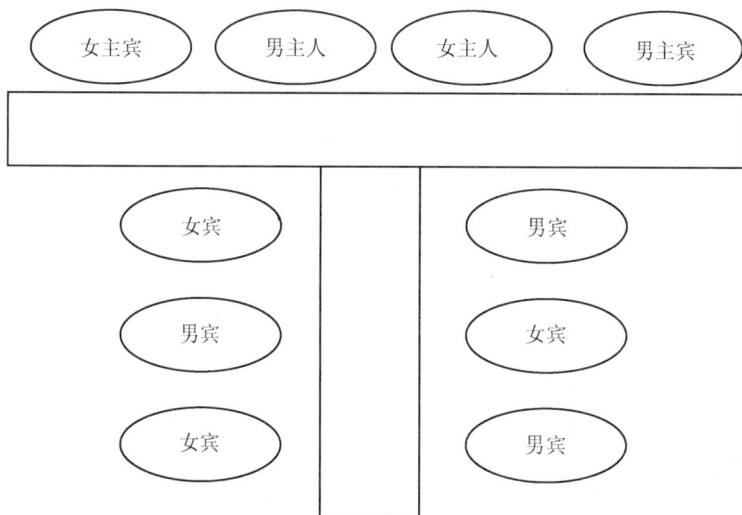

图 7-7　"T"字形或"U"字形台席位座次安排

3. 西餐宴会圆桌式席位座次安排

在西餐中,使用圆桌排位的情况并不多见,在隆重正式的宴会里则更为罕见。其具体排列方法,基本上是各项规则的综合运用。

西式圆桌座位安排仍然遵循西餐宴会座次安排原则,一般女主人面向门而坐,男主人背对着门而坐,女主人右边为第一男主宾,左边为第二男主宾,同时,男主人右边为第一女主宾,左边为第二女主宾,其他宾客依次入座。女士优先,从第一女主宾开始依次进行服务,女主人最后,女主人之后服务第一男主宾,男主人则为最后。如图 7-8 所示。

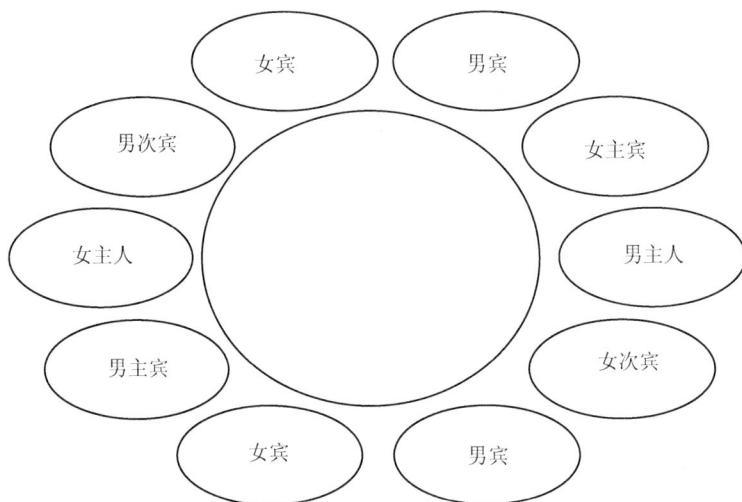

图 7-8   西餐宴会圆桌式席位座次安排

任务三   西餐宴会服务规程

西餐宴会讲究气派、排场和规格,尤其是高级的西餐宴会服务,对服务员的素质要求极高,需要服务人员通力合作、默契配合。

一、迎宾服务

西餐宴会迎宾要做到热情、礼貌。俗话说面带三分笑,礼数已先到,面带微笑,使用敬语。

当客人进来的时候,要行注目礼,在客人离迎宾大约 2 米左右的位置时,点头微笑说:"您好!"当客人走近的时候,再说:"欢迎光临",然后行鞠躬礼,大约 15°～30°就可以了,鞠躬时心中默念 1、2、3 然后起身。伸出手,在前胸划半圈后,打开手,眼神回到客人。

值得注意的是,西餐宴会一般提供存衣服务,迎宾时可以接挂衣帽,并引领客人到休息室休息。

二、餐前鸡尾酒服务

一般而言,正式的西餐宴会开始之前,都会安排半个小时到 1 个小时的餐前鸡尾酒会,以便参加宴会的人能互相问候、了解,也符合西餐宴会社交性交往的原则。

餐前鸡尾酒服务时,服务员用托盘端送饮料、鸡尾酒,并巡回请宾客饮用,在茶几或小方桌上配备一些小吃,如干果、虾片等供客人选用,同时摆放鲜花、餐巾纸等。

三、西餐宴会席间服务

(一)引领入席

在宴会开始前5分钟左右,主动询问宴会主人是否可以开席,若主人同意开席,则可以通知厨房准备上菜,同时引领客人至餐桌,拉椅让座,按先女宾后男宾,先客人后主人的顺序,为客人铺餐巾。

(二)用餐服务

所有服务遵循先宾后主,女士优先的原则。一般来说,面包、黄油、沙拉需要从客人左侧提供服务,而其他菜品则主要从客人右侧提供服务。

1. 面包服务

在宴会开始前几分钟摆上黄油,从客人左手边分派面包,面包作为佐餐食品可以在任何时候与任何菜肴搭配,所以要保证客人的面包盘总是有面包,一旦盘子空了,应随时给客人续添。

在西餐宴会中,不管面包盘上有无面包,都不要撤掉,直到撤宴会主菜盘时方可撤掉,若菜单上还有奶酪,则需等到客人用完奶酪后或在上点心之前,才能将面包盘撤掉。

2. 按上菜顺序上菜

顺序是:冷开胃品、鱼类、副盘、主菜、甜食、水果、咖啡或茶。另外,要先斟酒后上菜,任何一道需要配饮酒类的菜品,在上桌之前均应先斟酒后上菜。

3. 按菜单顺序撤盘上菜

(1)在上每一道菜之前,应先撤去上一道菜肴的餐具,斟好相应的酒水,再上菜。在撤盘时要注意客人餐具的摆放,如果客人将刀叉并拢放在餐盘左边或右边或横置于餐盘上方,是表示不再吃了,可以从客人右侧撤盘,但客人如果将刀叉呈"八"字形搭放在餐盘的两边,则表示暂时不需撤盘,西餐宴会要求等所有宾客都吃完一道菜后才一起撤盘。

(2)客人每吃完一道菜,应将所用餐盘及餐具一起撤下。在撤餐具时,动作要轻稳。西餐撤盘一般是徒手操作,所以一次不应拿得太多,以免失手摔破餐具。另外,宴会厅全场撤盘、上菜应一致,多桌时以主桌为准。

(3)如餐桌上的餐具已用完,应先摆好相应的餐用具,再上下一道菜。

4. 服务主菜的要求

(1)从客人右侧撤下装饰盘,摆上餐盘。主菜的最佳部位是对着客人放,而配菜自左向右按白、绿、红的顺序摆放。

(2)值台员托着菜盘从左侧为客人分派主菜和蔬菜,菜肴的主要部分应靠近客人,另一名值台员随后从客人左侧为客人分派沙司。

（3）主菜的沙拉要立即跟汁，沙拉盘应放在客人的左侧。也应从左侧为客人依次送上。

5.服务甜品、水果

（1）上甜品之前先撤下除酒杯以外的餐具，包括主餐盘、主餐餐具、面包盘、黄油碟、椒盐瓶和面包篮等。

（2）用一块叠成四方块的口布对餐台进行扫台。

（3）换上干净的烟灰缸，摆好甜品叉匙，左叉右勺。水果要摆在水果盘里，跟着上洗手盅、水果刀、叉。

6.服务咖啡或茶

（1）服务咖啡或茶之前先摆好糖缸和奶缸。

（2）咖啡杯或茶杯放在客人的右手边，然后拿咖啡壶或茶壶依次斟上。

（3）有些高档宴会需要推酒水车，问询客人是否需要餐后甜酒，问询客人是否需要雪茄。

7.席间服务注意事项

（1）经常需增添的小餐具：上点心要跟着上饼叉；上水果前要摆水果碟、水果刀。

（2）递洗手盅和香巾。

时机：宴会中当客人吃完剥蟹、剥虾、剥蚧后或在吃水果之前或餐毕时递洗手盅与香巾。

方法：盅内盛凉开水，有时用花瓣或柠檬汁装饰。用托盘送至客位右上方，即酒杯上方。

（三）结账服务

在宴会即将结束时提前核对菜品，当客人用完餐后，以最快的速度准备好账单，检查无误后，与宴会负责人结账。

（四）欢送客人

宴会结束，客人离席时，要为客人拉椅让位，方便客人离开，并为客人检查是否有遗留物品，送还客人保管的衣物。

送客人到餐厅门口，向客人表示多谢，欢送客人离开，并欢迎他们下次光临。

四、宴会后的收尾工作

（一）检查台面，有无客人遗留物品

在宴会结束时务必检查台面，看是否有客人遗漏物品，如果有，及时按照酒店相关规定办理相关物品保管手续，如果确认没有物品遗漏，则可以开始整理台面。

（二）收拾台面，清理餐桌

收拾台面，清理餐桌的工作一定要等到客人离开后方可进行，不能让客人看到整理餐桌时那种不洁净的工作场面,以免给客人留下不卫生和不干净的印象。

（三）进行总结提高。

宴会结束后进行总结,对宴会中出现的意外或不尽如人意之处进行反省并记录在案,及时总结经验教训,以便下次更好地开展宴会服务。

知·识·链·接

"2013年全国职业院校技能大赛"
高职组西式宴会服务赛项规程(节选)

一、赛项名称

西式宴会服务。

二、竞赛目的

本项竞赛旨在检验参赛选手西餐服务的专业操作能力及设计创新能力,展示参赛队员在产品创新、现场问题的分析与处理、卫生安全操作等方面的职业素养,促进高职教育紧贴产业需求培养企业急需的酒店管理(旅游管理)专业高素质技能型人才,引导高职院校专业教育教学改革,展示高职院校的专业建设成果。

三、竞赛方式和内容

（一）竞赛方式

本赛项为个人赛,各参赛选手独立完成所有比赛项目。各省(自治区、直辖市)限报3名选手参赛,每名选手限1名指导教师。来自同一院校的参赛选手不得超过2人,选手与指导教师的对应关系一旦确定不得随意改变。

1. 西餐宴会摆台比赛按比赛过程和最终作品进行评判。包括:

（1）基本操作技能与卫生习惯;

（2）餐台摆台标准与规范展示;

（3）斟酒服务与规范展示;

（4）餐巾折花与操作展示;

（5）提交菜单设计与主题说明书(中英文)。

2. 饮料调制与调酒按饮料调制过程和作品进行评判。包括

（1）爱尔兰咖啡的制作程序、技巧;

（2）调酒的基本技能与程序。

3. 台面主题介绍

用英语介绍自己的台面设计主题。

4. 葡萄酒品鉴

选手参赛通过对现场提供的 3 款葡萄酒,进行品尝鉴别,用文字方式写出每款酒的酿制原料及酒品基本特征。

(二) 竞赛内容

比赛内容以西式宴会服务为主,调酒服务为辅,涵盖西餐宴会台面创意设计、菜单设计、餐巾折花、西餐宴会摆台、斟酒、调酒、葡萄酒品鉴、西餐服务英语运用等。

比赛分三部分五个环节,即仪表仪态展示、现场专业技能比赛(摆台、调酒、葡萄酒品鉴)、英语台面设计介绍。

1. 仪容仪态:主要考察选手的仪表仪容、仪态举止等是否符合酒店行业的基本要求和岗位要求。由现场比赛裁判进行检查。

2. 现场专业技能比赛

(1) 西餐宴会摆台:包括西餐宴会摆台、餐巾折花、斟红葡萄酒、菜单设计、台面布置。主要考察选手操作的熟练性、规范性,台面布置的美观性、实用性,以及对西餐文化的理解和成本控制等专业知识的掌握。

(2) 饮料制作、调酒:调制爱尔兰咖啡一份;采用英式调酒法现场调制一款自创鸡尾酒。主要考察选手对混合饮料、酒品知识的理解和调酒操作的基本技能。

(3) 葡萄酒品鉴:从备选的卡本妮苏维翁(Cabernet Sauvignon)、梅乐(Merlot)、赤霞珠(Villa Jolanda)等五款葡萄酒中选三款提供给参赛选手,采用盲评方式,通过看、闻、品等,鉴别出葡萄酒的酿制原料,并用文字表述该葡萄酒的基本特征。

3. 台面设计介绍:选手用英语介绍台面设计主题、设计思路,考核选手西餐服务英语的综合运用能力。

(三) 赛项比赛时间

1. 仪表仪容检查在摆台操作前进行,时间由裁判员控制。

2. 西式宴会摆台每场比赛时间为 60 分钟。每位选手比赛时间为:

准备时间:2 分钟。

宴会摆台:18 分钟。

台面介绍:3 分钟/人。

操作时间到即停止操作,按选手完成部分打分,未完成部分不计成绩。

3. 饮料调制、调酒比赛。

爱尔兰咖啡调制:7 分钟(含准备时间 2 分钟)

自创酒调制：7分钟(含准备时间2分钟)

操作时间到即停止操作，按选手完成部分打分，未完成部分不计成绩。

4. 葡萄酒品鉴：20分钟/场，包括品鉴、文字描述。操作时间到即停止操作，按选手完成部分打分，未完成部分不计成绩。

四、竞赛规则

1. 各参赛选手参赛顺序于报名结束后由组委会组织进行抽签，抽签过程全部视频播出。

2. 现场比赛餐具布局、自创酒酒品及用具、爱尔兰咖啡调制用具及酒品等由各参赛选手自行准备使用，家具、斟酒用酒水、咖啡、红葡萄酒等由赛会统一提供。

3. 各参赛选手西式宴会主题设计中心艺术品、装饰品由选手预先制作完成后带进赛场。

4. 参赛选手按规定时间到达指定地点，凭参赛证、学生证和身份证(三证必须齐全)进入赛场，同时将参赛用品用具带入场地。选手迟到20分钟取消比赛资格。

5. 各队领队和指导教师，以及观摩人员在赛场指定的观摩区观摩比赛。

6. 新闻媒体在赛场设定的媒体采访区工作，并且听从现场工作人员的安排和管理，不能影响比赛进行。

7. 参赛选手不得携带通信工具和其他未经允许的资料、物品进入比赛场地，不得中途退场。如出现较严重的违规、违纪、舞弊等现象，经裁判组裁定取消比赛成绩。

8. 参赛选手检录时提交餐台主题设计和自创鸡尾酒说明及菜单设计说明书，进入赛场后接受仪表仪容检查。现场比赛准备时间2分钟，确认现场条件无误后举手示意，听到统一指令后开始比赛。

9. 比赛过程中，参赛选手须严格遵守操作标准和规范，保证自身安全，并接受裁判员的监督和警示；若因设备故障导致选手中断或终止比赛，由大赛裁判长视具体情况做出裁决。

10. 为避免影响其他选手比赛，现场操作比赛不允许播放背景音乐。

11. 若参赛选手欲提前结束比赛，应向裁判员举手示意，比赛终止时间由裁判员记录，参赛选手结束比赛后不得再进行任何操作。

12. 现场比赛结束，经裁判员确认后方可离开赛场。

五、评分方式及奖项设定

(一)评分标准制订原则

1. 以国家职业标准(餐厅服务员高级工)为标准。

2. 以参赛选手西餐服务与调酒服务的基本技能为比赛重点，通过适度创新，考核选手的创新能力。

3. 以酒店西餐服务与酒吧调酒服务的行业要求为参考。

4. 本着"公平、公正、公开、科学、规范"的原则设计评分标准,组织比赛。

(二)评分方法

比赛总成绩满分 100 分,其中仪表仪态 10%,现场操作 70%(其中西餐宴会摆台 50%,调酒 20%),英语介绍 10%、葡萄酒品鉴 10%。具体评分方法如下:

1. 西餐宴会摆台现场比赛和台面主题英语介绍裁判员由 5 人组成。裁判员负责检查参赛选手仪表仪容,比赛过程中检查操作规范,对西餐主题创意、菜单设计、斟酒及整体台面、主题介绍等进行评判。评判得分计算办法:去掉五个裁判中的一个最高分和一个最低分,算出每位选手的该项平均分,小数点后保留两位。

2. 调酒现场比赛裁判员由 5 人组成。裁判员负责参赛选手饮料调制、调酒规范、基本技能、自创酒创意等的评判。得分计算办法为:去掉五个裁判中的一个最高分和一个最低分,算出每位选手的该项平均分,小数点后保留两位。

3. 葡萄酒品鉴裁判由 2 人组成,得分计算办法为:直接算出每位选手的平均分,小数点后保留两位。

4. 裁判员对每位选手评分将于现场公布,如有异议请直接向大赛仲裁工作组申请复核。

5. 竞赛名次按照得分高低排序。当总分相等时,按照西餐宴会摆台得分、调酒得分、英语成绩得分排序。

(三)评分细则

1. 仪表仪容、西餐宴会摆台评分细则(见附表 1 西式宴会摆台评分表,合计 60 分)

2. 主题台面英语介绍(合计 10 分)

(1)评分标准

准确性:选手语音语调及所使用语法和词汇的准确性。

熟练性:选手掌握岗位英语的熟练程度。

语言表述:选手语言表述简练、清晰、规范。

(2)评分说明

8—10 分:语法正确,词汇丰富,语音语调标准,熟练、流利地掌握岗位英语,语言表达清晰、规范。

6—7 分:语法与词汇基本正确,语音语调尚可,允许有个别母语口音,较熟悉岗位英语,语言表达基本清晰、规范。

3—5 分:语法与词汇有一定错误,发音有缺陷,但不严重影响正常表述。

2分以下：语法与词汇有较多错误，停顿较多，严重影响表达。不能适应语境的变化。

3. 调酒评分细则（见附表2调酒评分表，合计20分）

4. 葡萄酒品鉴评分细则（合计10分）

（1）判断准确：3分

（2）品酒方法：1分

（3）特点描述：6分

葡萄酒特征描述主要包括酿酒葡萄品种、葡萄酒的色泽、口味、服务要求等方面进行。

附表1　西式宴会摆台评分表

项　　目	项目评分细则	分　值
仪表仪态 （10分）	头发干净、整齐，着色自然，发型美观大方	2
	面部：男生不留胡须及长鬓角，女生化淡妆	2
	手部干净，不留长指甲，不涂有色指甲油	2
	服装、鞋袜整洁干净，符合岗位要求	2
	举止大方、注重礼貌、微笑	2
铺台布 （2.5分）	台布中凸线向上，两块台布中凸线对齐	0.5
	两块台布面重叠5cm	0.5
	主人位方向台布交叠在副主人位方向台布上	0.5
	台布四边下垂均等	0.5
	操作规范，最多四次整理成形	0.5
席椅定位 （1.5分）	从主人位开始按顺时针方向摆设，从席椅正后方进行	0.5
	席椅间距基本相等，相对席椅的椅背中心对准	0.5
	席椅边沿与下垂台布相距1cm	0.5
装饰盘 （3分）	从主人位开始顺时针方向摆设	0.6
	盘边距离桌边1cm	0.6
	装饰盘中心与餐位中心对准	0.6
	盘与盘之间距离均等	0.6
	手持盘沿右侧操作	0.6
刀、叉、勺 （10分）	刀勺叉由内向外摆放，距桌边距离符合标准（标准见最后"备注"）	5（每件0.1）
	刀勺叉之间及与其他餐具间距离符合标准（标准见最后"备注"）	5（每件0.1）

续　表

项　目	项目评分细则	分　值
面包盘、黄油刀、黄油碟(4分)	摆放顺序：面包盘、黄油刀、黄油盘	1
	面包盘盘边距开胃品叉1cm	0.6
	面包盘中心与装饰盘中心对齐	0.6
	黄油刀置于面包盘右侧边沿1/3处	0.6
	黄油碟摆放在黄油刀尖正上方,相距3cm	0.6
	黄油碟左侧边沿与面包盘中心成直线	0.6
杯具(4分)	摆放顺序：白葡萄酒杯、红葡萄酒杯、水杯(白葡萄酒杯摆在开胃品刀的正上方,杯底中心在开胃品刀的中心线上,杯底距开胃品刀尖2cm)	1.2
	三杯成斜直线,向右与水平线呈45度角	1.2
	各杯身之间相距约1cm	1.2
	操作时手持杯中下部或颈部	0.4
花瓶(花坛或其他装饰物)(2分)	花瓶(花坛或其他装饰物)置于餐桌中央和台布中线上	1
	花瓶(花坛或其他装饰物)的高度不超过30cm	1
烛台(2分)	烛台与花瓶(花坛或其他装饰物)间间距相等	1(每边0.5)
	烛台底座中心压台布中凸线	0.5(每座0.25)
	两个烛台方向一致,并与杯具所呈直线平行	0.5(每座0.25)
牙签盅(2分)	牙签盅与烛台相距10cm	1(每个0.5)
	牙签盅中心压在台布中凸线上	1(每个0.5)
椒盐瓶(2分)	椒盐瓶与牙签盅相距2cm	1(每组0.5)
	椒盐瓶两瓶间距1cm,左椒右盐,间距中心对准台布中凸线	1(每组0.5)
餐巾盘花(4分)	在盘中摆放一致,左右成一条线	1
	造型美观、大小一致,突出正副主人	3
倒水及斟酒(4分)	为三位客人斟倒酒水(其中餐台长边2人,短边1人)	
	口布包瓶,酒标朝向客人,在客人右侧服务	0.5
	倒水及斟酒的顺序为：水、白葡萄酒、红葡萄酒	0.5
	斟倒酒水的量：水4/5杯;白葡萄酒2/3杯;红葡萄酒1/2杯	3
	斟倒酒水时每滴一滴扣0.5分,每溢一摊扣2分	
托盘使用(1分)	餐件和餐具分类按序摆放,符合科学操作	0.5
	杯具在托盘中杯口朝上	0.5

续　表

项　目	项目评分细则	分　值
综合印象 （8分）	台席中心美化新颖、主题灵活	2
	布件颜色协调、美观	2
	整体设计高雅、华贵	2
	操作过程中动作规范、娴熟、敏捷、声轻、姿态优美,能体现岗位气质	2
合　计		60
物品落地、物品碰倒、物品遗漏　　件		扣分:　　分
实　际　得　分		

备注:1.装饰盘;2.主菜刀(肉排刀);3.鱼刀;4.汤勺;5.开胃品刀;6.主菜叉(肉叉);7.鱼叉;8.开胃品叉;9.黄油刀;10.面包盘;11.黄油碟;12.甜品叉;13.甜品勺;14.白葡萄酒杯;15.红葡萄酒杯;16.水杯。

各餐具之间的距离标准:(1)1、2、4、5、6、8与桌边沿距离为1cm;(2)1与2,1与6,8与10,1与12之间的距离为1cm;(3)9与11之间的距离为3cm;(4)3、7与桌边的距离为5cm;(5)6、7、8之间,2、3、4、5之间,12与13之间的距离为0.5cm;(6)14、15、16杯肚之间的距离为1cm。

物品落地、物品碰倒每件扣2分;物品遗漏每件扣1分。

附表2　调酒评分表

项　目	要求和评分标准	分　值
爱尔兰咖啡调制 （10分）	严格按配方调制	1
	制作程序规范,方法得当	2
	调制器具使用得当,保持干净,整齐	1
	调制后的饮料色泽准确,口感适当	3
	斟倒酒水无滴洒,台面清洁卫生	1
	操作姿态优美,手法干净利落	2
自创鸡尾酒调制 （10分）	主题创意新颖,独特,具有一定的时代感	1
	调酒材料选配合理,与主题创意相符	2
	调酒器具使用得当,保持干净,整齐	0.5
	酒品颜色协调、口感舒适、味道纯正	1
	装饰物制作合理,搭配有致	0.5
	酒品观赏性强,整体风格与主题创意相符	1
	主题创意说明清晰,表述完整	1
	酒水使用完毕,旋紧瓶盖,复归原位	0.5

续 表

项　目	要求和评分标准	分　值
自创鸡尾酒调制 （10 分）	调酒操作姿态优美，手法干净卫生	2
	斟倒酒水无滴酒，台面清洁卫生	0.5
合　计		20
物品落地、物品碰倒每次每件扣 1 分		扣分：　　分
实　际　得　分		

（四）奖项设定（略）

六、比赛场地与设备

（一）赛会统一提供物品

1. 西式宴会餐台（高度为 75cm，长 240cm，宽 120cm）

2. 餐椅

3. 工作台

4. 摆台比赛用酒水（水扎，红葡萄酒、白葡萄酒）

5. 调酒用工作台、操作台、热咖啡

6. 品酒用杯具、红葡萄酒

（二）选手自备物品

1. 西式宴会摆台所需所有餐器具、装饰物等

2. 调酒所需所有用具、杯具等

任务四　西餐宴会突发事件及投诉处理

宴会服务过程中，会遇到形形色色的人和发生一些难以预料的事件，甚至遭遇客人的投诉，对此，宴会厅工作人员应按既定方针和原则妥善处理，尽量给客人提供优质的服务。

一、西餐宴会处理突发事件的要求

突发事件在餐饮服务中的处理，关系到餐饮服务的质量水平和宾客的满意程度，同时也能体现出服务人员的服务能力。突发事件的偶然性要求服务员应具备一定的处事能力和必要条件。

（一）突发事件处理的情绪管理

情绪管理，就是用对的方法，用正确的方式，探索自己的情绪，然后调整自己的情绪，理

解自己的情绪,放松自己的情绪,表达自己的情绪。如同亚里士多德所言:"任何人都会生气,这没什么难的,但要能适时适所,以适当方式对适当的对象恰如其分地生气,可就难上加难"。据此,情绪管理指的是要适时适地,对适当对象恰如其分地表达情绪。要善于掌握自我,善于调节情绪,能以乐观的态度、幽默的情趣及时地缓解紧张的心理状态。

宴会服务人员在处理突发事件时,一定要控制好自己的情绪,这对提高服务质量和应对突发事件具有极大的作用,而这要求服务人员要有稳定的心态,善于察觉、合理表达自己的情绪。

1. 察觉情绪

察觉情绪是情绪管理的第一步,当遇到突发事件时,要能察觉自己的情绪是什么,是愤怒、委屈、失落还是别的情绪表现? 只有先能察觉到自己的情绪,才能管理好自己的情绪。

2. 表达及控制情绪

宴会服务人员在遇到突发事件时一定要善于表达及控制自己的情绪。如当客人预订宴会时间到了,但还没有来消费时,我们打电话向客人询问时要注意把握语言表达所流露出的情绪,若我们问:"您好,宴会时间到了,您怎么还没有来啊?"这会向客人传达一种我们责怪或者不耐烦的情绪。而如果我们换另一种表达:"您好,我是XXX酒店西餐厅的服务员小李,您在我们这里预订了今天中午12点的宴会,现在时间快到了,请问您能及时赶到吗? 我们方便给您准备相关菜品?"这样的表达向客人传达的是我们关心客人的情绪,而不是责怪的情绪,容易被客人接受,使客人肯定我们的服务质量。

若遇到客人无理取闹时,在情绪的控制上就更显得重要,要求服务人员不能与客人起冲突,面对这种情况,服务人员可以心中默数十个数,以控制自己即将爆发的情绪,等情绪稳定后再向客人解释有关问题。

3. 要有稳定的心态

情绪就是人对事物的态度的体验。从心理学的角度而言,积极的心态带来积极的情绪,促发积极的行动。所以,积极的心态和情绪是每个人毕生追求的一种状态。

(二)要有处理意外事件的灵活的思维能力

思维能力是指人们在工作、学习、生活中每逢遇到问题,总要"想一想",这种"想",就是思维。它是通过分析、综合、概括、抽象、比较、具体化和系统化等一系列过程,对感性材料进行加工并转化为理性认识,从而解决问题。在处理宴会意外事件时,要求服务人员拥有灵活的思维能力,所谓灵活主要有四个方面:

(1)思维起点的灵活性,即能否从不同的角度、方向、方面按照不同的方法来解决问题。

(2)思维过程的灵活性,即能否从分析到综合,从综合到分析,灵活地进行综合分析。

(3)概括和迁移能力,即是否愿意和善于运用规律,能否触类旁通。

(4)思维的结果是不是多种合理而灵活的答案。

而思维的灵活性是可以训练的。首先，平常要注意知识的应用性，能够把知识真正活学活用，而不仅仅停留在书本知识表面；其次，要注重知识之间的相互渗透和迁移，只有知识形成体系后，才能真正被吸收和消化。

（三）要有较强的应变能力

应变能力是当代人应当具有的基本能力之一，尤其是对于服务人员来说，在宴会中，什么样的情况都有可能发生，需要服务人员具有良好的应变能力。比如对于酒店服务产品的熟悉与了解，对于酒店规定的了解，对于相关服务程序的掌握，以及对于宾客个体差异的了解与掌握等方面的情况。

在服务过程中，难免会出现一些不和谐音符，有时是酒店自身方面的原因导致的，有时候是顾客的原因造成的，甚至有时则是其他一些外界因素影响的，但不管是哪种原因导致的意外情况，都需要服务人员辨别类型，找到原因，不但要有处世、说话技巧，更要有阅历与经历。找机会去别的部门交叉培训，充分充实自己的西餐服务知识，让自己成为饭店内及相关业务知识问不倒的人，提前预料到尽可能多的突发事情，这才是"以不变应万变"的万全之策。

总之，在星级饭店的西餐餐饮服务中，一定要关注客观环境、宾客需求和服务技能等因素对服务质量的影响，处理好它们之间的关系，不断学习、积累和丰富服务经验，完善和发展服务程序，这样才能在遇到突发事件时，正确和适度地处理好各类事件，取得理想的服务效果。

二、西餐宴会突发事件处理

（一）突然停电的处理

（1）服务人员应保持镇定、冷静，先稳定好客人的情绪，维护现场秩序，并迅速开启应急灯或其他备用照明设备，如帮助客人点燃蜡烛。并提醒客人不必惊慌，请就座于原有位置，并看管好自己的物品。

（2）迅速通知当班负责人和工程部，将停电的具体情况，包括场内人数、客人情绪以及已采取的应急措施等细节报告当班负责人。

（3）查明停电原因，如果是酒店内部停电，马上组织维修，如果是区域停电或其他原因一时无法维修，应向宾客表示歉意和向客人做好解释，必要时可以引导客人离开现场，注意避免客人发生碰伤、摔伤或遗失物品等意外事件。

（4）对于未付账客人进行账单的催收，在催收过程中，可以在授权范围内，酌情减免客人的账单。

（5）将经过及处理过程详细记录在值班日志上，以备查阅。

（二）突发火灾及其处理

（1）西餐宴会突发火灾时，要遵循先救人后救火的原则，尽量避免人员伤亡，尽快疏散易燃易爆的化学物品,以免火势扩大。

(2)火灾现场第一发现人发现烟火时,立即拨通酒店消防值班室电话,并告知失火地点、火势大小等,必要时请示相关责任人是否需要拨打119和110。

(3)服务人员要保持冷静,稳定客人的情绪,维持疏散现场秩序,告知客人要听从工作人员指挥,组织客人从安全通道疏散到安全区域,避免客人因慌乱发生踩伤、挤伤事故,同时告知客人不能乘坐电梯。

(4)如有浓烟,协助客人用湿毛巾捂住口鼻,弯腰行进。开门前先感知门把温度,不要轻易打开任何一扇门,以免引火烧身。

(5)将经过及处理过程详细记录在值班日志上,以备查阅。

(三)客人意外受伤处理

(1)发现客人意外受伤后,立即将受伤客人转移至安全位置,向客人表示诚挚的歉意,检查客人伤势,安抚客人情绪。

(2)如果客人受伤严重,则需要在请示值班经理的前提下,将客人送至医院救治。

(3)如若客人受伤时,有急救知识和经验的服务人员应利用相关知识对客人进行急救,以争取客人等待医生救援的时间。

(4)将经过及处理过程详细记录在值班日志上,以备查阅。

(四)醉酒客人吵闹处理

(1)一旦发现有客人醉酒闹事,服务人员要及时报告酒店保安。

(2)引导围观人员撤离现场,同时,将一些易于搬动的物品或其他贵重物品搬离醉酒人员,以免损害酒店物品和砸伤其他无关人员。

(3)不能与醉酒客人争执。

(4)如果事态严重,酒店保安人员无法控制,必要时可以报警。

(5)将经过及处理过程详细记录在值班日志上,以备查阅。

(五)宴会人数变动处理

(1)宴会临时增加人数时,应视增加的人员数量,摆上相应的餐具用品。增加人数不多时,可以分散插入到别桌入座。若增加人数过多,现场宴会厅无法容纳,可以征求宴会主人是否可以加桌,或放到邻近适合的空宴会厅。若宴请主人同意,则通知厨房准备增加的菜品。并把相应单据送至收银台,结账时注意核对。

(2)宴会中人员数量减少时,如果宴会标准不高,减少的人数不多,应尽量说服宴请主人不要减菜,但如果宴会的标准较高,减少的人数又较多,宴请主人提出减菜要求,服务人员应与宴会业务员联系,宴会业务员则与厨房联系,半成品的菜品可以减掉,已做菜式不能取消,并及时向客人说明情况。结账时注意减去相应的费用。

总之,西餐宴会服务人员在具备情绪管理能力、灵活的思维能力、较强的应变能力的基础上,可针对突发事件的性质和种类采取补救、协调、缓和、赔偿、行政手段、法律手段等相应的对策。

补救措施是针对硬件设施和服务行为的不足所引发的突发事件而言的。这些事件会对宾客的安全、心理、需求等方面带来不良的影响,因此需要采取及时的补救措施来挽回影响。

协调措施可应用于那些因为环境和服务失衡所引发的突发事件,如等候时间过长、上菜时碰撞了宾客、餐厅突然停电等。这些事件会影响宾客的用餐情绪,应及时采用相应的补救和协调手段来平和其心理。

缓和措施在对待因宾客本身原因所造成的突发事件时,较为实用。

赔偿措施常应用于因产品质量而给宾客的精神和物质带来损失的事件,它可体现饭店对客人的歉意和真诚。

行政手段和法律手段,是针对那些严重影响其他宾客消费的恶劣事件而采用的处理方法,如罚款、保安人员劝其离去、联系公安部处理等。该法可有效地维护广大宾客的安全,保持饭店餐饮服务的正常进行。

三、客人投诉处理

投诉即是指客人主观上认为由于酒店方的服务差错而引出的麻烦、不快损害了他们的利益,进而向有关人员和部门进行反映或要求给予处理的一种行为。客人与酒店的关系实质上是一种买和卖的关系,也是被服务与服务的关系。到店客人以双方商定的价格来购买特定的服务产品,从而满足自身在物质上和精神上的需要。当宾客认为所付出的费用与得到的服务产品质量不成正比,即认为所购买的酒店产品物非所值时,就会产生投诉。

（一）正确认识客人的投诉

投诉是任何酒店任何员工都不希望发生的行为,但投诉通常是不可避免的,即使是世界上最负盛名的酒店也会遇到客人投诉。成功的酒店善于把投诉的消极面转化成积极面,通过处理投诉来促动自己不断改进,防止投诉的再次发生。正确认识宾客的投诉行为,就是不仅要看到投诉对酒店的消极影响,更重要的是把握投诉所隐含的对酒店的有利因素,变被动为主动,化消极为积极。

1. 投诉是提高服务质量的催化剂

投诉虽然会影响到酒店的声誉,但投诉可以让服务人员知道自己的工作还有哪些失误、还有哪些可以改进的地方,可以提醒酒店服务人员注意服务工作中存在的问题和漏洞,不断提高服务质量和管理水平。据有关研究发现,当顾客心中有抱怨时,只有4%会告诉你,96%感到不愉快的客人从不向餐厅反映问题,而会选择默默离去,其中91%不再光顾。因此对于客人的投诉,不应将其视为客人在找麻烦,而是应将其看成是客人信任、忠于酒店的一种表现。即使是客人的有意挑剔、无理取闹,酒店也可以从中吸取教训,为提高经营管理质量积累经验,使制度不断完善,服务接待工作日臻完美。

2. 投诉给酒店提供了挽回自身声誉的机会

一般而言,客人投诉代表着他们对该酒店有着较高的期望,其内心是很认同酒店的相关服务的,只是本次消费过程不尽如人意才会投诉。而那些不满意酒店服务却根本不投诉的客人,我们将永远地失去了,因为他们会把这种消费过程中的不满通过发牢骚等形式向其亲朋好友宣讲,或自认倒霉,以后再也不来酒店消费了,无论是哪一种情况,酒店的损失都是极大的。因此,客人投诉是给了酒店一个挽回声誉的机会,如果投诉处理及时,让客人满意,不仅会留住一个客人,还会带来更多的客人,因为,投诉的客人同样会把投诉处理的结果告知其周围的人。

（二）认识客人投诉心理及应对方法

客人的投诉一般有两种原因:其一是主观原因,即认为服务人员态度不好或工作不负责任,自己没有获得应有的尊重。其二是客观原因,一般而言是由于酒店设施不完善、服务收费不合理、菜品质量等问题引起的。因此,针对不同的投诉,我们要正确认识客人的投诉心理,找到有针对性的处理投诉的办法。

1. 求尊重心理

求尊重是人的正常心理需要。在餐饮服务的客我交往过程中,消费者求尊重的心理一直十分明显,而在进行投诉活动时这种心理更加突出。投诉的目的是找回尊严,获得别人的尊重,维护自己的自尊和面子。客人进行投诉后,希望得到理解、同情和支持,希望受到有关部门应有的重视,向他表示歉意,并立即采取行动,恰当地处理投诉。

酒商处理这种投诉的方法是应进行沟通和交流。其做法是:首先表示同情,这样可缓解消费者的愤怒情绪,切忌误入冲突的僵局;跟着询问原因,设法弄清为何发怒,以便有的放矢解决问题;然后是认真倾听,发怒的餐饮消费者常常需要寻找一个发泄对象,作为一名服务人员,必须认真耐心地听取客人的叙述或投诉,使客人觉得你在重视他,尊重他,再是提供帮助,在你力所能及的范围内为客人解忧,即使办不到,说几句安慰的话也会使客人会感到心情舒畅些。

2. 求补偿心理

客人在消费的过程中,因酒店的过错或过失给客人造成了损失或伤害,客人就会利用投诉来要求有关部门给予一定的补偿,以弥补自己物质或精神上的损失,这是非常正常的心理需求。投诉的目的是获得一定的赔偿。

处理这种投诉,一定要弄清楚给客人造成的损失的大小,在合理范围内尽量满足客人对赔偿数额或赔偿方式的期望,甚至高于客人的期望,切忌在补偿问题上推三阻四,给客人留下不负责任的不良印象。

3. 求发泄心理

"水不平则流、人不平则语",这句俗语告诉我们客人在碰到使他们烦恼的事情或被讽刺挖苦之后,会感到自己不受重视、遭受了不公正的待遇,心理会很不平衡,致使心中充满了怨气、怒火,必然要利用投诉进行发泄,以维持心理平衡。投诉的目的是为了发泄内心的不满和抑郁情绪,客人通过投诉的形式将自己的愤怒、怨气发泄出去,恢复心理上的平衡。

处理这种投诉,一定要耐心倾听客人的投诉,不要轻易打断客人的话语,让他把自己内心的不满和怨气都发泄出来,问题也就解决了一半了。

(三)处理投诉的原则

处理客人的投诉,应结合实际情况,从满足客人投诉心理需求的角度出发,按照一定的原则,尽可能在合理的范围内满足客人的要求。

1. 坚持宾客至上的原则

宾客至上不仅是我们的服务宗旨,在我们处理投诉的时候更应该成为首先遵循的原则。这要求受理投诉、处理投诉的酒店工作人员对客人的投诉应持有正确的态度,不与客人争吵,不为自己辩护。接待投诉客人,要想方设法平息客人的抱怨。做到先处理情感,再处理事件,特别是当客人投诉与酒店服务质量不佳有关时,更应该真诚地听取客人的意见,表现出愿为客人排忧解难的诚意,对失望痛心者宽言安慰,深表同情,对脾气火爆者豁达礼让、理解为怀,争取圆满解决问题,这本身就是酒店正常服务质量的展现。如果说投诉客人都希望获得补偿的话,那么,在投诉过程中对方能以最佳的服务态度对待自己,这对通情达理的客人来说,也算得上是某种程度的补偿。

2. 兼顾客人和酒店双方的利益

在处理客人投诉时,既要对客人的损失做出一定的补偿,同时又要考虑酒店自身的利益。对客人的投诉要做到公正的处理,既能满足客人的投诉需求,又要尽可能将酒店的损失降到最小。

(四)处理客人投诉的策略

1. 耐心倾听、弄清真相

客人在投诉时,一般情绪都较为激动,因此处理投诉的服务人员应专注地倾听客人诉说,耐心、专注地倾听客人陈述,不打断或反驳客人,更不要忙着解释,此时客人要的不仅仅是解释,急于解释会让客人觉得工作人员在推卸责任,会使客人的怨气更加大,更不利于问题的解决。同时可以用适当的手势和表情来引导客人继续倾诉,并对客人的述说辅以书面记录,以表达对客人的尊重和帮助客人解决问题的诚意,最重要的是要准确领会客人的意思,把握问题的关键所在。

一定要让对方感觉到这个问题正在或即将被处理。无论客户情绪如何,其最终目的仍然是解决问题。让他感到问题已在处理中,自然会逐渐平静下来。即便你无法采取客户所渴望的行动,但若能做到以下几点,客户仍会感到满意。

(1)准备好表格让对方填写。通常,填写表格等于签字画押,十分正式,这样会让客户觉得处理的程序非常规范,自己的投诉也得到了重视。

(2)拿出自己随身携带的小本子,在对方说话时将问题记录下来。当对方快讲完时,承诺一定会认真处理,同时将小册子放进口袋。

这些行动都是告诉客户已经达到了投诉之目的,帮助其稳定情绪,为大事化小、小事化了提供谈判环境。

2.端正态度、诚恳道歉

在处理客人投诉时,工作人员应自始至终保持冷静和沉着,客人的声音高,说话的速度快,应说:"请您不要急,慢慢讲。"客人意见属实,我们要明确表态,虚心接受,并诚恳地向客人表示感谢。客人提的不实意见,也不要说"没有的事""绝不可能"等断语,而应代之以诸如"让您感到不快,我们有责任,我们还要多方面提高服务质量"等表态。有了这个态度,处理客人的投诉能减少很多麻烦。"争一句没完没了,忍一句会一了百了",实在是对待投诉的警言箴语。

3.快速反应、减少等待

客户在投诉时,心理上已经有一定的负面情绪。所以,在处理投诉结果上,快速反应绝对是一个好的弥补。对当场能够解决的问题一定要迅速处理,给出解决方案供客人选择,如果当场不能解决,一定要给客人讲清楚,为不耽误客人时间,可以劝说客人先行离开,但一定要告知客人处理问题所需的确切时间,设法取得客人的理解,以避免使客人觉得是在推卸责任。如在向客人承诺的时间内还没有解决问题,一定要电话客人或登门向客人解释清楚,并适时向客人汇报问题处理进度,向客人表明我们处理问题的决心和诚意。

4.区别情况,恰当处理

处理客人投诉是个性化服务的具体体现,客人性格不同,需求不同,对问题的看法亦不同,故处理投诉时应在前面所述的基础上区别情况,随机应变,迅速果断的处理。如属一般服务工作的失误或态度问题,应立即向宾客致歉;如属饭菜质量有问题,应立即给予调换;如果是客人的过分要求,超出自己的权限而上级又不在,也要耐心地向客人解释,取得谅解,并请宾客留下联系方式,以便告诉客人最终处理结果。

5.检查落实、记录存档

客人投诉的妥善处理,并不意味着投诉处理工作的结束。应适时与投诉者联系,检查核实客人的投诉是否已圆满解决以及客人对解决方式的满意程度,并将整个过程予以记录,形成分析报告用以存档,作为今后改进服务工作、完善管理制度、提高客人满意度的依据。

知·识·链·接

3W、4R、8F 原则

如何处理客人投诉,服务界有一个共通的"3W、4R、8F"原则。

"3W"是指在任何一次客人投诉中,处理人员需要尽快知道的三件事:

* 我们知道了什么? —What did we know?

* 我们什么时候知道的? —When did we know about it?

* 我们对此做了什么? —What did we do about it?

"4R"是指对待客人投诉的态度:

* 遗憾(Regret);

* 改错(Reform);

* 赔偿(Restitution);

* 纠正(恢复)(Recovery)。

"8F"是指应该遵循的八大原则:

* 事实(Factual)——承认事实真相;

* 第一(First)——率先对问题做出反应;

* 迅速(Fast)——处理时要果断迅速;

* 坦率(Frank)——不要躲闪要坦诚;

* 感觉(Feeling)——与客人分享你的感受;

* 论坛(Forum)——与客人建立信息传递;

* 灵活性(Flexibility)——对外沟通的内容也应关注事态的变化;

* 反馈(Feedback)——对外界变化及时做出反馈。

【思考题】

1. 简述西餐宴会的座次安排。

2. 简述西餐宴会的规程。

3. 简述西餐宴会预定的程序和注意事项。

4. 简述西餐宴会突发事件处理方法。

5. 简述客人投诉的心理需求及处理客人投诉的策略。

【案例分析题】

前几天,刘先生跟朋友在某家西餐厅吃饭。当时他们点了两份肉,菜名已经记不清了。朋友点一个排骨,刘先生点一个乳鸽。上菜后,挑剔的味觉告诉刘先生,这鸽子肉味道不怎么对劲,继而尝了第二口,很肯定地说,这鸽子不新鲜。刘先生心生诧异,夹了一口排骨,发现味道更有问题。朋友才告诉他,她早已觉得味道不对,但以为这肉便是如此这般,所以也不吭声,只是不吃这排骨了。

刘先生与朋友对企业管理都有着浓厚的爱好,他们认为,这是一个测试此餐厅如何应对客户投诉的绝好时机,于是叫来服务生,告知味道不好,服务生再叫来一个类似主管的男生(看起级别并不高,我们这里就叫他小管吧),小管看了看菜,回去拿了叉子与小蝶分别夹了几块肉,言明去尝尝。

刘先生与朋友一边聊天一边等待结果……

过一会儿,小管回来了,不大好意思地告诉他们,这肉是昨天的,所以味道不是很新鲜。小管答应要给他们换菜。刘先生与朋友都是明理之人,虽然有些坏了胃口,但也不想破坏气氛,于是换了两道菜。

原以为,这餐厅为了挽救客户忠诚度,换菜的速度应该是很快的,可惜令人很失望。他们足足等了 25 分钟,菜还是没有上来。刘先生自认为是一个好吃懂吃之人,刘先生心里清楚,他点的菜只需 10 分钟就能做好的。生气的刘先生对服务生说"太慢了,把点的菜撤销吧,结账"。

但很快的,刘先生的菜竟然上来了。只是朋友点的菜还是没有上。

朋友开始发飙了,让服务生传餐厅管事的人过来。过了一会儿,来了一位女经理,朋友告诉她,想了解一下刚才两道菜为什么是这个味道,为什么要用昨晚不新鲜的肉来做。

经理辩解道:"这是昨晚的,但不是不新鲜的,因为排骨加了南乳,所以就这个味道。"刘先生再问:"那我的乳鸽呢"。经理说,乳鸽就是这个味道。

朋友十分失望。朋友在某企业做高管,深谙投诉之道。这是一家无可救药的餐厅,他们只能得出这样的一个结论。

"没事了,你走开吧,我不想看到你在这里辩解"朋友失望地对经理说。

问题:

1. 这家西餐厅在处理客人投诉时有哪些地方需要改进?

2. 根据此案例,总结处理客人投诉的原则和程序?

【实训项目】

实训项目名称	西餐宴会服务
实训学时	4 课时
实训目的	通过实训,使学生掌握西餐宴会服务程序及标准和动作要领
实训方法	角色扮演进行实训,4 名学生为一组,其中 2 人为服务员,另外 2 人为客人
实训内容	西餐宴会服务程序与标准

项目八　自助餐酒会服务与管理

★ 学习目标

● 能力目标

(1) 能够根据自助餐的特点及工作流程规范操作；

(2) 能够根据冷餐酒会服务、鸡尾酒会服务的工作程序及要领规范操作；

(3) 能为西餐自助餐用餐提供规范、周到、礼貌、主动的接待服务。

● 知识要点

自助餐、冷餐酒会、鸡尾酒会的特点及开餐、服务、收尾工作流程。

【案例导入】

　　目前流行世界各地的自助餐是如何起源的呢？据传发明自助餐这种吃法的既不是厨师,也不是美食家,而是一群海盗。在8—11世纪,北欧的斯堪的纳维亚半岛一直有海盗存在,每当海盗们有所猎获的时候,海盗头目就要出面宴请群盗,以示庆贺。那时,吃西餐有很多礼仪,海盗们不了解这些礼仪,也厌烦这些繁文缛节,于是他们便别出心裁,发明了这种把食物都做好摆到食台上自选、自取的用餐方式。后来,西餐经营商们将这种吃法文明化、规范化,并丰富了食物的内容,逐渐发展成了今日的自助餐。现在,有很多西方专业自助餐厅仍然冠以"海盗餐厅"(Smorgasboard)。"Smorgasboard"是瑞典语言,它的意思是在自助餐中有许多变化的菜肴可供享受,此即自助餐的由来。自助餐是一种客人亲自动手选择自己喜爱食物的就餐方式。经营自助餐的餐厅可以是接待零散宾客的零点餐厅,也可以是接待团体客人的宴会厅。当在宴会厅用自助餐形式为一起来的团体客人服务时,就是自助餐会。冷餐会相对这种自助餐来说具有菜肴丰盛、气氛热烈、消费较高的特点。后来自助餐传入中国,出现了中式自助餐,其内容发生了巨大的变化,变得极为丰富多彩。像生的牛、羊、猪、鸡、鸭、鱼肉、海鲜以及白菜、菠菜、粉丝、豆腐等均可入"涮"锅,再加上火腿、酱肉等熟制品和各色面点、各式冷拼,可以说是琳琅满目、应有尽有。同时,西餐菜品中符合中国人口味的内容也被保留下来,如蛋糕、沙拉、西式烤肠、烤肉等。又有人将西式自助餐与中式自助餐结合起来,发展为中西合璧式自助餐。

　　中式自助餐、西式自助餐和中西合璧式自助餐在菜品方面各有什么特色？在餐台摆设、就餐服务方面各有何要求？在以下章节中我们将为大家介绍。

任务一 自助餐服务与管理

一、自助餐的起源与发展

自助餐(buffet),是来源于西餐的一种就餐方式。厨师将烹制好的冷、热菜肴及点心陈列在餐厅的长条桌上,由客人自己随意取食,自我服务。这种就餐形式起源于公元8—11世纪北欧的"斯堪的纳维亚式餐前冷食"和"亨脱早餐(Hunt breakfast)"。顾客用餐时不受任何约束,随心所欲,想吃什么菜就取什么菜,吃多少取多少;而酒店方面省去了顾客的桌前服务,也就省去了许多人力,可减少服务生的使用,降低成本。因此,这种自助式服务的用餐方式很快在欧美各国流行起来,并且随着人们对美食的不断追求,自助餐的形式由餐前冷食、早餐逐渐发展成午餐、正餐;由便餐发展到各种主题自助餐,如情人节自助餐、圣诞节自助餐、周末家庭自助餐、庆典自助餐、婚礼自助餐、美食节自助餐等;按供应方式,由传统的客人取食、菜点成品发展到客前现场烹制、现烹即食,甚至还发展为由顾客自取食物原料、自烹自食的"自制式"自助餐,真可谓五花八门、丰富多彩。自助餐以其形式多样、菜式丰富、营养全面、价格低廉、用餐简便而深受消费者喜爱,尤其受到青年、儿童的青睐。自助餐以其独特的魅力正在逐渐兴旺起来。

二、自助餐的类型与特点

随着餐饮市场的不断繁荣和人们对饮食消费的更高要求,自助餐在经营过程中,其形式和内容不断丰富、增加,出现了形形色色的各种自助餐。这些形形色色的自助餐按其不同的分类标准,可以划分成若干类型。

(一)按自助餐用餐的性质和菜点风味划分

按自助餐用餐性质和菜点风味划分,可分为西式自助餐、中式自助餐和中西合璧自助餐三大类型。其中西式和中式自助餐按照其菜点出品的风味,又可划分出许多地方风味型自助餐,如:四川风味、淮扬风味、意大利风味、法式风味等等。这类自助餐的特点是菜点风味明确、特色明显,便于宣传、促销,对消费者吸引力强,更适合于美食节为主题推出,一年四季均可采用。但这类自助餐对食品的制作技术要求较高,对餐厅的布置、餐具的选用、服务质量等方面要求更高。

1. 西式自助餐

西式自助餐,是以欧美风味的菜肴、包饼、甜食等为食品体系,用刀、叉、匙为进餐工具的自助餐形式。西式自助餐的特点主要有:

（1）西式自助餐销售的食品已形成体系化。

西式早餐自助餐的食品体系由餐前饮料、蛋类、肉肠类、谷物类、面包类、餐后热饮等食品构成。餐前饮料通常是冷制的各种果汁、蔬菜汁及酸奶；蛋类有炒蛋、煎蛋、煮蛋、溜糊蛋等品种，并配有火腿、烟肉、香肠、奶酪、蘑菇等食品；面包类有小圆餐包、方包、牛角包、丹麦包等，配以黄油、果酱、蜂蜜等；谷物类有麦片、玉米片、泡泡米等；餐后热饮有咖啡、茶、可可等，并配以巧克力、饼干等。如就餐人数多，可增加一些特色面点、沙拉等。

西式正餐自助餐的食品格局通常由冷盘、沙拉类、汤类、开胃小吃类、热菜类、面包类、甜品类、酒水饮料构成。高级一些的还可以推出厨师长精选、特色烧烤等品牌菜点。

（2）西式自助餐的各种食品装盘都非常注重装饰、美化。展现在客人面前的菜点都具有一定的审美价值，这正是西式自助餐吸引顾客的一个重要方面。

西式自助餐食品的盛器是多样化的大型器具。有大气的银盘、镀金盘，形态各异的镜盘，晶莹剔透的水晶玻璃斗、玻璃盅，各种富有特色的瓷盘、瓷盅，乡土气息浓厚的柳藤编织品，木制沙拉盒以及组合式的糕点展示台和水果展示台，还有现代时尚的各种不锈钢保温盘、锅等。这些器具的使用，为菜点的艺术造型提供了有利的条件，更为菜点的美化起到了非常好的烘托作用，同时也美化了就餐环境，突出了整个餐饮活动的热烈气氛。

（3）西式自助餐特别讲究餐台、展示台的整体装饰效果，并要突出西方民族的情调和风格。它包括用餐工具、刀、叉、匙、盘、酒水杯的摆放，标准台布、口布、装饰布、桌裙的选择、搭配，台面上食品雕刻、黄油雕、冰雕以及一些工艺品的摆放、背景音乐、灯光等，通过细心布置、精雕细琢，充分体现西方的饮食文化特色和典雅、温馨的欧美艺术情调。

2. 中式自助餐

中式自助餐，就是将种类齐全的中式风味的菜点提供给客人，客人按照中国人的食俗习惯进餐的自助餐形式。中式自助餐的经营从一开始就是模仿西式自助餐的经营、运作方式来操作的，不同的是菜点风味不同，用餐的工具不同，餐台的布置、装饰及环境美化的情调、风格也有差异。

中式早餐自助餐常见于四星级以下的宾馆饭店或高级招待所，它仅服务于住店客人。

中式早餐自助餐的食品体系通常由红茶、绿茶、牛奶、豆浆、油条、各种谷物类、中式煎蛋、各种煎包、煎饺、各种蒸包、蒸饺、馒头、水饺、炒面等组成。客人在用餐过程中还可品尝到多种小菜，如各种酱菜、豆腐乳、椒盐花生等。其品种真可谓丰富多彩，与西式早餐自助餐相比毫不逊色。

3. 中西合璧式自助餐

中西合璧自助餐是将中餐、西餐菜肴，中、西点等食品有选择地组合在一起，同时销售给客人，使顾客在一餐中能够品尝到两种风味差别较大的饮食，领略到中西方不同的饮食文化特色。这种自助餐不仅菜点风味丰富，客人选择余地大，可以尽情取食到自己喜食的品种，而且还可以避免饭店单纯一种菜肴、点心翻新的困难,为菜点的翻新、餐台的丰盛创造了条件,提供了更大的空间。

中西合璧自助餐,其中西菜点的组合在菜点的结构上可按照西式自助餐食品结构组合,分冷盘、沙拉、汤羹、烧烤、热菜、面点、甜品等格局展示食品。在菜点的数量上以及中西式冷热菜、点心的出品比例方面,一般根据顾客的人数、年龄、饮食喜好而定。如果用餐的客人以外宾为主,应多制作些西式冷菜,如沙拉和西点,热菜则突出中菜,因为热菜是中式烹调的精华,而中式冷菜则不大适应西方客人。若是国内消费者则按照客人的地方口味灵活安排中餐,西餐则选用国内消费者适应的、具有西式风味特点的冷热菜和点心,特别是要突出西点制作。

(二)按餐饮经营策略划分

餐饮市场竞争日趋激烈,经营者不得不根据自己的特点不断变化自己的经营策略,以招揽顾客,牟取更多利润。为了满足消费者的需求,我国餐饮市场上出现了专营自助餐和兼营自助餐两种形式。

1. 专营自助餐

所谓专营自助餐,是指以专门销售自助餐的一种餐饮经营方式,这类饭店抓住广大消费者乐于接受自助餐这种活泼的就餐形式的心理,投入较大资金,甚至引进外资和外援,根据自助餐经营消费的特点,专门建造高级自助餐饭店,频频推出具有风味特色的自助餐美食,收到了很好的经济效益和社会效益。

下面以南京"里约人巴西烤肉"和"哈罗哈自助餐厅"为例,来说明专营自助餐的特点。

(1) 推出菜肴有特色。如"里约人"就是以巴西烤肉为经营特色:"30 余种烤肉＋近 200种中西菜肴任你选择",而"哈罗哈"是以"多国菜肴、品种丰富"为经营特色,号称"万国美食自助餐",它们推出的印度甩饼很有观赏性。

(2) 推出的服务有特色。如"里约人"上烤肉的方式是由身着具有巴西民族风格服饰的小刀手,一手持串有新烤出炉的肉的铁钎,另一手握一把雪亮的短刀,来到客人面前。把铁钎放在钎托上,带着优美、熟练的动作,用短刀将已烤好肉的外层分给客人,这一服务可谓是"里约人"的一道亮丽的风景,好多客人即使不吃烤肉也爱看小刀手拿肉的姿势、走路的动作、割肉时的风范。而在"哈罗哈",客人一进门就看见迎宾小姐身着夏威夷服饰,戴着花环,面带微笑,举起她们的右手或左手摆出特有的手势,向客人问候一声"Aloha"。"Aloha"是夏威夷当地人见面打招呼"你好"的意思。如果把"Aloha"声音拉长就变成"我爱你"的意思。把夏威夷当地人打招呼的这一民俗摆到"哈罗哈"门口作为迎宾方式,就成为"哈罗哈"服务的一大特色。

(3) 餐厅环境布置有特色。一般来讲,专营自助餐厅都突出一个主题来体现某一地区或某一国家的民族风情。餐厅的环境布置必须围绕这一主题,这样更能体现这一地区或这一国家的餐饮文化。如："里约人"体现的是巴西风情,那么足球、桑巴舞、沙舞、咖啡、印第安酋长像、牛骨、厚木图腾、墙壁的彩绘、亚马孙森林图等就成了本餐厅的主要装饰品。而"哈罗哈"体现的是夏威夷风情,餐厅的装饰品主要突出花环、草裙舞、沙滩风情等。

(4)自助餐餐台结构有特色。餐台的摆放更能全面体现出自助餐菜肴的丰盛,让客人时时刻刻感觉到有更多更好的选择。

(5)特殊气氛的营造也能起到至关重要的作用。如："里约人"的现场足球射门游戏,"哈罗哈"的猜谜活动等,都可以增加餐厅与顾客的互动性,从而更好地增添餐厅的热闹气氛。

(6)经营的灵活自如,可以以各种各样美食节的形式推出各种活动作为亮点来吸引顾客,比如,"里约人"举办的足球美食节、啤酒节等一系列活动,就起到相当好的效果。

(7)专营自助餐的营销价格可根据淡旺季节灵活应用,在淡季适当地推出一些优惠措施。如："里约人"针对这一特点在周一到周四推出特惠措施,同时也对教师、学生、军人给予最大的优惠。

(8)完善的自助餐设备。如拥有完善的厨房设备、保温设备和有一个可以同时容纳300～500人用餐的宽敞环境。另外菜肴的品种和数量也要足够顾客食用。

专营自助餐饭店在餐饮市场中有其竞争的优势,但也有不利的一面,其不利因素主要是对每一餐的客源估算难以把握,而自助餐又要求在每次开张营业的时候,必须按照一定的规格标准上齐各种美味食品,如果客人少,就会造成大量食物过剩,甚至浪费,使营业收入下降,甚至亏本,它不能够像经营多种餐饮项目的饭店那样,东面损失西面补,堤内损失堤外补。

2.兼营自助餐

兼营自助餐通常是指大型的旅游饭店为特定客人或特殊服务需要,临时兼用自助餐这一经营形式。通常有下列几种情况采用自助餐形式。

(1)由顾客提出饭店专门为其举办公司庆典自助餐或婚礼、生日庆典自助餐。

(2)在节假日,饭店餐饮火爆,生意应接不暇,为了节省服务人员和提高客人就餐的入座率,同时为了烘托节假日的欢乐气氛,饭店通常专门开辟一个餐厅举办自助餐。如圣诞节、国庆节等。

(3)一些饭店别出心裁,每逢周末在饭店开辟一个自助餐厅,以满足小家庭聚餐的需求。现代小家庭周末到饭店聚餐的趋势越来越明显,而且现代青年,尤其是儿童在用餐时喜欢无拘无束,喜欢吃什么就去取什么。自助餐菜肴丰富多样,自由选择的方式以及自助餐相对广阔自由的空间,让现代的年轻人和孩子得到满足。

(4)一些高星级的饭店,通常有许多长住饭店的商务客人,这些客人在饭店用餐不愿意花很多的时间去点菜,他们讲究的是时间就是金钱,平常用餐越快越好,为了满足这部分人的需要,饭店通常在一个不太大的雅致餐厅,每天按一定的标准定时开设自助餐,其菜点品种比大型自助餐要少些。

(5) 现代旅游饭店一般早餐都采用自助餐形式,通常是中西菜点相结合。早餐的菜点品种相对要少些,主要是冷菜和主食、面点、蛋类,其过剩的食品不易造成浪费,同时也节省了许多上早班的人员,可让更多的工作人员投入到中午和晚上的紧张工作中去。

兼营自助餐有许多好处。第一,在人力资源方面可以灵活调配,充分发挥人力资源的使用价值,减少浪费。如在举行大型隆重的庆典自助餐时,自助餐的人力不够,可以从其他餐厅或其他部门临时调集精兵强将为其服务,确保庆典自助餐有声有色,为饭店赢得荣誉。而在整个饭店经营特别繁忙时,特别是高级宴会很多时,饭店可对一些常住客人和零点客人临时开辟一个自助餐厅,用较少的服务员接待大量客人,为饭店创收更多的效益。第二,在食品原料的利用上可以做到物尽其美,物尽其用,减少原材料的浪费,降低餐饮成本。比如,周期性的周末自助餐和平常的商务自助餐,除了正常地使用一些优质原料以外,厨房往往会把一周使用下来的下脚料、边角料,经过精心的加工以后,全都用于自助餐当中,因而这类自助餐厅的价格便宜,食品丰富。顾客只要花较少的钱,就能够品尝到丰富多样的美味食品。第三,兼营自助餐的饭店开设自助餐服务,不但可以满足不同档次的消费需求,而且可以接待更多的餐饮消费者,是饭店创收方式之一。

三、自助餐的餐台设计及菜肴摆台

(一) 自助餐餐台设计原则

(1) 自助餐餐台(也叫食品陈列台)要布置在显眼的地方,使顾客一进餐厅就能看见,装饰要美观大方,自助餐台是餐厅内众所瞩目的地方之一,应明亮、显眼。

(2) 要方便顾客取菜,餐台与餐台之间留有一定的空间,使顾客在取菜时不影响客人用餐,同时餐台与餐台的整个结构也要有相对大的空间,这个空间要足以让客人自愿走动取食。

(3) 专营自助餐厅要根据菜肴的结构和结合餐厅的整体风格来设计餐台,把餐台分为冷菜区、热菜区、点心区、明档区等,这样方便客人有目的地取食。

(4) 要根据餐厅的实际环境来设计餐台,充分利用餐厅的每一个空间和角落,尽可能给顾客的餐桌留一个大的空间,使顾客之间不会感觉到拥挤和压抑,总之要使整个餐厅的空间得到最大限度的利用。

(5) 自助餐餐台的大小要考虑到客人人数及菜肴品种的多少,而对于专营自助餐厅来说,餐台的大小应根据餐位多少决定。

(6) 自助餐餐台应该离厨房较近,这样方便厨师加菜和服务人员工作。

(7) 餐台的设计应有层次性和立体性,给人以错落有致、意境深远的感觉,给顾客带来一种感官上的享受。

不管怎样,餐台的设计一定要紧扣餐厅的经营主题,围绕主题进行布置,同时要和餐厅的整个格调和文化氛围相协调。

(二) 自助餐餐台的类型

自助餐餐台的形状多种多样,变化多端。通常是根据餐厅场地来选择各种不同形状的台面,这些台面可单独使用,也可利用空间组合成各种新颖别致、美观流畅的台形。

(1) 兼营自助餐常用的台形有I形,即长台,这是最基本的台形,常靠墙摆放。L形台由两个长台拼成,一般放于餐厅一角。O形台即圆台,通常摆在餐厅中央,另外还有半圆形,1/4圆形、螺旋形、椭圆形和梯形等。

(2) 专营自助餐的餐台则是固定的,根据自助餐菜肴的特点,把冷菜、热菜、点心等分别摆放在固定的餐台上。餐台设有专门的保温区和冰槽,在餐厅最初设计时已确定了。

(3) 自助餐餐台也可根据场地特点和顾客的要求,将不同的台面通过构思拼合成各种独具匠心的台形。

(三) 自助餐菜肴的摆台

自助餐菜肴的摆台分为菜肴装盘和装盘菜肴的摆台两部分。

1. 菜肴装盘的原则

(1) 刀工精细、装盘整洁、美观大方。如:可用果蔬雕刻的花、虫、禽等装饰。

(2) 为突出菜肴的个性和观赏性,盛菜肴的器皿可选择多样性。如:可用镜盘摆放精美的点心、冷肠,用玻璃器皿装生菜沙拉,用大理石盘摆起司,用木盒装寿司,用竹篮装面包等。

(3) 盛器边缘干净明亮、无油迹。装好菜肴的盘子边缘不能有水滴、油迹或手指印。装盘时要注意保洁,如摆冷肠镜盘时,要先考虑好造型再摆放,不能摆过再移动,不然镜面就有油迹。装盘后,要用干净口布或餐巾纸擦净边缘。

2. 菜肴摆台的原则

(1) 按菜系分别摆台,突出菜肴类别,便于客人选食。摆放菜肴时要按冷菜区、热菜区、包饼区、汤羹区等分类摆放,不能杂乱无章,冷热不分。

(2) 热菜摆放时,要注意相邻菜肴色泽搭配协调,荤素隔开。不能把颜色相近的菜肴相邻摆放,应协调分开摆放;荤素菜肴要相邻摆放,不能一边全是荤,另一边全是素。

(3) 冷菜和包饼的摆放,要有立体感,错落有致,要给餐台以更大的空间来突出菜肴品种。

(4) 在冷菜和包饼区,为了突出区域的特点,可用一些大型雕塑、包饼饰品来装饰。为了突出菜点本身的特点,就要用一些小型装饰,如:巧克力花。也可用一些成品调味品,如美国辣椒汁、芥末酱、青芥辣、番茄沙司等装饰餐台,增加美观,提高观赏性。

(5) 在摆台时荤素冷菜同样需要分开,色彩搭配也应注意协调。

（6）摆放时,不同材质的盛器要分开摆放。

四、自助餐的菜单构成与设计

（一）一般自助餐的菜单构成与设计

一般自助餐的菜单构成:根据自助餐的整个菜系结构设计,通常是由开胃菜类,中、西式冷菜类,汤类,主菜类(海鲜、鱼虾、牛羊肉、禽),蔬菜类,包饼类,甜点,各种特色明档(烧烤、甩饼、寿司等)组成。

其设计原则如下:

（1）菜点品种迎合消费者需求。以消费者需求为导向来设计菜单,容易引起客人的兴趣,可以给用餐人员留下深刻印象。

（2）要充分分析餐厅的生产技术和设备力量,量力而行,菜单才能切实可行,否则再漂亮、再全面、再有档次的菜单,脱离了饭店软件、硬件,实际上就是纸上谈兵了。

（3）要根据餐厅容纳的人数来设计,菜点数量要适当,结构要平衡。菜点要丰盛,要让消费者用餐时感觉可选择菜肴的范围广。

（4）要能突出高身价或特色菜点以吸引客人,扩大口碑,增加客人消费的认同感。

（5）要依据自助餐中、晚餐的价格差异来制定自助餐菜单标准,要考虑到成本因素。

（6）要依据季节变化调整冷、热菜和时令菜肴的比例。

（7）另外针对一些特殊节日,菜单也要及时调整变动,以便顾客可以更好地感受节日的气氛。

（二）主题自助餐的菜单构成与设计

主题自助餐餐厅菜单的构成:在一般自助餐菜单的基础上更突显其风格和个性,它的菜单要突出其主题和主打品牌,如:"里约人巴西烤肉"的菜单,其主打品牌是烤肉,所以餐台上肉类分量所占比例不应太多,而像海鲜、蔬菜等应占较大的份额。

主题自助餐菜单的设计原则如一般自助餐厅菜单的设计。

（三）家宴自助餐的菜单构成与设计

家宴自助餐的菜单构成同一般自助餐的构成,只是量相对要少一点,菜肴可有针对性。家庭自助餐的菜单是根据所请客人的身份、人数及主人宴请目的而设计。

1. 宾客身份

（1）是外宾还是内宾。外宾可根据其所属地域、国度、宗教信仰、口味习惯来确定所选菜肴,内宾则按照常规搭配冷热荤素菜肴即可。

（2）是朋友还是同事。因为熟知朋友的癖性喜好,故可安排一些他们爱吃的菜点。若是同事,菜肴安排上就可随意组合搭配。

（3）是老年人或是年轻人、小朋友。照顾老年人生理特点的需要,应尽量多准备易入口、易消化的清淡爽口的菜肴、点心。而对于时尚流行的年轻人,"美味好吃"是他们选择食物的标准和原则。若有小朋友参加,那么薯条、冰淇淋更是必不可少的。

(4)特殊群体。对于特殊人群,如因患病,因信仰等需禁忌时,要考虑尊重他们的感情和习惯。

2.宾客人数

宾客人数的多少直接决定采用量。原则是确保客人有够吃的食物,但应避免浪费。

3.宴请目的

宴请目的决定自助餐的档次、规格及成本高低。是亲友团聚,还是朋友小聚;是私人派对,还是社交酒会。性质不同,菜单设计自然也不尽相同。

总之,自助餐成功与否的关键是菜单的设计!除需家庭氛围外,菜肴是至关重要的。有时为烘托气氛,提高自助餐的品位,还可设立由专人切配的冷切明档。如分切烤火鸡、烤乳猪、烤西冷等。

(四)节日自助餐的菜单构成与设计

节日自助餐的菜单构成:在一般自助餐菜单构成的基础上,要根据其节日的特色风格来设计,如:圣诞节要多增加一些圣诞火腿和烤鹅、圣诞布丁及姜饼等,感恩节要增加火鸡,情人节要多些巧克力、草莓与甜品,让前来就餐的顾客可以品尝出节日特有的味道。

节日自助餐菜单的设计与一般自助餐菜单的设计基本相同,只是考虑到节日自助餐价格不同,可以增加一些具有节日特色的高档原材料的菜肴。

(五)美食节自助餐的菜单构成与设计

美食节自助餐的菜单构成:一般由本店特色菜肴和美食节主推菜肴构成。通常是由开胃冷盘、汤、冷菜、热菜、明档、点心、水果、饮料等组成。其菜肴品种,美食节主推菜肴应占整个自助餐各菜系中的一半。其中,明档应是美食节主推菜肴,如东南亚美食节中的印度甩饼、新加坡肉骨茶,意大利美食节中的比萨、炒各式意面等都可作为明档。

美食节自助餐的菜单一般是根据美食节的主题而设计的。

所谓美食节是指把某一个国家或某一个地域经典菜肴汇集在一起供人们去品尝或欣赏的一种活动。

通常情况下,一些星级酒店、宾馆或较具规模的自助餐厅,为烘托和宣扬一种饮食文化,以提升自己酒店的品牌形象,从餐台设计到菜式的搭配,从环境布置到背景音乐的选择,均紧密围绕这个国家或这个区域餐饮文化,突出其地域风格和菜肴特色。如法国美食节,享受其优雅浪漫环境的同时,不忘鹅肝酱、尼斯沙拉、普鲁旺斯烩牛肉等经典菜品;又如东南亚美食节,浓浓异域风情,弥漫着阵阵咖喱飘香,新加坡咖喱鸡、各式沙爹、泰式香茅猪耳等。

美食节一般周期较短。一是为了确保自助餐的时常更新,二是从成本角度考虑。为了突出菜肴口味纯正,许多名菜所需原料及各种西式香料都是直接从国外采购,有时为了追求现场效果还会聘用外籍厨师来做现场演示,特别是传统食品,如日本寿司、印度甩饼、意大利比萨,这样一来成本当然会很高,因而对于美食节提倡尽量用当地原材料、香料做替代品,把握相对得当,一样会有与众不同的效果。

美食节独到之处在于可以集中、全面地展示一种饮食文化精髓,这不仅可体现在自助餐的菜肴选择上,也可以表现在一些配套服务细节上,如赠送当地特色饮料、现场民俗歌舞等。吃的同时感受一种民俗文化,身临其境的感觉油然而生。

五、自助餐的服务程序

自助餐的服务是当前一种越来越流行的服务方式,可分为餐前准备工作、餐中服务工作、餐后收尾工作。

（一）餐前准备工作

（1）按时到岗,按要求着装,检查自己的仪表仪容。

（2）做好各自的计划卫生工作。

（3）把各类餐具、器皿擦拭干净,放入自助餐台及备餐柜内。

（4）备足开餐时所需调味品。

（5）布置装饰自助餐台,更换脏的台布及桌裙。

（6）摆放自助餐台上所需调味品（如：美国辣椒汁、芥末酱等）。

（7）做好对所需保温（或加热）菜肴的准备工作（如：电加热需提前推开关,酒精加热需备好酒精罐）。

（8）整理餐桌、餐椅,摆放要整齐,检查餐厅内的绿化。

（9）按西餐摆台方式进行餐桌摆台。

（10）参加餐前会。

（11）以规范站姿恭候客人光临。

（12）领班、主管做餐前最后检查工作。

（二）餐中服务工作

（1）主动问候客人,拉椅让座。

（2）询问客人喝什么饮料酒水并简单介绍自助餐的特色菜肴。

（3）开单后送上饮料酒水,提供斟酌服务。

（4）遇行动不便的客人,征求意见后为其取来食物。

（5）对一些特色菜肴还要提供直接上桌分切食物（如：巴西烤肉,就是由小刀手一手拿刀,一手拿肉叉直接上桌分切客人所喜欢的食物）。

（6）巡视服务区域,随时为客人提供服务（如：添加酒水、送餐巾纸、更换烟缸、撤送空盘空瓶空罐等)。

(7) 整理自助餐台(此工作非常重要,一般由固定厨师和服务员去做)。

①保持餐台面清洁卫生。

②及时捡起客人弄落地的食物。

③及时更换弄脏的取食夹。

④把客人弄乱的取食夹摆放整齐。

⑤及时添加餐台上的餐盘及汤碗等餐具。

⑥不断补充陈列的食品,盛放菜肴的容器不要见底,一般少于1/2时就要补充,以免后面的客人觉得菜肴不丰富。

⑦检查食品温度,保证热菜要烫、冷菜要凉。

⑧介绍、推荐菜肴,回答客人提问。

(8) 客人用完甜点后,询问客人是否需要咖啡或茶,并及时送上。

(9) 结账收款时,应做到:客人需要结账时,应迅速用收银夹递上账单;不要报出账单上的数额;收钱时注意辨认真伪;找钱时说"谢谢";拉椅送客。

(三)餐后收尾工作

(1) 收拾餐桌的同时,要检查是否有客人遗留物品,如有,应及时追还客人。要把餐盘、刀、叉及酒杯分别分开收拾,不能混在一起,以免碰坏或发生碰撞声。

(2) 及时换上干净台布,重新摆台。

(3) 将可回收利用的食品整理好,撤回厨房。

(4) 妥善保存自助餐台的装饰品。

(5) 将自助餐台的卫生整理干净。

(6) 关掉加热开关和熄灭加热酒精炉。

六、自助餐与冷餐会、鸡尾酒会的区别和共性

(一)三者的区别

1. 服务对象的区别

(1) 自助餐接待对象是零散客人,就餐客人主要图价格便宜,品质多样,花钱不多却能品尝到较多种类的菜肴。

(2) 冷餐会适用于会议用餐、团体用餐和各种大型活动。接待的对象为宴会客人,追求的是丰盛的菜肴和热烈的气氛,往往消费较高,对时间和价格不太在意,它有主宾之分。

(3) 鸡尾酒会是西餐宴请的一种特有形式,常用于社会交际活动,如各种节日、欢迎代表团访问、各种大型活动的开幕闭幕典礼、文艺体育招待演出前后、向各界宾客介绍某一重要人物或重要出版物、庆贺某重要喜事,等等。

2. 菜式品种的区别

（1）自助餐提供的菜式是比较完整的，它包括开胃菜（果盘、冷菜、少量热头盆）、汤、主菜、包饼、甜点，基本上是全套的西餐内容。

（2）冷餐会以冷菜为主，热菜为辅，也可不上热菜。冷餐会的饮料、食品要比一般宴会丰盛得多，冷餐会的菜肴以大菜为主，品种主要由冷菜、沙拉、少量热菜、烧烤、包饼、甜点等组成。

（3）鸡尾酒会实际上是以品尝饮料为主的宴会，所以除饮料（鸡尾酒、各种红酒、饮料）外，只提供各种鸡尾小吃，它通常准备的酒类品种较多，有鸡尾酒和各种混合饮料以及果汁、汽水、矿泉水等，一般不用或少用烈性酒。食品多为三明治、面包托、小香肠、炸春卷等各种小吃，以牙签取食。它不是正餐。

3. 就餐形式的区别

（1）自助餐不拘礼节，客人随到随吃，不需要等候，可以亲自动手选择自己喜欢的食物。客人到餐台自由选取菜肴，然后坐到餐桌前用餐，不提供餐桌服务。自助餐厅总要摆桌椅。

（2）冷餐会要由主办单位的主持人讲完话以后大家才可以随意吃，一般不设座位，但根据场地和需要也可备一些椅子和沙发，客人就餐时，可自由走动或可站立食用，也可几个人在一起到边上小桌旁吃喝交谈，它设有餐台，餐台上摆着各种精美菜点，一般有设座和立式两种就餐形式，可分为自助、半自助和贵宾服务，冷餐会的菜点和刀叉、盘碟均放在台子上，以备宾客自取。

（3）鸡尾酒会是一种很受欢迎的招待方式，它不设座椅，客人赴宴会都是站着边谈边吃，由于不设座椅，客人可以随意走动，自由交谈，一般不提供刀叉之类的餐具。所以，在食品的供应中要充分考虑到这个特点，所提供的食品应形态小、美观、味清淡、汁水少，适合于宾客直接用手取用，或借助牙签便可食用，饮料和食品是由服务员用托盘端送，也有一部分放置在小桌上，由客人取用。

4. 就餐时间的区别

（1）自助餐客人随到随吃，不受时间起止的限制。

（2）冷餐会进行的时间较长，约为 90 分钟左右，起始时间在一般情况下不受特别限制。

（3）鸡尾酒会时间一般在下午的 3 时至 5 时，这在美国叫作鸡尾酒时间。鸡尾酒会的请帖上往往注明酒会的起止时间，客人可以在此期间到达和退席，来去自由，不受拘束。

5. 餐厅设计的区别

（1）自助餐的设计主要是根据它的经营风格和目标要求考虑的，它要考虑到客人进餐厅的流向和取食的流向。

（2）冷餐会的设计近似于自助餐的设计，但一般它比自助餐的规模要大、布置要华丽，场面要壮观，气氛要热烈，环境要高雅、考究，给客人以舒适、高贵的感觉。

（3）鸡尾酒会要根据酒会主题，对酒会场所进行必要的装饰布置，以突出主题，渲染气氛，酒会的布置要符合主办人的要求，鸡尾酒会一般都比较隆重。

6.餐台的区别

（1）自助餐厅要摆桌椅,台面按零点餐厅摆放。餐台上食品的摆放要有次序,即以开胃菜、汤、主菜、甜点顺序依次摆放,餐具要配备齐全并得当。

（2）冷餐会的摆台要根据宴会厅的形状和实际情况,根据参加冷餐会的人数来决定主食品台、副食品或甜品台的布置和食物分量。食品的摆放形式多种多样,除了完整的自助餐台外,也可将一些特色菜分立出来。如沙拉台、甜品台、肉类台等。另外,设座式冷餐会的服务要摆好宾客餐桌桌上的餐具有餐刀、餐叉、汤勺、甜品餐叉、面包碟、面包刀、餐巾、胡椒盅、盐盅。站立式冷餐会有的主人和主办单位在贵宾厅为贵宾、重要领导、年纪大的宾客设立贵宾席,为此要按西餐宴会摆台方法摆台。

（3）鸡尾酒会的餐台布置教简单,酒水和小吃大都放在托盘里,由服务员在宾客中穿梭、往返,端到客人前面,让客人自己挑选。

（二）三者的共性

（1）三者都属于西餐供应的同一种形式,即自助自便的形式,它们都是由客人挑选自己喜爱的食品来自行食用。

（2）三者提供的食品不仅都应具备形态美观、色彩艳丽的特点,而且都应新鲜和多样化,拥有足够的数量,同时保证食品卫生安全。

（3）三者的服务都应该实现高质化,让宾客享受宾至如归的感觉。

（4）环境布置都应相当考究,要能适当地烘托和渲染出气氛,使就餐顾客身心得到享受。

七、自助餐服务的注意事项

（1）自助餐一般规定包括咖啡或茶,其他酒水服务另行收费。

（2）自助餐食品一般排列顺序是：冻肉、沙拉、汤、热菜、甜品（包括点心）、水果等。

（3）在客人用餐过程中,检查是否要撤盘和换烟灰缸。

（4）撤去台上空盘,操作要轻收轻放,把银器和瓷器分开放,小盘放在大盘上面,防止损坏餐具。

（5）当客人取菜时,应主动使用派羹、派叉为其服务："让我来为您服务"。如为客人取菜时,要注意适量,并避免羹叉与盘子撞击作声。

（6）用餐客人要求打包,原则上是不可的,服务生接到要求后第一时间通知负责领导处理(正常情况要跟有效签单人沟通付账)。

（7）突发事件处理：如客人不小心在取食品时,将餐具及食品掉到地上,处理的方法是立即往地上掉食品的地方放置个椅子以防止其他客人踩到,然后通知酒店保洁过来清理,如果掉下的东西较少,自己应在第一时间内清理掉。

（8）撤换外宾餐具时要结合刀叉的摆放位置而进行撤换。

八、如何吃好自助餐

（一）吃自助餐的科学方法

吃自助餐已成为一种时尚，现在人们主要借助吃自助餐来宴请亲朋、举办生日派对、洽谈商务，给人以一种氛围上的享受，吃自助餐的意义已不仅是为了大餐一顿把肚子填饱，同时也是通过这种用餐方式增加人与人之间的友谊。在吃自助餐时如何吃好还要遵循一定的规律，讲究科学性。

（1）首先取菜不要一上来就盲目下手，应该先巡视一遍菜肴的品种，然后选择自己喜欢的菜一一品尝，对一些不熟悉的菜先取少量，这样才不会造成不必要的浪费。同时取菜时切勿一次性取食太多，应该少量分次科学地选择。

（2）吃自助餐应该遵循西餐的进餐程序，首先是吃开胃菜，即沙拉和汤类，一般数量较少，色彩鲜艳，可以起到润喉、帮助消化和刺激食欲的作用。然后是主菜，在吃主菜过程中应该先吃鱼、海鲜类，再吃鸡肉家禽类，最后才吃牛肉、猪肉等。总之是应先吃易消化的菜肴，最后再吃一些比较甜腻容易打饱的点心和水果。

（二）吃自助餐应注意的事项

在吃自助餐的过程中，经常听到一些客人讲菜的味道不好，除了菜肴本身的原因外，还有很大一部分原因是因为客人在取食过程中方式不对而造成的。因此吃自助餐时应该注意以下几点：

（1）一次性取同一种菜肴不宜过多，否则就错过了后面的许多美食，既削弱食欲又容易造成不必要的浪费。

（2）冷、热菜不可摆放在一起，要分开取食，因为冷热混吃，对肠胃刺激较大，对健康不利。

（3）不能把许多不同品种的带汁的菜放在一个餐盘内食用，这样容易串味而影响口感，这是造成客人讲菜不好吃的主要原因。

（4）不应该先吃甜品，如：蛋糕、奶油、冰淇淋等，因为甜食容易让人产生饱腹感，从而降低食欲，这样对其他菜肴也就失去兴趣，这也是客人讲菜不好吃的另一个原因。

（5）取食时要使用餐厅备用的公用夹，不可使用自己的刀叉取，要注意卫生。

任务二　冷餐酒会服务与管理

冷餐酒会是当今流行的一种宴请形式，适用于会议用餐、团体用餐和各种大型活动。它与正式宴会的不同之处是客人在专门的菜台上自取食品，所以又称自助餐会。冷餐酒会有设座和不设座两种形式。设座式冷餐酒会规格高于不设座式冷餐酒会。按照西方人的习惯,冷餐酒会不设座,客人采取自助形式就餐,其原则是自我服务。我国除西式冷餐外,增添了中式热菜、烧烤,增添了桌子、椅子,供客人自由选择就座。

一、冷餐酒会的设计与餐桌布置

（一）设计原则

酒会布置要华丽,场面要壮观,气氛要热烈,环境要高雅,给客人舒适高贵的感觉。

自助餐台的设计必须注意以下几点:

（1）醒目而富有吸引力。

（2）方便宾客取菜。自助餐桌大小的设计,一定要考虑就餐人数与菜肴的多少,并考虑宾客取菜的人流方向等因素。

（3）突出宴会主题。根据宾客的具体需求与接待任务的主题,可以采用各种雕塑品或借助各种道具来美化自助餐台,以突出主题。

（4）桌形要有艺术性。自助餐桌的桌形主要有"L"形、"O"形和"I"形,在自助餐台台形的选择上应根据不同的餐台摆放位置来选择相应的台形,也可以根据宾客的具体要求和场地的实际情况利用一些基本的桌形拼接出各种艺术桌形。

（二）设计与布置的注意事项

（1）酒会的会场作适当绿化布置,可以增加酒会的气氛,致辞台后及宴会厅四周以 $1.5\sim 2m$ 高的常青树或葵类为好;致辞台前摆半米高的长青植物或时花,食品台上插花装饰,有主有次,层次分明。场地的大小,主要根据参加的人数而定,但每人应有 $1m^2$ 左右的活动空间。为主宾设置一长条形的主桌来安排座位,主桌的布置与正式宴会相同。其他可在沿墙边的地方设置一排座椅供客人休息。

（2）餐具的摆放。通常在最前端放置顾客取菜用的餐盘。一般应将 20 个餐盘放置一叠,整齐码放。餐具可以摆在餐桌上,也可以放在食品桌旁的餐具桌上,在放置时,应放在餐碟的前端。提供 $2\sim 3$ 种规格的盘子、刀、叉、勺和一定量的纸巾供客人取用,冷餐酒会一般不提供餐巾。

（3）菜台的排列,可以是圈形,也可以为长方形、V 形或 T 形。酒水台的设置以每 25 人设置 1 台为宜,并要设置杯具。大型长台置于餐厅中央或一侧。周围小桌上要放桌花、烟灰缸、火柴、牙签等,宴会厅四周摆放椅子。自助餐台上食物按顺序依次陈列摆放。应按照沙拉、开胃品、汤、鱼类、熏鱼、热蔬菜、烤炙类或其他热主菜、甜品、水果的顺序依次陈列摆放。

（4）要将某些特色的菜肴分桌摆放。例如甜品、水果或切割烧烤肉类的服务桌等。

（5）热菜要用保温锅盛放保温。当客人来餐厅后,服务员应将盖子揭开或由宾客自己揭盖。

（6）摆放菜牌。每盘菜肴都要放置供取菜用的公用勺、叉、筷子,在菜肴的前方应摆放菜牌,根据具体的服务对象选择中文与其他国家语言双语的菜牌,无特殊要求的时候可以摆放中英文的菜牌。

(7) 与各种菜肴跟配的调味品或沙司等,应与其菜肴摆放在一起,以方便宾客的食用。

(8) 注意菜肴色彩的搭配。整个自助餐台要美观、整齐、有立体感。冰雕、黄油雕、果蔬雕、鲜花、水果或餐巾折花等都可以为自助餐台点缀装饰。

(9) 在餐厅一角或一侧设置酒吧。大型酒会一般还设置签名台或礼品台,以便前来参加酒会的宾客签到或酒会主办单位分发礼品。

(10) 要调好音箱的音量和麦克风,播放的背景要柔和、轻快。酒会场地的灯光、温度和选用的餐巾、餐具与周围环境的协调程度也是影响酒会气氛的重要因素,在安排时应预先考虑。有些大型隆重的酒会,还应考虑使用乐队为客人进餐助兴,是否需要,应与举办酒会者事前协商。

二、冷餐酒会服务程序

(一)开宴准备和迎宾服务

(1) 会场的布置。从宴会通知单上了解参加人数、酒会形式、台形设计、菜肴品种、布置主题等事项。环境布置要围绕主题。冷餐酒会开始之前,准备好所需的各种酒和饮料,以及各种酒杯,提前几分钟斟好一定数量的酒和饮料。

(2) 餐桌、服务桌的设计与布置。立式冷餐会在菜台的四周设立少量的小圆桌或小方桌,桌上摆放各种服务用具。在宴会厅四周也可摆放一些座椅以供客人使用。

(3) 坐式冷餐会要根据客人的数量安排餐桌和座椅。餐桌上按要求摆放餐刀、餐叉、汤勺、甜品叉、面包碟、黄油刀等就餐用具。

(4) 菜台的布置、菜肴和物品的摆放。菜台上食品应方便客人取用。一般可按冷菜部分、热菜部分、点心水果分段放置。各段分别放上公用叉、牙签等方便客人取用食品。摆放时注意荤菜、颜色、口味的搭配。同时将点心、水果摆放在事先划分的位置。在菜台上的最前端整齐地选放好各种餐具,并随时补充。

(5) 根据冷餐会所用酒品和工作方便来决定酒水服务桌的数量和摆放位置,并将所用酒品整齐置于服务桌上。同时备好酒水服务用具。

(6) 在入口处设主办单位列队欢迎的地方。摆华丽屏风、铺红地毯。必要时,给欢迎行列进行聚光照明。

(7) 客人入场,男女服务员一半在场内,一半排列在入口附近欢迎客人,同时不断地将客人引进场内。

(8) 主管在入口处掌握来客人数,并将总数和酒会进行情况随时通知厨房,使上菜的速度与酒会进行的速度相适应。

（二）餐中服务

此时服务员要各司其职：

（1）餐桌服务员。客人到达餐厅时，服务员应向客人表示欢迎。客人入座后马上为其斟倒酒水，服务员应巡视服务区，勤斟酒水饮料，勤换烟灰缸，勤撤送空盘，勤清理桌面，保持桌面和地面整洁。结束前为客人送上香巾。

（2）菜台服务员。冷餐会开始后，主动为前来取菜的客人递送餐盘，并回答客人询问，热菜上台之前，点燃或打开保温设施，为上热菜做好准备。上热菜之后，注意保温，随时整理菜台，撤掉空菜盘，适时增加餐盘，整理添加菜肴，保持菜台的整齐、美观和丰盛。

（3）取菜服务员。按照菜单的顺序，把热菜、汤菜等食品陆续送至菜台；掌握每道菜的名称及风味特色，以便回答客人有关询问；与菜台服员密切合作，随时将菜台上撤下来的菜盘送至洗涤间。

（4）送酒服务员。及时为客人送上各种酒和饮料，并收下空酒杯。注意关心坐在餐厅周围小桌边的客人，及时为其送上各种酒和饮料。工作中注意托盘的完全，并且不要在两位谈话者中间穿行。

（三）餐后结束工作。

结束时，工作有以下几项。

（1）结账。一般实行客人进餐厅现付费的制度。饮料含在餐费里，如用规定以外的酒水现付或者最后付费。

（2）冷餐会结束后，厨师负责将余下的菜肴分别处理。

（3）服务员负责清理菜台、餐桌，打扫餐厅卫生，将桌椅摆放整齐。

（4）关好空调、灯、门等。

任务三　鸡尾酒会服务与管理

鸡尾酒会通常是以向客人提供鸡尾酒为主要服务项目，略备小吃的西式招待会，是各种社交和聚会流行的宴请方式。鸡尾酒是由两种或两种以上的酒掺入鲜果汁以及香料、苦味剂配制而成的酒。今天，鸡尾酒已成为上流社会招待客人时最普遍的饮料。人们普遍认为鸡尾酒的故乡在美国，它是后来才传入欧洲的。调制鸡尾酒有很多方法。一杯酒里放多少柠檬汁、糖、冰块、香料都有具体规定。要配出一杯味醇色美的鸡尾酒也是一门技术。会喝酒的人就像欣赏艺术一样地醉心于它。小吃多为熟食点心，例如花生、乳酪、馅饼、炸土豆片、油炸虾片等。客人多是立食，自由走动、交谈，自行选取食物和饮料。举办鸡尾酒会时间较为灵活，可在任何时候举行，中午、下午、晚上均可。请柬上往往注明整个活动延续的时间,客人可在其间任何时候到达或退席,来去自由,不受约束。鸡尾酒会适用于不同场合,多是欢聚、庆典、纪念、告别、开业典礼等。鸡尾酒会气氛和谐、热闹、活泼,便于交往,欧美各国新闻界及贸易界人士尤其乐意参加,经常与记者招待会、新闻发布会、签字仪式等结合举办。鸡尾酒会多采用立式就餐,只准备临时酒吧。在餐厅四周设小圆桌,桌上放置餐巾纸、烟灰缸等物品。鸡尾酒会供应的鸡尾酒品种较多,有鸡尾酒、各种混合饮料以及果汽水、矿泉水等。一般不用或少用烈性酒。食品多为三明治、面包、小香肠、炸春卷等各种小吃和少量的热菜。由于鸡尾酒会具有实用、热闹、欢愉且适合在各种不同场合举办的优点,颇能符合现代社会求新求变又不拘泥形式的需求,以至于越来越多的人选择以举办酒会的方式宴请宾客。无论是隆重、俭朴或严肃的形式,酒会都不失为一种可行的宴会方式。

一、鸡尾酒的分类

鸡尾酒可依其酒精成分、饮用时间、冷热口味,分成如下数类:

(1) 短饮料(Short Drinks):需要在短时间内饮尽,酒量约 60mL,3～4 口喝完,不加冰,10～20 分钟内不变味。其酒精浓度较高,适合餐前饮用。

(2) 长饮料(Long Drinks):放 30 分钟也不会影响风味的鸡尾酒,加冰,用高脚杯,适合餐时或餐后饮用。

(3) 硬性饮料(Alcohol Drinks):含酒精成分较高的鸡尾酒。

(4) 软性饮料(Non-Alcohol Drinks):不含酒精或只加少许酒的柠檬汁、柳橙汁等调制的饮料。

(5) 冷饮料(Cold Drinks):温度控制在 5～6℃的鸡尾酒。

(6) 热饮料(Hot Drinks):温度控制在 60～80℃,以 Hot Whisky Today 最具代表性。

此外,鸡尾酒的味道可分为 5 种,即:甘、辛、中甘、中辛、酸。饮酒的时段则分为:餐前、餐后、全天(All Day)。

二、鸡尾酒的调法

鸡尾酒主要有六大基酒,包括威士忌(Whisky),白兰地(Brandy),金(琴)酒(Gin),伏特加(Vodka),兰姆酒(Rum),龙舌兰(Tequila),利口酒—甜香酒(Liqueur)。

鸡尾酒的调法包括四种:

1. 搅拌

将所需之酒及副材料倒入已放置冰块的调酒杯内,用调酒匙在杯内沿一定方向缓缓搅拌。此时,另一只手要握紧调酒杯,当手感到冰冷时,即表示已达到冷却温度,便可以通过滤酒器倒入所需的载杯内。

2. 摇晃

采用"摇晃"手法调酒的目的有两种,一是将酒精度高的酒味压低,以便容易入口;二是让较难混合的材料快速地融合在一起。因此在使用调酒壶时,应先把冰块及材料放入壶体,然后加上滤网和壶盖。滤网必须放正,否则摇晃时壶体的材料会渗透出来。

3. 搅拌机调制

用搅拌机调酒,操作比较容易,只要按顺序将所需材料先放入搅拌机内,封严顶盖,启动一下电源开关可。不过,在调好的鸡尾酒倒入载杯时,要注意不要把冰块随之倒进,必要时可用滤冰器先将冰块滤掉。

4. 兑和

将酒按不同的密度缓慢倒入杯内,形成层次度。操作时注意:密度最大的酒放在下层,倒酒时要沿着杯壁缓慢倒入,大家所熟悉的彩虹酒就是这样调出来的。

三、酒会的供应方式

一般而言,鸡尾酒会的形式较为自由。席间由主人和主宾即席致辞,宾客可以迟到或早退。然而为避免宴会主人不好意思开口结束宴会的尴尬情况出现,酒会通常有时间上的限制。

至于酒会的举办时间段,则以早上 9:00~11:00、下午 3:00~5:00 以及下午 4:00~6:00 比较适合,但宴会时间仍然可作适度调整,以给予主人及与会宾客充分的自由与方便。尽管酒会的举办方式相当多元化并且具有很大的发挥空间,宾馆酒店仍可以根据价格及举行的方式,将酒会分为以下类型:

(1) 仅供应简单的开胃品。酒会中的开胃品通常放置在酒吧台或沙发旁的茶几上,供客人自行取用。而这些开胃品不外乎是一些洋芋片、腰果、花生、蔬菜条、面包条等简单且方便食用的小餐点。

(2) 除了开胃品的供应之外,再增加一些绕场服务食品之类的食物,由服务人员端着来回穿梭于客人之间,供宾客们依个人喜好自行取用。这种类型的酒会在正式餐会开始之前的 30 分钟通常提供餐前酒给宾客引用。这种餐前酒的招待,不但能使宾客在用餐前能享受酒的美味,也可以帮助先到达会场的客人在自由轻松的气氛之下与他人寒暄,打发等待其他与会宾客到齐的时间,而不至于感到无聊乏味。

(3) 采用"餐台式"来举行酒会。若以这种方式举办酒会,必须提供一些冷盘食物以及其他简单易食非热食类餐点。除此之外,小餐盘和叉子的设置也是餐台式酒会所不可或缺的。

如上所述,酒会的类型可以简单区分为三种。其中,前两种举办方式都不供应小餐盘或叉子,因此所有的食物都必须较不油腻,并且以能单手方便取用为供应原则。例如,一些鸡尾小点之类的食物便是合宜的选择。

四、酒会菜单设计的注意事项

（1）由于鸡尾酒会一般都是客人以站立的姿势食用餐点，因此，酒会餐点在刀法上必须讲求精致、细腻，食物应切分成较小块、少量，使客人能够方便拿持餐食入口，而不必再使用刀叉。

（2）酒会跟自助餐的菜单设计有很大的不同。一般除 heavy cocktail 之外，酒会所提供的菜肴并不像自助餐那样以让客人吃到饱为目的，而是限量供应，讲求精细、简单、方便，所以食物的分量有限，吃完了便不再提供，除非客人再另外增加分量。

（3）在菜单的设计上，酒会菜单讲究食物的精美，因此酒会中每道菜所使用的手工部分比平常多，人事成本也不可避免地随之提高。有鉴于此，其食物成本必须相对降低，以控制宴会厅经营成本并维持宴会部门的赢利能力。

（4）酒会菜单不提供沙拉和汤类食物，以符合简单、方便的原则。

（5）人数越多，菜单开出的菜肴种类也会随之增加。例如，200 人和 2000 人与会的酒会，尽管每人单价相同，酒会中出现的菜色也应有很大的差别。由此可知，与会人数也是决定菜单内容设计的重要依据。

五、酒会菜单结构

（1）鸡尾小点，如小饼干加乳酪、小面包加鹅肝酱等。

（2）冷盘类。

（3）热菜类。

（4）现场切肉类。酒会中必备的菜色，最起码需设置一道此类食物，若多设几道也无妨。但服务者在切肉时，务必将肉块切得大小适中，以方便宾客能一口品尝为原则。

（5）绕场服务小吃。如鸡尾小点、油炸小点心等，或者特别增加类，如担担面、手卷、烤乳猪等。

（6）甜点及水果类。

（7）配酒料，即佐酒食用餐点，如干果类、蔬菜条等，通常放置在酒会中必备的小圆桌上，以便客人自行取用。

举办酒会时，如果能严格按上述 7 点原则作为菜单设计的依据，便能轻而易举地制定出一份适当且宾主尽欢的酒会菜单。

六、酒会的形式

酒会中可以不摆放桌椅，也不设置主宾席，只摆设餐台以及一些小圆桌或茶几，宾客在酒会中以站姿进餐。宽敞的空间使主人及宾客均得以自由地在会场内穿梭走动，自在地和其他与会宾客交谈。

酒会的另一项好处便是宾客可依照请帖里所注明的宴会时段,根据自身方便、喜好,在既定的餐会时间内随时到达或提早离开会场。

此外,若宴请宾客人数众多,主人也可以将既定的酒会时间区隔成数个时段,并在请帖上注明不同时段邀约不同的宾客,以避免某一时间内的与会客人数过多,造成现场拥挤、使得主人无法兼顾所有宾客。由此可知,酒会其实是属于比较活泼且较具弹性的宴会进行方式。

七、鸡尾酒会场地的设计

接受一场酒会的订席时,订席人员必须根据客人的需求提供一份酒会的布置设计图,同时向客人报价。在设计酒会场地之前,必须事先了解客人办酒会的目的、与会人数的多少以及所希望的菜色等。在获悉一切客人的需求和宴会前提后,订席人员便可就相关细节与行政主厨进行进一步的研究。

酒会菜色、菜肴道数、摆设方式、餐台大小等考虑因素都足以影响一场酒会的成功与否。所以订席人员对于以上所述的诸多细节都必须事先了解,否则一旦设计出来的餐台过大而菜色太少,便会令人感觉空洞;反之,如果因餐台太小而使菜肴摆起来显得拥挤,则不论其菜色如何,都会给人压迫感从而减低该宴会的价值感。

在酒会的会场设计中,舞台设计是其中非常重要的一环。倘若舞台布置得宜、主题明确,能让所有与会宾客在进场之后便留下深刻的第一印象,那么这场酒会已经成功了一半。而另外一半的成功,有30%取决于餐台的布置,最后的20%则取决于服务人员的服务态度。也就是说,在一场成功的酒会中,单就布置方面便已占影响要素的80%,由此可见场地的设计对一场成功的酒会是多么重要。

八、场地及餐台的布置

(1)酒会中餐台的摆设方式主要着重于酒吧台与餐台的位置规划。酒会通常采用活动式的酒吧台,并且摆放一些辅助桌以放置酒杯。至于餐台的布置,不仅须配合宴会厅的大小,还应摆设在较显眼的地方,一般都摆设在距门口不远的地方,以尽量靠近入口处为原则,让客人一进会场就可以清楚看到。如果参加酒会的人数很多,应尽可能在会场最里面另设一个酒吧台,并将部分客人引导进入该吧台区,以缓解入口处人潮拥挤的状况。酒台上放着为酒会准备的各种鸡尾酒、饮料和小吃。

(2)餐台摆设可用有机玻璃箱、银架或覆盖着台布的塑料可乐箱来垫高,使菜肴摆设呈现出高低层次的立体效果

餐台的摆设要视菜单上菜肴道数的多少来准备,过大或过小的餐台都是不适当的布置,

所以必须事先了解厨师所推出的菜肴分量,以作为布置的依据,有时也需配合特殊餐具的使用来进行摆设。若要使餐台看起来更有气氛,可以使用透明的白色围布来围餐桌,并在桌下分别放置各种颜色的灯光来照射,如此一来便可使酒会更添浪漫唯美的气氛。

(3)餐厅的四周可适当放置一些小圆桌或小方桌,摆一些椅子,供客人休息,餐厅中间一般留有较大的空地,供客人自由走动。小圆桌中间可摆一盆蜡烛花,并将蜡烛点燃以增添酒会的气氛。小圆桌上可放置一些花生、洋芋片、腰果等食物,供客人取用。同时,小圆桌也具有让客人摆放使用过的餐盘、酒杯的功用。

(4)酒会时不需太亮的灯光照明,毕竟酒会气氛的维持非常重要,而微暗的灯光恰可提供酒会合宜的气氛。如果酒会中采用调整灯光的装置,则整体的灯光亮度适合设定在3～4段之间;但若酒会场地有舞台的布置,则舞台的灯光应比舞台周围的酒会场地要亮,必要时可用投射灯来照明,以凸显舞台的位置。此外,冰雕等装饰也可借灯光技术以增加效果,而冰雕的投射灯需以有色灯光来衬托其美感,因为适当的灯光投射往往能恰如其分地增添冰雕装饰的质感与感染力,更能彰显冰雕的存在意义。

(5)如果酒会中只有少数一两个餐台,菜肴便可以不按自助餐摆放方式进行布置,而只需摆放出层次感,使菜肴呈现高低不同的视觉效果即可。但是如果餐台为数众多,则可依照菜肴类别分区摆设,比如分成冷盘区、热食区、切肉区、小点心区、饮品区等不同的餐台以示区别。

九、餐具的准备

(1)准备15cm骨盘,平均放在餐桌各个角落。骨盘的设定数量约为参加人数的2.5～3倍。

(2)准备点心叉或餐叉,其数量为参加人数的2～2.5倍。

(3)将服务匙及服务叉放置在餐桌的服务盘上,供客人取用。

(4)准备餐巾纸,分散放置在每一张餐桌上,并随时补充。

(5)所有盛装配料、调味料的器皿下方须放置底盘座,并垫上花边纸,同时将茶匙置于底盘座上,既方便宾客取用,又不失美感。

(6)有些绕场服务类的食物必须准备迷你叉供客人使用。

十、酒吧台的准备及摆设

酒台服务员在酒会开始前备好各种需要用的酒水、冰块、果汁、水果片和兑酒量酒具等物品;备好供洗刷酒杯的消毒水和清水。

(1)宴会时,酒吧台均采用临时性活动吧台,由饮料单位负责准备。如果与会宾客众多,则可直接采用宴会桌来当酒吧台。

（2）杯子的数量约为参加人数的 3 倍左右,其中必须包括红葡萄酒杯、白葡萄酒杯、白兰地酒杯、果汁杯、啤酒杯、黑灰杯、利口杯、雪利杯、鸡尾酒杯等。

（3）供应宾客于宴会中饮用的酒水,在宴会开始前必须清楚记录,结账时才不会有所遗漏。

（4）酒会开始前,应请宴会主人先行清点准备用来供应宾客饮用的酒水数量,结束后仍须请其再清点一次,以确定实际的使用数量。清点结果记录在酒会领料及退料表上。

（5）酒会的计费方式有以下两种:

①以实际消费量计价:以杯计价,此种方式需请宴会主人在事前及事后与宴会厅领班一起清点饮料并将结果记录在计价表中。

②一定时间内无限畅饮:宴客主人包下酒吧提供的酒水,使宾客能在固定时间内无限量畅饮。供应的酒单随酒会价位的不同而有所差异。

十一、会中服务

为了保证酒会有条不紊地顺利进行,服务人员必须有明确的分工。

（一）酒水服务员

人数少时,服务员应主动迎向刚到的宾客并问好,同时接受宾客点用酒或饮料。接受宾客点用酒水之后,服务员再到酒吧拿取酒或饮料来服务客人。若与会人数多时,通常由调酒员预先调好一些常见的酒类或饮料,然后由一部分服务员端着放置着小餐巾纸、各式饮品数杯的托盘排队站在入口处让客人自行挑选偏好的酒类或饮料;而另一部分饮品同样置于托盘中,但由服务人员端拿着穿梭于会场中,随时为宾客提供饮品服务。

在酒会中,若客人找不到自己喜欢的饮料,可自行向服务员点酒。一旦有客人点酒,尽管服务员恰巧在端盘服务,或不是负责服务酒类或饮料的服务员,仍应尽速协助宾客前往酒吧台点酒,并服务客人。

（1）用托盘托送斟好酒水的杯子,托盘上需放餐巾纸,每杯饮料附上一张。由于宾客是立餐,流动性大,因此服务员在送酒时的姿势必须规范,用一只手托托盘,另一只手随时准备向前伸展,护住托盘。送酒水时必须精神集中,注意前后左右,主动将酒品饮料送给客人。行走时如客人多、拥挤,确实不能通过时,要客气地对客人说"对不起,请让一让",待客人让开时再通过,决不能用手拉客人而强行通过。

（2）酒会进行中,经常不断地在餐厅内巡视,将各种酒和饮料送到客人面前,并及时收下客人手中的空酒杯。托让酒水要注意配合,服务员不要同时进入场地,又同时返回,造成场内无人服务。

（3）要特别注意关心离酒台较远的客人和坐在餐厅四周小桌边的客人,及时送上各种酒和饮料。

（二）菜点服务员

（1）协助厨房照料餐台，并且通知厨房补菜、整理及补充餐台上的备用物品。在酒会中协助端拿绕场服务小吃类餐食在会场来回穿梭，以服务宾客取用食物。

（2）随时收回空盘，酒会结束前，给每张小桌送上一盘多于该桌客人的香巾，以备客人取用。

（三）餐具洗涤员

（1）酒会进行中，及时清洗各种用过的酒杯、餐具，并认真消毒擦干。

（2）洗涤过程中，注意将破损的酒杯拣出来，不再用。

十二、酒会的结束工作

酒会结束时，服务人员应热情礼貌地欢送宾客，并欢迎宾客再次光临。如有客人自带酒品，应马上清理点数，请客人过目。客人全部离去后，撤掉所有的物品。最后清洗餐具，清扫场地。

十三、注意事项

（1）鸡尾酒会的标准餐有时是不含饮料酒水的。

（2）超出的酒水或由主办单位一次付清或由宾客自行付清。

（3）在提供服务的同时，要及时结账，以免出错。

【思考题】

1. 按自助餐用餐的性质和菜点风味划分，自助餐可以分为哪几大类型？

2. 自助餐菜肴摆台的原则是什么？

3. 自助餐服务的注意事项有哪几个方面？

4. 吃自助餐时应该注意哪几点？

5. 自助餐与冷餐会、鸡尾酒会有何区别？三者又有何共性？

6. 冷餐酒会与鸡尾酒会在场地设计与布置上有何不同？

【案例分析题】

中国医药集团（简称国药集团）于2011年11月25日19时在北京国药集团大厦隆重举办了一次规模盛大成功的鸡尾酒会。会场四处彩带彩灯、绿植鲜花等饰品装饰出喜庆的气氛，各门口安放引导牌，会场入口布置迎宾签到处，并摆放了一些介绍国药集团发展成长的资料册子等，提示来宾随意取阅。负责接待的男女职员一律着盛唐装，并在会场设有宽敞的衣帽间，整个现场典雅大方，透出一种用心、温馨。酒会主题为"激情超越·绽放精彩·引领未来"。酒会邀请对象除客户外，还邀请了客户的太太（或女友、舞伴），邀请函不仅设计精美，还恰当地用简约的文字介绍了酒会的内容与特色。在邀请函的背面附有活动时间表，并对表演嘉宾及曲目进行了介绍。本次酒会将采取国际通行的鸡尾酒会形式，并备有丰富的自助美食，还有巴西烧烤、日本料理、市内各大酒店的特色小吃与美食,并有加拿大"海洋之船"组合精彩演出、幸运抽奖、大型户外烟花会演等活动。

邀请函寄出后有专人电话联系确认是否收到,并确认客人是否能参加,以确定最后的人数便于安排,并且确认客人是自驾车前往还是到指定地点安排接送。负责接待的职员了解酒会的全部情况以便回答客人的咨询。为确保酒会的成功举办,国药集团精选出精通酒会礼仪的人来主持本次酒会,并且将公司员工分成礼仪组8人:负责酒会迎宾、接待,为有需要的客人服务。工程组10人:负责会场布置、舞台、灯光、音响设备等装调。服务组30人:负责酒会的服务工作。公关模特4人:担任嘉宾主持,并作为酒会客人与客人进行交流,接受与客人的合影等。摄影组3人:拍摄酒会的精彩瞬间,拍摄重要来宾的精彩镜头,为有需要的客人拍照纪念。酒会前一天:确定全部工作准备完毕,对所有参会工作人员培训指导。酒会前一天晚上:布置会场舞台灯光音响。

由于独特的场景设计,恰到好处的活动环节安排以及各个细节的近乎完美,使得这次酒会获得了极大的成功。国药集团加强了与社会各界人士的交流,扩大了企业的知名度,答谢各方面的客户对公司长期的支持。娱乐抽奖、典型奖励呈现的激动场面表达着公司的感恩和富有,向新、老、潜在客户传递着企业的鼓舞信息,坚定客户与企业荣辱与共的信心。以此推动公司业绩的良性持续发展。

问题:从中国医药集团举办精美绝伦的鸡尾酒会中你感悟到要举办一场成功的鸡尾酒会需要注意哪些细节?

【实训项目】

实训项目名称	西餐自助餐服务、冷餐酒会及鸡尾酒会服务
实训目的	掌握自助餐、冷餐酒会和鸡尾酒会的服务程序及操作要领
实训学时	6课时
实训方法	全班同学分两组,一组模拟客人,一组模拟服务员进行分工协作
实训内容	自助餐、冷餐酒会、鸡尾酒会服务的服务程序及操作要领

参考文献

[1] 王天佑.西餐概论[M]:3 版.北京：旅游教育出版社,2005.

[2] 沈建龙.餐饮服务与管理[M].北京：中国人民大学出版社,2007.

[3] 陈金标.宴会设计[M].北京：中国轻工业出版社,2002.

[4] 宋春亭,刘志全.旅游饭店与餐饮管理[M].郑州：郑州大学出版社,2006.

[5] 樊丽丽.酒店服务训练课程[M].北京：中国经济出版社,2007.

[6] 惟言.宾馆酒店会议经营管理[M].北京：中国纺织出版社,2009.

[7] 汪焰,董鸿安.餐饮服务与管理[M].上海：华东师范大学出版社,2007.

[8] 陆朋.餐饮服务与管理[M].北京：中国物资出版社,2009.

[9] 李廷富.环球美食——自助餐[M].南京：江苏科学技术出版社,2004.

[10] 李晓东.餐厅服务教程[M].北京：旅游教育出版社,2009.

[11] 马传峰.餐饮服务业培训教程[M],北京：化学工业出版社,2009.

[12] 文通.新编现代酒店员工素质培训一本通[M].北京：中国纺织出版社,2009.

[13] 皱金宏,莫庆其,李政.现代餐饮新员工实用培训手册[M].广东：广东经济出版社,2008.

[14] 全国旅游星级饭店评定委员会办公室.星级饭店经典服务案例及点评[M].北京：中国旅游出版社,2008.

[15] 周思敏.你的礼仪价值百万[M].北京：中国纺织出版社,2010.

[16] 汪珊珊.西餐与服务[M].北京：清华大学出版社,2011.

[17] 汪蓓静.西餐服务[M].上海：上海辞书出版社,2010.

[18] 郝璐.西餐服务[M].北京：电子工业出版社,2008.

[19] 牛铁柱,林粤,周桂禄.西餐烹调工艺与实训[M].上海：科学出版社,2013.

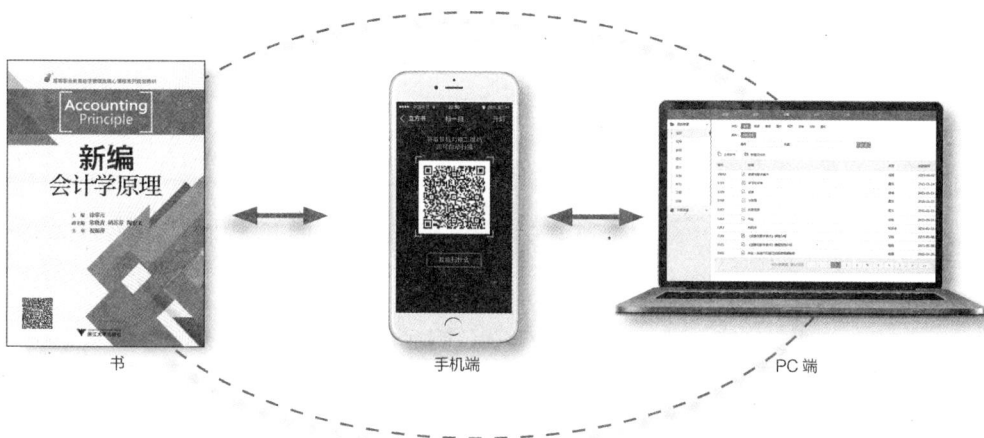
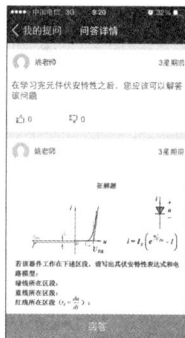